杭州市委党校精品文库

“杭州中华文化学院文丛”系列

杭州市委党校城市文化软实力研究中心
杭州中华文化学院研究中心
杭州市委党校统战理论研究中心

联合研究成果

文化同心圆

——杭州中华文化学院十六讲

本书编写组 编

中国华侨出版社
·北京·

图书在版编目（CIP）数据

文化同心圆 ： 杭州中华文化学院十六讲 / 本书编写组编. -- 北京 ： 中国华侨出版社, 2025. 3. -- ISBN 978-7-5113-9474-3

Ⅰ. K203-53

中国国家版本馆CIP数据核字第2025V8H842号

文化同心圆——杭州中华文化学院十六讲

编　　者：本书编写组
出 版 人：杨伯勋
责任编辑：肖贵平　罗路晗
封面设计：瞬美文化
经　　销：新华书店
开　　本：710 毫米 × 1000 毫米　1/16开　印张：15　字数：226 千字
印　　刷：河北朗祥印刷有限公司
版　　次：2025 年 3 月第 1 版
印　　次：2025 年 3 月第 1 次印刷
书　　号：ISBN 978-7-5113-9474-3
定　　价：69. 00 元

中国华侨出版社　北京市朝阳区西坝河东里77号楼底商5号　邮编：100028
发 行 部：（010）64443051　传　真：（010）64439708

编者序

PREFACE

2005年8月12日，习近平同志在《浙江日报》“之江新语”专栏刊发的《文化是灵魂》一文中这样写道：“文化的力量，或者我们称之为构成综合竞争力的文化软实力，总是‘润物细无声’地融入经济力量、政治力量、社会力量之中，成为经济发展的‘助推器’、政治文明的‘导航灯’、社会和谐的‘黏合剂’。”文化的核心功能，就是向全社会提供一系列价值观念，以此引领方向、凝聚人心、塑造价值和整合社会。

在新时代，统战工作的本质要求是大团结大联合，其思想基础就是文化认同。从文化认同的角度加强统一战线工作，必须高度重视文化凝聚人心的力量，发挥文化“润物细无声”的作用。中华优秀传统文化是中华民族的价值纽带，是中国特色社会主义植根的丰厚沃土。要深入挖掘中华优秀传统文化中反映中国人民意愿、适应中国和时代发展进步要求，有着深厚历史渊源和广泛现实基础的思想文化资源，力求以文化认同画出统战工作最大同心圆，发挥文化的塑造力量。

为深化对文化认同和统一战线工作的理解，从学理的角度讲好文化与统战的融合故事，我们组织编写了《文化同心圆——杭州中华文化学院十六讲》。本书旨在加强对习近平文化思想和习近平总书记关于做好新时代党的统一战线工作的重要思想的学习、研究和阐释，加强对统一战线成员的思想政治引领，加强中华文化研究、交流和传播，努力为担负起新的文化使命贡献我们的绵薄之力。

杭州中华文化学院依托于中共杭州市委党校（杭州市社会主义学院），其办学宗旨是以爱国主义教育为核心，以中华文化教育、交流和国情研修为主要内容，弘扬爱国主义精神和中华民族优良传统，推动中华民族的大团结大联合，促进祖国统一大业。编写这本书也是为了进一步发挥“中华文化学院”的教育功能，擦亮这一金字招牌，更好地以文化认同画出统战工作最大同心圆。

本书得到杭州市委党校校委会的大力支持，列入“杭州中华文化学院文丛”，本书由中共杭州市委党校沈小勇教授担任主编，负责策划与统稿，全书集中杭州中华文化学院的优势师资力量，以集体编著方式展开，采取专题讲座的方式编纂，每位老师撰写自己擅长的1 ~ 2个专题。在内容上，上篇聚焦文化专题，主要涉及习近平文化思想、优良家风传承、良渚文化、南宋文化等；下篇聚焦统战专题，主要涉及中国共产党百年统战历程、新时代统战工作的根本指针、杭州统战历史与文化等。可以说，本书具有三个特点：一是融合性，注重突出文化和统战相融合的特色，努力发挥文化同心圆的作用；二是实践性，注重结合杭州特色，阐释文化传承与创新的杭州实践，阐释杭州统战的历史文化；三是可读性，注重文字温度和感染力，力求有别于一般的学术论文。总体而言，本书的主要阅读对象为党政干部与海内外各界人士，本书风格既要体现学术性、政治性的要求，还要兼顾可读性与思想性的统一，力求使其成为具有鲜明辨识度和具有较强思想性的人文读本。

编　者

2024年12月

目 录
CONTENTS

上篇

下篇

上篇

第一讲

社会主义现代化与中华优秀传统文化

实现中华民族从站起来、富起来到强起来的伟大飞跃，必然伴随中华文化大发展大繁荣，必然召唤着建设社会主义文化强国。党的十八大以来，以习近平同志为核心的党中央把文化建设提升到一个新的历史高度，将文化自信和道路自信、理论自信、制度自信并列为中国特色社会主义“四个自信”；同时，党中央高度重视中华优秀传统文化的传承与发展，可以说把弘扬中华优秀传统文化又上升到一个新的历史高度，深刻阐明了马克思主义与中华优秀传统文化之间的相互关系，明确提出坚持和发展马克思主义，必须同中华优秀传统文化相结合。“第二个结合”新论断的提出，可以说是从中华文明的延续发展角度更加深化了对中国特色社会主义道路的理解。我们所走的道路是中国式现代化新道路，是马克思主义基本原理和中华优秀传统文化深度融合的现代化之路，旨在以文化的繁荣兴盛和社会的全面进步去努力创造人类文明新形态的现代化之路。学习领会关于“第二个结合”重大论断的意义，要深刻把握社会主义现代化与中华优秀传统文化的辩证关系，坚定不移走中国特色社会主义文化发展道路，努力推动社会主义文化繁荣兴盛，不断开辟中国式现代化道路的文化新境界。

一、新思想：在“两个结合”中推进社会主义现代化

党的二十大报告中指出：“中国共产党人深刻认识到，只有把马克思主义基本原理同中国具体实际相结合、同中华优秀传统文化相结合，坚持运用辩证

唯物主义和历史唯物主义，才能正确回答时代和实践提出的重大问题，才能始终保持马克思主义的蓬勃生机和旺盛活力。”[①]这里，马克思主义中国化的“第二个结合”重大论断的提出，旗帜鲜明地表明中国共产党人对中华优秀传统文化的科学态度，丰富了马克思主义中国化的理论内涵，马克思主义与中华优秀传统文化之间的相互关系是“魂脉”和“根脉”的关系，是“相互契合”和“彼此成就”的关系，马克思主义激活和成就了中华文化，中华文化滋养和成就了马克思主义。

在庆祝中国共产党成立100周年大会上，习近平总书记首次提出“坚持把马克思主义基本原理同中国具体实际相结合、同中华优秀传统文化相结合”的“两个结合”。党的二十大报告以“开辟马克思主义中国化时代化新境界”深刻论述了“两个结合”的重要意义，同时强调“必须坚定历史自信、文化自信，坚持古为今用、推陈出新，把马克思主义思想精髓同中华优秀传统文化精华贯通起来、同人民群众日用而不觉的共同价值观念融通起来，不断赋予科学理论鲜明的中国特色，不断夯实马克思主义中国化时代化的历史基础和群众基础，让马克思主义在中国牢牢扎根”。在2023年6月召开的文化传承发展座谈会上，习近平总书记把“第二个结合”进一步提升到新的文化使命的高度，强调要“共同努力创造属于我们这个时代的新文化”，“在新的历史起点上继续推动文化繁荣、建设文化强国、建设中华民族现代文明，是我们在新时代新的文化使命”[②]。文化新使命的提出，可以说标志着我们党的理论自信与文化自信达到了新高度，体现了我们党对理论创新规律的认识、对中华文明发展规律的认识达到了新高度。

中华文明是有着5000多年历史的文明连续体，中华文明具有突出的连续性、创新性、统一性、包容性、和平性。2021年3月，习近平总书记在福建武夷山朱熹园考察时指出：“我们走中国特色社会主义道路，一定要推进马克思

① 习近平：《高举中国特色社会主义伟大旗帜　为全面建设社会主义现代化国家而团结奋斗——在中国共产党第二十次全国代表大会上的报告》，人民出版社2022年版，第17页。
② 习近平：《在文化传承发展座谈会上的讲话》，《求是》，2023年第17期。

主义中国化。如果没有中华五千年文明，哪里有什么中国特色？如果不是中国特色，哪有我们今天这么成功的中国特色社会主义道路？我们要特别重视挖掘中华五千年文明中的精华，把弘扬优秀传统文化同马克思主义立场观点方法结合起来，坚定不移走中国特色社会主义道路。”[①]可以说，每个国家和民族的历史传统、文化积淀、基本国情不同，其发展道路必然有着自己的特色。中国道路具有深厚的历史文化底蕴，中华文明的价值基因深刻影响着中国道路的选择与开辟。今天，只有立足自身文明传统，把握时代特质，找准历史方位，才能更好地推动中华文明主体性的理论思考和实践建构，推动中国特色社会主义实现新跃升，为社会主义现代化强国建设提供有力的文明支撑。

中华优秀传统文化是中国特色社会主义植根的文化沃土。抛弃传统、丢掉根本，就等于割断了自己的精神命脉。马克思主义与中华文明具有融通的天然基因，马克思主义以其真理的力量激活了中华文明，中华文明以其丰厚的思想财富涵养了马克思主义的文化沃土。在推进社会主义现代化进程中，要以马克思主义为指导，对中华文明加以深度挖掘和现代转换；同时要把握中华文化的价值精髓，使之有机融入中国化时代化的马克思主义之中。党的二十大报告指出：“中华优秀传统文化源远流长、博大精深，是中华文明的智慧结晶，其中蕴含的天下为公、民为邦本、为政以德、革故鼎新、任人唯贤、天人合一、自强不息、厚德载物、讲信修睦、亲仁善邻等，是中国人民在长期生产生活中积累的宇宙观、天下观、社会观、道德观的重要体现，同科学社会主义价值观主张具有高度契合性。”[②]正是基于价值观上的“高度契合性”，中国共产党和中国人民最终选择了马克思主义，同时马克思主义不断在中华大地上实现真理与思想的磅礴伟力，推动古老的中华文明不断焕发新的生机与活力。

① 《习近平谈治国理政（第四卷）》，外文出版社2022年版，第315页。
② 习近平：《高举中国特色社会主义伟大旗帜　为全面建设社会主义现代化国家而团结奋斗——在中国共产党第二十次全国代表大会上的报告》，人民出版社2022年版，第18页。

我们在近代以来的落后中曾经有过文化自卑心态，经历了短期的文化自卑，如今正面临着当代的文化自信重建问题。面向未来，要确立自身文明的坐标，增加文明主体的共识，更好地在坚定文化自信中推动中国式现代化，全面建设社会主义现代化强国。在新时代新征程上，世界百年未有之大变局加速演进，中华民族伟大复兴进入关键时期，战略机遇和风险挑战并存。在这样的关键时期，如何从思想认识层面与实践推进层面把握当前文化领域的新态势新要求就显得尤为重要。要很好地回答时代之问，就要从历史和文化的深层次去把握当代中国的文明角色和文化使命，就要从实践路径和方法论层面去推动当代中国的文化创新与文明复兴。从国内形势来看，迈向大国崛起的文明支撑、市场经济的伦理秩序重构、社会文明程度的全面提升，都对未来我国文化建设提出了更高要求；从国外形势来看，全球化的国家认同与定位、向世界阐明中国发展之道、为人类文明贡献中国智慧等，这些都对社会主义文化强国建设提出了新的使命和目标。习近平总书记关于“两个结合”根本要求的重要论述，更加巩固了推进社会主义现代化事业的文化主体性，中国式现代化新道路是马克思主义不断激活中华优秀传统文化价值资源的文明新生之路。马克思主义既是一种强有力的革命理论，也是充满活力的文明再造理论，马克思主义中国化过程实际上也是中华文明和民族精神主体性重塑的过程，中国特色社会主义的实践实际上创造了一种新的文明样式，融合了中西方文明长处，也克服了各自的不足，从“人类命运共同体”走向“自由人联合体”，展现了中国式现代化道路的文明新形态贡献，最终体现了中国化马克思主义的世界性。

可以说，马克思主义中国化“两个结合”的根本要求不仅拓展了中国特色社会主义文化发展道路，而且让我们能够在更广阔的文化空间中，充分运用中华优秀传统文化的宝贵资源，探索面向未来的理论和制度创新。不忘历史才能开辟未来，善于继承才能善于创新。要坚持古为今用，不搞厚古薄今，真正践行“两个结合”的新要求，在赓续中华文脉中发展当代马克思主义，推动中国式现代化不断开辟新境界，在坚守中华文化立场中努力构筑中华文化新高峰，以“中华文明之新”努力彰显“人类文明之新”。

二、新思考：在弘扬中华文化中提高文化软实力

党的十八大以来，党中央明确以“自信自强”的文化担当和勇气努力推进社会主义现代化建设，更加凸显了坚定文化自觉的重要性，更加强化了民族复兴精神力量支撑的重要性，更加坚定了要不断提升国家文化软实力和中华文化影响力的发展信心。习近平总书记对文化传承与发展工作的一系列重要论断，展现了强烈的文明担当、深沉的文化情怀，凸显了对新时代文化发展规律的根本认识，充分彰显了习近平文化思想的核心内涵。着眼于第二个百年奋斗目标和中华民族伟大复兴，我们要更好地推动马克思主义思想精髓与中华优秀传统文化精华贯通起来，更好地唤醒中华文明的价值基因和发挥好中华传统美德的滋养作用，更好地保护和利用好中华文明的历史文化资源，同时要提炼和展示好中华文明的精神标识和文化精髓，不断增强中华文明传播力影响力，不断开辟中国式现代化道路的新境界。

第一，要更好唤醒中华文明的精神传统与价值基因

中华文化独一无二的理念、智慧、气度、神韵，增添了中国人民和中华民族内心深处的自信和自豪。自信才能自强，精神自立才是真正的文化自信。物质贫困不是社会主义，精神贫乏也不是社会主义。当高楼大厦在我国大地上遍地林立时，中华民族精神的大厦也应该巍然耸立。“要把文化自信融入全民族的精神气质与文化品格中，养成昂扬向上的风貌和理性平和的心态。”[①]党的十八大以来，习近平总书记在培育与践行社会主义核心价值观以及推动公民道德建设等方面作出了一系列重要论述，寓精神自立于核心价值的建构之中。党中央明确提出要把培育和弘扬社会主义核心价值观作为凝魂聚气、强基固本的基础工程，强调培育和弘扬社会主义核心价值观必须立足中华优秀传统文化，要深入挖掘和阐发中华优秀传统文化讲仁爱、重民本、守诚信、崇正义、尚和合、求大同的时代价值，使中华优秀传统文化成为涵养社会主义核心价值观的重要源泉。同时强调指出，要广泛践行社会主义核心价值观，提高全社会文

① 习近平：《在文化传承发展座谈会上的讲话》，《求是》，2023年第17期。

明程度，实施好公民道德建设工程，弘扬中华传统美德，加强家庭家教家风建设。

唤醒中华文明的精神传统与价值基因是为了真正确立精神上的主体性，体现了文化自觉的精神维度。正如费孝通所言，文化自觉其意义在于生活在一定文化中的人对其文化要有“自知之明”，明白它的来历、形成的过程，所具有的特色和它的发展的趋向，“自知之明是为了加强对文化转型的自主能力，取得适应新环境、新时代文化选择的自主地位”[①]。社会主义核心价值观培育的本质是既要彰显“现代性”，又要凸显“传统性”。在当代中国，强调中华文化的精神传承，强调核心价值构建的传统底色，强调基于自身属性的文化自信，这些观点都是以往未提出过或者没有如此重要和有分量地提出过，这也是在全球化时代下，寻求国家文化自信和文化认同的一种新突破。在当代中国，培育基于文化传承的社会主义核心价值观，体现的乃是对于当代中国人精神底色的追求，展示的乃是融合了民族精神、人文精神和公民精神的现代价值构建与文化自信。通过弘扬传统文化特别是其中蕴藏的人文精神，丰富人的精神格局，提升价值认同度，提高中华民族共同的文化自觉与道德自觉。

在中华文化的思想演进脉络中，历经先秦诸子百家争鸣、两汉经学兴盛、魏晋南北朝玄学流行、隋唐儒释道并立、宋明理学发展等阶段。中华优秀传统文化蕴含的丰富哲学思想、人文精神、教化思想、道德理念等，可以为人们认识和改造世界提供有益启迪，可以为治国理政提供有益启示，也可以为道德建设提供有益启发。中华文化自古就有着高尚的精神追求，儒家“仁爱忠恕”、墨家“兼爱非攻”、道家“道法自然”、佛家“慈悲为怀”、宋明理学家“民胞物与”等理念，都体现了强烈的人文精神。儒释道文化的理想人格追求和修养工夫论，都是了不起的调节身心的安身立命之道，也是对世界文明的伟大贡献。目前学术界关于中华文明的价值基因和精神特质形成诸多共识，比如，中华文明包容性强，倡导厚德载物，兼容并包，爱好和平；中华文明生生不息，

---

① 费孝通：《文化自觉的思想来源与现实意义》，《文史哲》，2003年第3期。

倡导积极有为，自强不息，革故鼎新；中华文明注重仁义孝亲，倡导亲亲仁民，义利并行，堂堂正正；中华文明重视民本，倡导安民富民，民为邦本，本固邦宁；中华文明注重整体，倡导整体把握，辩证思维，中庸之道；中华文明现世务实，倡导崇尚劳动，重视教育，勤俭戒奢。这些中华文明的价值特征塑造了中华文明的独特品格，赋予中国式现代化道路深厚的文明底蕴与坚实的价值基础。

培育社会主义核心价值观要坚守中华文化立场，对中华文明5000多年精神传统的唤醒是为了更好地推进社会主义现代化强国建设。党的十八大以来的社会主义核心价值观的建构逻辑，可以说凸显了“精神脱贫，文明再造”的意义，更加强调要以民族复兴为纲，以信仰、精神、伦理、秩序、规则重建为中心，追求物质富足和精神富有的协调发展。当代中国核心价值构建的主要逻辑在于：既要有政治考量和道德考量，又要实现安邦定国和安身立命，还要推动对内认同和对外推广。当前，我们在中华文化的不自信方面还存在诸多表现，如不少领域还存在精神上被征服、被殖民的现象，缺失“精神自我”；如不少人对待西方的态度，还存在“精神殖民”，对西方的新闻报道等充满盲信。今天，培育和践行社会主义核心价值观要着眼于精神的自立自强，要真正体现到人民对政治社会的认同中，落实在百姓日常生活的制度中，还要最终影响到西方对中国文明的正确判断中。因此，要更好地发挥中华传统美德的滋养作用，激活中华文明的价值基因，夯实中国式现代化的精神系统，努力构建“精神自我”。

第二，要更好保护和利用中华文明的历史文化遗产

保护历史文化遗产是推动文化传承发展的重要基础。历史文化遗产承载着中华民族的基因和血脉。中华文明探源工程等重大工程的研究成果，实证了我国5000多年的文明史。历史文化遗产不仅生动述说着过去，也深刻影响着当下和未来；不仅属于我们，也属于子孙后代。保护好、传承好历史文化遗产是对历史负责、对人民负责。党的十八大以来，习近平总书记对文化遗产保护高度重视，中共中央政治局还专门以我国考古最新发现及其意义、深化中华文明探源工程等为题举行集体学习。习近平总书记强调，要让更多文物和文化遗产活起来，营造传承中华文明的浓厚社会氛围。“文物和文化遗产承载着中华民族的基因和血脉，是不可再生、不可替代的中华优秀文明资源。我们要积极推进文物保护利用和文化遗产保护传承，挖掘文物和文化遗产的多重价值，传播更多承载中华文化、中国精神的价值符号和文化产品。”①

文化的传承发展说到底还是要能够满足人民过上美好生活的新期待，要以文化的力量为人民群众提供丰富的精神食粮，要善于把弘扬优秀传统文化和发展现实文化有机统一起来，紧密结合起来，在继承中发展，在发展中继承。党的十八大以来，习近平总书记多次强调要加大历史文化遗产的保护，如对正定古城保护的批示、视察曲阜儒家文化传承工作、对中国建筑文化缺失的批示、对良渚古城遗址申遗的批示、在敦煌考察时的讲话、在河南安阳殷墟遗址的考察等。他多次强调，“让收藏在博物馆里的文物、陈列在广阔大地上的遗产、书写在古籍里的文字都活起来”。各级党委和政府特别要增强对历史文物的敬畏之心，树立保护文物也是政绩的科学理念，统筹好文物保护与经济社会发展，全面贯彻“保护为主、抢救第一、合理利用、加强管理”的文物工作方针，切实加大文物保护力度，推进文物合理利用。

我们看到，现代性带来的核心竞争力离不开历史文化遗产的支撑。从现代化的角度来看，保护历史文化遗产，就是留住了记忆，就会让我们的生活空间变得有文化、有历史、有情怀，同样让现代化的发展有了“根”和“魂”。我们所走的现代化道路是中国式现代化新道路，在推进现代化进程中要完整体现历史文化遗产的人文、科学和艺术价值，全面修复城乡人文生态，全面推进城市有机更新。面向未来，我们要更好坚持创造性转化和创新性发展，大力传承弘扬中华优秀传统文化，特别是要加快中华文明标识体系构建，大力推动国家文化公园、国家文化地标、国家考古遗址公园以及国家文物保护利用示范区等建设，推动中华文化展现永久魅力，焕发时代风采。

---

① 习近平：《把中国文明历史研究引向深入　增强历史自觉坚定文化自信》，《求是》，2022 年第 14 期。

现在许多地方在城市化的快速发展中，不重视城市特色风貌的塑造，不能从文化传承的角度推进城市化工作，正如习近平总书记所指出的那样，“对文化传承理念的理解不够正确，存在着仅从短期政绩出发盲目造景偏向，导致城市风貌乱象横生、缺乏特色”“城市建设，要让居民望得见山、看得见水、记得住乡愁。‘记得住乡愁’，就要保护弘扬中华优秀传统文化，延续城市历史文脉，保留中华文化基因。要保护好前人留下的文化遗产，包括文物古迹，历史文化名城、名镇、名村，历史街区、历史建筑、工业遗产，以及非物质文化遗产，不能搞‘拆真古迹、建假古董’那样的蠢事。既要保护古代建筑，也要保护近代建筑；既要保护单体建筑，也要保护街巷街区、城镇格局；既要保护精品建筑，也要保护具有浓厚乡土气息的民居及地方特色的民俗”[①]。

城市是一本厚重的书，而不是“活页本”。巴黎、罗马等世界文化名城的经验告诉我们，一页一页叠加的才是“历史”，一页替代一页的是“灰色的现实”。就城市发展而言，要在文化遗产的保护利用中实现城市有机更新，让传统文化在城市现代化进程中释放出新的魅力；要辩证处理“现代文化”和“传统文化”的发展关系，正确把握“文化保护”与“文化发展”的关系；要更好地将保护遗存和现代发展相结合，塑造有生命力的文化空间，让市民享受更好的公共文化生活品质，努力在历史与现实的交汇中厚植共同富裕的文化土壤，激活人文遗存，修复人文生态，塑造文化新形象，不断增强市民的美好生活幸福感。

第三，要更好提升中华文明的对外传播力影响力

建设社会主义现代化强国必须有效构建中国话语和中国叙事体系，以文化的力量占据国际道义制高点。为此，需要努力增强我国国际话语权，不断增强中华文明的传播力影响力，更好推动中华文化走出去。党的二十大报告指出：“坚守中华文化立场，提炼展示中华文明的精神标识和文化精髓，加快构建中国话语和中国叙事体系，讲好中国故事、传播好中国声音，展现可信、可爱、可敬的中国形象。加强国际传播能力建设，全面提升国际传播效能，形成同我

---

① 《习近平著作选读（第一卷）》，人民出版社2023年版，第418页。

国综合国力和国际地位相匹配的国际话语权。”[1]可以说，在新的全球化视野下，党中央着眼于提升我国的国家文化软实力，更加凸显了中华文明的整体文化影响力，更加强化了整体的中国国家形象的建设与对外文明交流互鉴的重要性，旨在通过讲好中国故事不断增强中华文明传播力影响力。

当前，我国在文化影响力方面还存在不少问题，相较于美国、日本和欧洲国家，我国文化产业和对外文化影响力还有待提升。我国已经是论文大国、出版大国、影视大国，但还不是话语权强国、文化强国。推进文化自信自强要更好地提高我国的国家文化软实力，要努力夯实国家文化软实力的根基，努力传播当代中国价值观念，努力展示中华文化独特魅力，努力提高国际话语权。正如习近平总书记所强调的那样：“我们不仅要让世界知道‘舌尖上的中国’，还要让世界知道‘学术中的中国’、‘理论中的中国’、‘哲学社会科学中的中国’，让世界知道‘发展中的中国’、‘开放中的中国’、‘为人类文明作贡献的中国’”。[2]

面向未来，要大力推动中华文化更好走出去，孔子学院不能仅仅停留在传播汉语和宣扬孔孟之道，要更好地传播中华传统文化的精髓和当代中国文化。为此，要尽快完善对中华文明的“国家表达”。例如，中国的文化身份如何定位？中国的文化传统是什么？中华文化的价值观和道德标准是什么？中华民族曾经为人类思想文化做出过哪些贡献？还要尽快完善“国家表达”的方法路径。例如，如何讲好中国故事？如何讲好的中国故事？如何把中国故事讲好？这些都是推动中华文化更好走出去要认真思考和回答的问题。

中华文明在人类文明发展史上呈现了独特的文明角色。1993年在美国芝加哥召开的世界宗教会议上，来自几乎所有宗教派别的6500名宗教领袖通过了由孔汉思先生起草的《走向全球伦理宣言》，孔子的“己所不欲，勿施于人”作为全球伦理的基石。中华文明有着独特的核心价值，与西方近代价值观念相比

---

① 习近平：《高举中国特色社会主义伟大旗帜　为全面建设社会主义现代化国家而团结奋斗——在中国共产党第二十次全国代表大会上的报告》，人民出版社 2022 年版，第 45—46 页。

② 《习近平著作选读（第一卷）》，人民出版社 2023 年版，第 480 页。

较而言，至少有四大特点：责任先于自由，义务先于权利，社群高于个人，和谐高于冲突[①]。今天，我们要更加坚定文化自信，更加坚定对中华文明的价值自信，可以说，中华文化注重人格、伦理、利他、和谐的东方品格和释放着和平信息的人文精神，对于追求人类的安宁与幸福，必将提供重要的思想启示。特别是随着中国式现代化进程的加快，中华文明必将展示出独特的文明超越性价值，努力创造人类文明的新形态。

中国式现代化新道路离不开深厚的传统文化根基，为此，一方面，我们要重点展示中国道路的文化基因，如“追求统一”的国家观和“多元一体”的中华民族观，“民为邦本”“以人为本”的价值导向，选贤任能的治国传统，自强不息、实事求是的传统精神，礼法合治的治理文化，协和万邦的天下情怀。另一方面，我们要重点展示当代中国的大国形象，要重点展示中国历史底蕴深厚、各民族多元一体、文化多样和谐的文明大国形象，政治清明、经济发展、文化繁荣、社会稳定、人民团结、山河秀美的东方大国形象，坚持和平发展、促进共同发展、维护国际公平正义、为人类作出贡献的负责任大国形象，对外更加开放、更加具有亲和力、充满希望、充满活力的社会主义大国形象[②]。

今天，提升中华文明的传播力影响力，要在讲好中国故事中，努力促使世界读懂中国、读懂中国人民、读懂中国共产党、读懂中华民族。讲故事，是国际传播的最佳方式。要讲好中国特色社会主义的故事，讲好中国梦的故事，讲好中国人的故事，讲好中华优秀文化的故事，讲好中国和平发展的故事。讲故事就是讲事实、讲形象、讲情感、讲道理，讲事实才能说服人，讲形象才能打动人，讲情感才能感染人，讲道理才能影响人[③]。

促进文明交流互鉴彰显了中国共产党人开放包容的胸襟格局，我们要在促进中华文明的对外交流中扩大中华文化的影响力。要重点加强对外文化交流和

---

① 陈来：《中华文明的核心价值：国学流变与传统价值观》，生活·读书·新知三联书店2015年版，第51-56页。

② 《习近平谈治国理政》，外文出版社2014年版，第162页。

③ 曲青山：《深入学习领会习近平文化思想》，《旗帜》，2023年10月23日。

开展多层次的文明对话，以讲好中国故事为着力点，介绍阐释中国理念、中国道路、中国主张，展现真实、立体和全面的中国。要创新推进国际传播，坚持贴近中国实际、贴近国际关切、贴近国外受众的原则，多运用对方听得懂、易接受的话语体系和表达方式，善于把我们想讲的和国外受众想听的结合起来，把“陈情”和“说理”结合起来，把“自己讲”和“别人讲”结合起来，使故事更多为国际社会和海外受众所认同，搭建起中国人民和各国人民有效互动交流的桥梁，让世界更好读懂中国。

三、新展望：不断铸就中华文化新的辉煌

近代以来的中国，一直饱受屈辱和欺凌，国家蒙辱，人民蒙难，文明蒙尘。中国共产党自成立之日起，就以追求文化繁荣、文明兴盛作为自己的价值使命所在。正如毛泽东同志所提出的：“我们不但要把一个政治上受压迫、经济上受剥削的中国，变为一个政治上自由和经济上繁荣的中国，而且要把一个被旧文化统治因而愚昧落后的中国，变为一个被新文化统治因而文明先进的中国。”① 百年来，一代代中国共产党人始终坚持不懈地推动文化的价值追求和中华文明的传承创新。党的十八大以来，以习近平同志为核心的党中央在新的时代方位下强调要更好坚守中华文化立场，更好推动文化传承与发展，最终形成了习近平文化思想，有力推动了社会主义现代化与中华优秀传统文化的融合发展。

历史正反经验告诉我们，推进社会主义现代化不能离开中华优秀传统文化，正如中国本土现代化理论研究先驱罗荣渠在《现代化新论——中国的现代化之路》一书中所指出的那样，“历史的正反经验表明：反传统在现代化的启动阶段是完全必要的，不如此就不可能为大胆革新开辟道路，但作为思想遗产的传统文化绝不能在现代化进程中加以抛弃。文化遗产不能在丢掉之后再重新建起，而应从现在就加以保护与清理。不能把文化因素仅仅看成推动经济增长

① 《毛泽东选集（第二卷）》，人民出版社 1991 年版，第 663 页。

的补充要素，它本身就是现代化的必备要素，在转型期中要努力促进它转换功能，与经济发展形成良性互动，为探索具有民族特色的现代化道路做出贡献。”①

对于新时代文化发展的规律性认识体现了习近平文化思想的旨趣，其核心要义就是在坚守中华文化立场中努力构筑中华文化新高峰。可以说，习近平文化思想体现了“明体”和“达用”的辩证统一：“明体”是根本，是宗旨；“达用”是实践，是应用。因此，“明体达用”强调的是思想认识层面与实践应用层面的结合，强调的是认识论与方法论的结合。可以看出，通过强调文化自信的重要性、中国式现代化的文明支撑、努力构筑中华文化新高峰等彰显了认识新高度；通过强调要自觉承担起举旗帜、聚民心、育新人、兴文化、展形象的使命任务，强调要赓续好历史文脉和推动中华优秀传统文化创造性转化和创新性发展等彰显了实践新高度。

努力建设中华文明的现代形态在文化实践层面涉及建构现代精神形态、现代传承形态和现代传播形态等诸多方面。在现代精神形态上，要通过不断深化“两个结合”，努力彰显社会主义核心价值观的引领性，在阐扬中华文明价值基因中努力建构中国式现代化的精神系统。在现代传承形态上，要更好地推动传统文化的创造性转化创新性发展，赓续历史文脉，切实把文化资源保护好、开发好、利用好，努力建构中华文明的标识体系。在现代传播形态上，要扩大中华文明的传播力和影响力，努力传播当代中国价值观念，展示中华文化的独特魅力，提高当代中国的国际话语权，让世界更好读懂中国。

可以说，努力铸就中华文化新的辉煌需要更加坚定文化自信，更加秉持开放包容，更加坚持守正创新。正如习近平总书记所言：“对文化建设来说，守正才能不迷失自我、不迷失方向，创新才能把握时代、引领时代。守正，守的是马克思主义在意识形态领域指导地位的根本制度，守的是‘两个结合’的根本要求，守的是中国共产党的文化领导权和中华民族的文化主体性。创新，创

① 罗荣渠：《现代化新论——中国的现代化之路》，华东师范大学出版社2013年版，第417–418页。

的是新思路、新话语、新机制、新形式，要在马克思主义指导下真正做到古为今用、洋为中用、辩证取舍、推陈出新，实现传统与现代的有机衔接。”[①]

总而言之，推进社会主义现代化与中华优秀传统文化的深度融合，前提要增强文明眼光，核心要塑造精神自我，关键要扩大文化影响。中华文明不仅是存在5000多年唯一没有中断的文明连续体，还对人类文明有着重大历史贡献。日益走进世界舞台中心的中国，要充分展示文明的国家形象，要尽显中国特色、中国风格、中国气派。布热津斯基在《大棋局——美国的首要地位及其地缘战略》中提出全球力量四个具有决定性作用的方面，即经济发达、军事强大、科技雄厚、文化富有吸引力[②]。中华文明在社会主义现代化的进程中，必将更加凸显文化的主体性，必将塑造崭新的文明形态，必将创造我们时代更富吸引力的新文化。我们要秉承开放包容理念，广泛参与世界文明对话，在互学互鉴中不断扩大中华文化的影响力和吸引力。

作者简介　　沈小勇，博士，中共杭州市委党校文化学与统战理论教研部主任，杭州中华文化学院研究中心主任，教授，浙江省马克思主义学会常务理事，浙江省哲学学会常务理事，主要研究方向是文化理论、中国文化等。

① 习近平：《在文化传承发展座谈会上的讲话》，《求是》，2023年第17期。

② [美]兹比格纽·布热津斯基：《大棋局：美国的首要地位及其地缘战略》，上海人民出版社2007年版，第21页。

第二讲

加强家庭家教家风建设

党的十八大以来，以习近平同志为核心的党中央高度重视家庭文明建设，推动家庭家教家风建设再上新台阶。党的二十大报告强调，“弘扬中华传统美德，加强家庭家教家风建设，加强和改进未成年人思想道德建设，推动明大德、守公德、严私德”①，这为新时代的家风建设指明了方向，提供了根本遵循。

一、推动形成社会主义家庭文明新风尚

习近平同志在很多场合讲到家庭家教家风建设。2021年3月发行的《习近平关于注重家庭家教家风建设论述摘编》一书，共有7个专题，包括报告、讲话、谈话、说明、答问等重要文献，表达了习近平总书记对家庭家教家风建设的立场和观点，讲清了为什么要重视家风建设、怎样建设优良家风。该书为领导干部建设良好家风提供了行动指南，为推进党风廉政建设提供了新的切入点。

习近平总书记在2015年春节团拜会上的讲话，标志着党中央对家庭家教家风建设的重视，逐步从党内推进到社会各层面。习近平总书记在讲话中指出：“不论时代发生多大变化，不论生活格局发生多大变化，我们都要重视家庭建设，注重家庭、注重家教、注重家风。”②2016年12月，习近平总书记在会见第一届全国文明家庭代表时的讲话，系统阐述了家庭家教家风建设的重要性，要

① 习近平：《高举中国特色社会主义伟大旗帜　为全面建设社会主义现代化国家而团结奋斗——在中国共产党第二十次全国代表大会上的报告》，人民出版社2022年版，第44页。

② 习近平：《在2015年春节团拜会上的讲话》，新华社，2015年2月17日。

求各级“党委和政府要充分认识家庭文明建设的重要性，负起领导责任，切实把家庭文明建设摆上议事日程”[①]。这些讲话产生了广泛影响，学术界推出了一系列家庭家教家风研究成果，组织、宣传、教育、工会、妇联等各部门开展了形式多样的落地实践活动，如家风故事分享会、评选“绿色家庭”“最美家庭”等，全方位推进社会主义家庭文明新风尚的形成。

家庭家教家风建设在制度层面也提上了新高度。2015年10月，中共中央纪委在对原河北省委书记周本顺“双开”的通报中，首次使用了“家风败坏”这个词语，指出“周本顺为其子经营活动谋取利益，家风败坏，对配偶子女放任纵容”。2016年1月1日开始实施的《中国共产党廉洁自律准则》规定，党员领导干部要“廉洁齐家，自觉带头树立良好家风”。2018年新修订的《中国共产党纪律处分条例》，在生活纪律方面新增第一百三十六条：“党员领导干部不重视家风建设，对配偶、子女及其配偶失管失教，造成不良影响或者严重后果的，给予警告或者严重警告处分；情节严重的，给予撤销党内职务处分。”2021年1月1日施行的《中华人民共和国民法典》，明确规定“家庭应当树立优良家风，弘扬家庭美德，重视家庭文明建设”；“十四五”规划纲要首设“加强家庭建设”专节，提出“以建设文明家庭、实施科学家教、传承优良家风为重点，深入实施家家幸福安康工程”。2021年7月，中宣部、中央文明办、中央纪委机关、中组部、国家监委、教育部、全国妇联联合印发的《关于进一步加强家庭家教家风建设的实施意见》指出，要以习近平新时代中国特色社会主义思想为指导，立足新发展阶段、贯彻新发展理念、构建新发展格局，以培育和践行社会主义核心价值观为根本，以建设文明家庭、实施科学家教、传承优良家风为重点，强化党员和领导干部家风建设，突出少年儿童品德教育关键，推动家庭家教家风建设高质量发展。2021年10月，第十三届全国人民代表大会常务委员会第三十一次会议通过《中华人民共和国家庭教育促进法》，规定了家庭教育的工作机制，明确了国家支持家庭教育的举措以及学校和其他社会力量对

① 《习近平出席第一届全国文明家庭表彰大会并发表重要讲话》，新华社，2016年12月12日。

家庭教育的协同任务。这些规定为家庭家教家风建设提供了有力支撑，使家庭家教家风从个人道德层面上升到党纪和国法层面。

2022年6月，习近平总书记在四川考察时再一次强调："家风家教是一个家庭最宝贵的财富，是留给子孙后代最好的遗产。要推动全社会注重家庭家教家风建设，激励子孙后代增强家国情怀，努力成长为对国家、对社会有用之才。党员、干部特别是领导干部要清白做人、勤俭齐家、干净做事、廉洁从政，管好自己和家人，涵养新时代共产党人的良好家风。"[①]这次讲话延续了总书记注重家庭家教家风建设的一贯精神，其中对家国情怀的突出强调，特别凸显了后疫情背景下家庭家教家风建设的时代要求与价值意义。

二、为什么要重视家庭家教家风建设？

党的十八大以来，习近平总书记对家庭家教家风建设的高度重视，既有新时代的现实要求，也有对中华优秀传统文化、中国共产党红色家风文化的继承与弘扬。

（一）从现实要求来看，家风直接关系着民风社风和党风政风

家庭是社会的细胞，家风建设是构建和谐社会的基石。家风不仅是一个家庭的精神内核，也是一个社会的价值缩影，是家庭层面社会主义核心价值观的集中表现。习近平总书记指出："家庭是社会的基本细胞，千千万万个家庭的家风好，子女教育得好，社会风气好才有基础。"[②]家风是一个家庭的精神内核，也是人们精神的寄托，好的家风就能形成和睦的家庭，从而使家道兴盛，和顺美满，不断促进社会的和谐。反观当今社会，还存在程度不等的奢侈之风、享乐之风、攀比之风、浮躁之风等，时常还有不守规则、遗弃老人、虐待小孩、校园欺凌等践踏道德底线的事件发生，这些现象既与时代变迁和观念转变有关，也与不良的家风家教有着密切关系。尤其在家庭教育方面，由于社会

① 《习近平在四川考察：深入贯彻新发展理念主动融入新发展格局　在新的征程上奋力谱写四川发展新篇章》，新华社，2022年6月9日。

② 《习近平同全国妇联新一届领导班子集体谈话》，新华社，2013年10月30日。

环境、家庭结构、价值观念等方面的变化，很多家长的意识和方法较为欠缺，存在重喂养轻教养、重智商轻情商、重竞争轻合作、重说教轻实践等问题，从而导致抑郁焦虑、沉迷游戏、盲目追星、躺平啃老等不良社会风气的出现。因此，需要通过家庭家教家风建设的途径来强化正向引导。

党员干部的家风不仅对社会风气产生影响，还深刻影响着党风、政风。习近平总书记指出，“家风败坏往往是领导干部走向严重违纪违法的重要原因”①，强调要把家风建设作为领导干部作风建设的重要内容，不止一次地提醒领导干部要始终保持高尚道德情操和健康生活情趣。从近年查处的案件来看，家风败坏容易成为滋生腐败的温床。2020年，“对家人失管失教”“家风不正”“家教不严”等词汇屡现处分通报，“家风不正”也入选为2020年度十大反腐热词。从这些反面案例可以看出，有些干部自我要求不严，信念缺失、道德退化；有些干部任人唯亲、裙带腐败，以手中权力破坏社会公平；有些干部疏于对子女家人的管理，导致家人或贪图享受，或盛气凌人；有些干部生活作风不检点，纵情吃喝嫖赌……这些都跟家风不正密切相关。习近平同志指出：“领导干部的家风，不是个人小事、家庭私事，而是领导干部作风的重要表现。”②苏荣、令计划等“大老虎”的行为，不仅对党和国家财富造成了巨大损失，也对党和国家的形象产生了极为恶劣的负面影响。反之，优秀共产党员的优良家风则会给党的形象增色，如焦裕禄“不能搞特殊”的家风，不仅是留给焦氏后人的宝贵财富，也是留给所有党员干部的宝贵财富。

（二）从历史维度来看，中华民族历来重视家庭家教家风建设

中国传统的家规家教思想十分丰富，从西周时期的《周公诫子》到现代的《傅雷家书》；有体系完备的成书之作如《颜氏家训》等，也有简短格言如《朱子家训》等；有公卿士大夫阶层撰写的《诫子书》《温公家范》等，也有帝王阶层撰写的《帝范》《皇明祖训》等；有很多民间保存下来的老家谱、老家

① 习近平：《在第十八届中央纪律检查委员会第六次全体会议上的讲话（2016年1月12日）》，《人民日报》，2016年5月3日。

② 《习近平主持召开中央全面深化改革领导小组第十次会议》，新华网，2015年2月27日。

规等，也有流传深远的孟母三迁、画荻教子、岳母刺字等家教故事。诸葛亮的《诫子书》、颜氏和朱子的家训等，都是在倡导一种家风。这些经典的家教家风思想，不仅对某一家族有重大影响，也影响着世世代代的中国人，成为中国人文化基因的一部分。例如，诸葛亮《诫子书》中的“静以修身，俭以养德”思想，劝勉儿子淡泊宁静、勤学立志，戒除淫慢险躁的行为和心理，通过修身、养德达到君子境界。《颜氏家训》共20篇，内容涉及修身、治家、经世、涉务等多个方面，既是颜之推留给子孙族人的一部家训，也是一部具有示范意义的家教经典，其中很多思想仍有现实意义。例如，“人生小幼，精神专利，长成已后，思虑散逸，固须早教，勿失机也”，强调教育要趁早，抓住关键时机；“与善人居，如入芝兰之室，久而自芳也；与恶人居，如入鲍鱼之肆，久而自臭也”，强调了环境对人的影响；“积财千万，不如薄技在身”，鼓励后代要靠勤学苦练自立于世，不能依靠祖上的荫庇养尊处优；反对“闭门读书，师心自是”“但能言之，不能行之”，勉励子女要知行合一、学以致用。《朱子家训》中“黎明即起，洒扫庭除，要内外整洁；既昏便息，关锁门户，必亲自检点。一粥一饭，当思来处不易；半丝半缕，恒念物力维艰”“读书志在圣贤，非徒科第；为官心存君国，岂计身家”等经典教诲，在传统民间社会影响深远，今天仍然可以用来教育子女、促进自我激励和警醒。

历史上的名门望族往往都有清晰而稳定的家风。例如，号称“天下第一家”的孔氏，至今秉持“诗礼传家”的门风；被誉为“千年名门望族、两浙第一世家”的钱氏，一部《钱氏家训》激励着钱氏族人不断读书进取、利益天下，历史上钱氏族中有名人1000多位，近代在50来个国家有将近200位院士，现代有“一诺奖，二外交家，三科学家，四国学大师，十九院士”；被称为“江南第一家”的浦江郑宅，以“义门家风”名扬天下，兴盛了900年，历经宋元明清四世而不衰，其168条家规中涉及廉政的条目达到35条，历朝历代有173人从政为官，无一贪黩。

这些名门望族的家风养成，都有清晰的家规（家训、家范）做依托，并落实到日常的家庭教育中，用以规范家人、训导子孙，再经世代更替、传承创新，最终形成恒久而稳定的世族门风。无论是望族家风，还是历史上源远流长的经典家训，以及从历史上传承到今天的很多家规，都在倡导中国传统社会的价值理念——厚德载物、自强不息、家国天下、礼义廉耻等，这些价值理念在今天仍有现实意义。正如习近平总书记所指出的："尊老爱幼、妻贤夫安，母慈子孝、兄友弟恭，耕读传家、勤俭持家，知书达礼、遵纪守法，家和万事兴等中华民族传统家庭美德，铭记在中国人的心灵中，融入中国人的血脉中，是支撑中华民族生生不息、薪火相传的重要精神力量，是家庭文明建设的宝贵精神财富。"①

（三）从革命传承来看，红色家风已经积淀为中国共产党的精神基因

红色家风是中国共产党人在长期的革命和建设实践中，将传统修齐治平的人生理想与共产主义理想信念结合起来，形成的一种家庭精神风貌和行为品格。红色家风主要包括革命领袖的家风实践、革命烈士的家风实践、优秀共产党人的家风实践等。毛泽东、周恩来、朱德等老一辈革命家都高度重视家风。这些具有崇高威望的老一辈革命家，不仅自己保持着艰苦朴素、克己奉公、坚定信念、服务大局的精神，对家人要求也十分严格。毛泽东要求子女"夹着尾巴做人"、不搞特殊化，朱德要求子女"要接班不要接官"，这些红色家规既继承了中华优秀的传统家庭美德，又高举马克思主义旗帜，强调了修身齐家与理想信念之间的联系。

在社会主义建设时期涌现的优秀共产党员，同样体现了家风建设的先进性。对于党员领导干部来说，要自觉继承和弘扬中华优秀传统文化，继承和弘扬革命前辈的红色家风，向焦裕禄、谷文昌、杨善洲等同志学习，做家风建设的表率，把修身、齐家落到实处。习近平总书记对焦裕禄的事迹感怀于心，专门撰写一首《念奴娇·追思焦裕禄》，感叹"百姓谁不爱好官？把泪焦桐成雨。生也沙丘，死也沙丘，父老生死系。暮雪朝霜，毋改英雄意气"。他曾三次到兰考视察，要求广大党员干部学习弘扬"亲民爱民、艰苦奋斗、科学求实、迎

① 习近平：《习近平著作选读》（第一卷），人民出版社 2023 年版，第 544 页。

难而上、无私奉献”的焦裕禄精神，指出全心全意为人民服务是焦裕禄精神的本质所在。“任何时候都不搞特殊化”是焦裕禄对自身和家人的严格要求，也是焦氏家风中最引人瞩目的闪光点。谷文昌在1950年福建东山解放后，先后担任东山县城关区委书记、县委组织部部长、县长、县委书记等职务，带领东山县人民苦干14年把荒岛变成了绿洲。他对待子女一贯严格，明确规定“不允许揩公家一点油，不允许沾父亲一点光”，他是一位“时刻想着群众，忘记自己的人”。习近平在福建工作时就多次倡导学习谷文昌，他在浙江省委书记任上曾作《“潜绩”与“显绩”》一文，称赞谷文昌“在老百姓心中树起了一座不朽的丰碑”。2015年，习近平总书记同中央党校第一期县委书记研修班学员座谈时说：“我经常提到五六十年代福建东山县县委书记谷文昌，他一心一意为老百姓办事，当地老百姓逢年过节是‘先祭谷公，后拜祖宗’。”[①] 谷文昌已经去世多年，但他“清白持家、简朴本分、为民奉献”的家风仍在当地干部群众中传颂。杨善洲一生“勤俭持家，克己奉公”，在任时把缺粮的保山变成“滇西粮仓”，退休后又让7.2万亩山秃水枯的大亮山重披绿装，当选为“感动中国”2011年度人物。可见，红色家风与井冈山精神、长征精神、延安精神、改革开放精神是一脉相通的，是红色文化的重要组成部分。

三、自觉带头树立良好家风

（一）正确理解注重家庭、注重家教、注重家风的含义

家庭是以血缘为基础、具有情感纽带的最小社会单元。家庭是社会的基本细胞，是人生的第一所学校。这不仅点明了家庭的社会组织功能，也点明了家庭对于个体人格的建构性意义。就个体成长而言，家庭是成长环境，也是个人走向社会最初的出发点。家庭不只是人们身体的住处，更是人们心灵的归宿。习近平总书记形象地将家庭比喻为人生的“第一粒扣子”“第一个台阶”“第一个课堂”，强调家庭对于个体初始社会化的重要意义。“天下之本在国，国

---

① 《习近平谈治国理政》（第二卷），外文出版社2017年版，第144页。

之本在家”，国家富强，民族复兴，最终要体现在千千万万个家庭都幸福美满上，体现在亿万人民生活不断改善上，千家万户都好，国家才能好，民族才能好。注重家庭就需要用爱与责任呵护家庭，维持良好的夫妻关系、亲子关系以及与原生家庭成员之间的关系，创造和谐的家庭氛围。习近平总书记非常注重家庭，正如他所说，“尽管工作很忙，但‘偷得浮生半日闲’，只要有时间，我就同家人在一起”[①]。

家庭教育是指父母或者其他监护人为促进未成年人全面健康成长，对其实施的道德品质、身体素质、生活技能、文化修养、行为习惯等方面的培育、引导和影响。良好的家教不仅关乎家庭的未来，也关乎国家和民族的未来。为人父母者应该承担起教育子女的责任，“养不教，父之过”，并且要用正确的理念和方法教育孩子——“爱子，教之以义方”“爱之不以道，适所以害之也”。从古至今，疏忽家庭教育的责任或者不能用正确理念教育子女，从而导致败德损家的反面典型不胜枚举，时时警醒人们注重家教。当然，随着时代变迁和社会环境的变化，古今家教的理念和方法也在不断更新，这就要求为人父母者要时时保持开放的态度和学习的习惯，与时俱进，不断更新家教途径和方法。

家风又称门风，指的是家庭或家族世代相传的风尚，表现为家族成员呈现出来的整体性风貌或精神气质。家风是衡量家庭关系和家教好坏的重要尺度，好的家教形成好的家风，好的家风成就好的家庭。家风好，就能家道兴盛、和顺美满；家风差，难免殃及子孙、贻害社会，正所谓“积善之家，必有余庆；积不善之家，必有余殃”。就家庭而言，优良家风会滋润家庭成员的心田，有效调节家庭成员的关系，增强家庭成员的幸福感；就社会而言，家风是社会风气的基础，是传递优秀传统文化的重要渠道，也是促进社会和谐、稳定的重要因素。现代家风建设既延续传统优秀的家风建设观念，又与现代社会主义核心价值观相结合。我们需要从传统家风和红色家风中汲取有益元素，不断优化现代家风建设的理念和方法，自觉培育良好家风。

---

① 《习近平谈治国理政》，外文出版社 2014 年版，第 410 页。

（二）新时代的家庭家教家风建设，要特别重视子女的品德教育

家庭教育涉及很多方面，但最重要的是品德教育，是如何做人的教育。要将品德教育作为家庭教育的重点来抓。传统家教特别重视“如何做人”的教育，古人将“在明明德，在亲民，在止于至善”作为“大学之道”，礼、乐、射、御、书、数等都称为小学；司马光将道德作为立国与立人的核心要素，正所谓“国无德不兴，人无德不立”；《弟子规》将品德教育置于知识教育之前，强调“首孝悌，次谨信。泛爱众，而亲仁。有余力，则学文”。我们要积极传播中华民族传统美德，传递尊老爱幼、男女平等、夫妻和睦、勤俭持家、邻里团结的观念，倡导忠诚、责任、亲情、学习、公益的理念。要将“如何做人”的教育摆在家庭教育的首要位置，帮助孩子扣好人生的“第一粒扣子”、迈好人生的“第一个台阶”。要结合《新时代公民道德建设实施纲要》，把家庭美德、个人品德和社会公德、职业道德建设结合起来，践行以文明礼貌、助人为乐、爱护公物、保护环境、遵纪守法为主要内容的社会公德，以爱岗敬业、诚实守信、办事公道、热情服务、奉献社会为主要内容的职业道德，以尊老爱幼、男女平等、夫妻和睦、勤俭持家、邻里互助为主要内容的家庭美德，以爱国奉献、明礼遵规、勤劳善良、宽厚正直、自强自律为主要内容的个人品德。

品德教育实际上就是“做人”的教育。梁启超在清华大学演讲时曾提出：“你如果做成一个人，知识自然是越多越好；你如果做不成一个人，知识却是越多越坏。”[①]现代社会由于工作生活节奏过快，产生了很多“空心人”。要用“良心”疗愈“空心”，“良心”即传统文化中以五常、四端为基础的“八心”——感恩心、孝敬心、慈悲心、恻隐心、责任心、羞耻心、诚信心、是非心[②]。这些都是品德教育的重要内容。反观那些“贪腐父子兵”，无一不是在品德教育方面存在重大缺陷。我们可以从日常家务劳动入手，培养孩子“勤”的意识和能力，在家务劳动中锻炼自觉主动、不怕困难、耐心细致、统筹规划等能力。这也是现代社会重点关注的个人品质和能力。

---

① 《梁启超文选》（下），夏晓虹编，中国广播电视出版社 1992 年版，第 487 页。

② 徐凯文：《“房间里的大象”——直面青少年抑郁问题》，《中华家教》，2021 年第 6 期。

（三）新时代的家庭家教家风建设，要特别注重培育家国情怀

传统的家国情怀建立在宗法社会的基础上，以家国同构为主要特征，家庭、家族、国家都是以“血亲—宗法”关系来统领，存在严格的父权家长制，建构的是“君君、臣臣、父父、子子”的等级秩序。现代社会的国家组织与传统宗法社会不同，但家庭作为社会基本单元的地位没有变，作为个人与国家连接纽带的功能也没有变，因此，家国情怀仍然有其现实意义与价值。尤其在当前“精致的利己主义者”盛行的情况下，强调家国情怀、社会责任感是今天家庭家教家风建设的重中之重。国家是第一位的，没有国就没有家，没有国家的统一强盛就没有家庭的美满和个人的幸福。千百年来，家国情怀深植于民族传统文化之中。所谓“天下兴亡，匹夫有责”“先天下之忧而忧，后天下之乐而乐”“苟利家国生死以，岂因祸福避趋之”，这种家国情怀是无数仁人志士的不懈追求。中国人历来讲求精忠报国，革命战争年代母亲教儿打东洋、妻子送郎上战场，社会主义建设时期先大家后小家、为大家舍小家，都昭示了将家庭的前途命运同国家和民族的前途命运紧密相连的高尚情怀。中国共产党一经诞生，就把“为中国人民谋幸福，为中华民族谋复兴”作为自己的初心和使命，无数革命先烈的热血和汗水换来了今天的民族解放和国家富强。刚刚过去的三年抗疫，有无数的逆行者“舍小家为大家”，为我们构筑了生命安全屏障，这些或有名或无名的英雄，共同撑起了我们这个时代的脊梁。

从观念层面来看，家国情怀首先建立在血亲情感的基础上，再从家庭推及社会、国家。因此，家族层面的孝悌谨信，也可以推广到社会、国家层面。在家尽孝、为国尽忠成为深植于中国人内心的文化基因。孝道是中国人最讲究的伦理道德，现代社会的孝道在价值追求和表现形式上都不同于过去，但学会感恩父母、尊敬师长仍然是建立家国情感和社会责任的重要环节，从家庭里学会由己及人，再及国家天下。在现代家庭家教家风建设过程中，要通过学习历史、关心社会、了解爱国人物和爱国故事等不同方式，将爱国爱家结合起来，鼓励子女自觉把人生理想、家庭幸福融入国家富强、民族复兴的伟业之中，做新时代的追梦人。在新时代，中国梦的实现需要千千万万家庭来构成，家庭美

满幸福了，中国梦才有真正的意义；只有实现伟大复兴的中国梦，家庭梦才能梦想成真。

（四）新时代的家庭家教家风建设，要特别注重言传身教

今天的社会与传统社会、革命年代的环境发生了很大变化。依靠权威影响、代际传承、社会规范稳定下来的家风建设路径，在今天已经与过去大不相同。现代家风建设需要家庭成员都要有自觉的意识、相互的规范、平等的沟通。在家庭教育方法上，习近平总书记特别强调言传身教，他指出："家长要时时处处给孩子做榜样，用正确行动、正确思想、正确方法教育引导孩子。要善于从点滴小事中教会孩子欣赏真善美、远离假丑恶。要注意观察孩子的思想动态和行为变化，随时做好教育引导工作。"[①] 这段话包含三层意思：一是要做好榜样，父母要率先垂范；二是要讲究方法，注意将教育渗透在日常生活中；三是要确立规矩，做好规范引导。周恩来同志作为党的高级领导干部，自我要求非常严格，他制定了《我的修养要则》，提出了"加紧学习""努力工作""习作合一""永远不与群众隔离"等七条自我要求，在全党树立了典范。现在有些父母只知道给孩子立规矩，而把自己置于规矩之外：要求孩子不要沉迷于玩游戏，自己却捧着手机不肯放下；教育孩子要尊老爱幼，却让老父老母承担大部分家务，甚至对他们说话不客气。这种情况下，父母没有起到榜样和带头作用。

现在还有部分父母不更新教育理念和方法，搞专制教育，只讲大道理，不能身体力行；有些父母认为父母对孩子的影响是潜移默化的，不用专门教育，以为只要自己立身正，孩子一定不会走偏，忽略了社会大环境对孩子的影响，没有及时向孩子传达正确的价值观、人生观、是非观，以至于错过家教关键期而后悔莫及。现在媒体信息比较发达，不少好的教育理念与教育案例都值得学习借鉴，家长要善于学习，不断更新教育理念和方法，做教育孩子的行家里手。在现代社会，要特别注重立规矩，传统社会环境比较稳定单一，孩子成长

① 《习近平在北京市海淀区民族小学主持召开座谈会时的讲话》，《人民日报》，2014年5月31日。

受家长影响大于社会影响，但今天社会环境复杂，如果社会影响超过了家庭影响，最后可能养出在价值观念、行为做事方面跟自己差距甚远的孩子。这方面，老一辈革命家都有比较严格的规矩意识。例如，毛泽东同志提出“恋亲不为亲徇私，念旧不为旧谋利，济亲不为亲撑腰”的三项原则；[①]周恩来同志专门制定《十条家规》，严格要求亲属；陈云同志曾向亲属子女提出“三不准”[②]：不准搭乘他的车，不准接触他看的文件，不准随便进出他的办公室。他们没有留给后人家财万贯，却为后人留下了鞠躬尽瘁、情系人民的革命家风。

（五）领导干部要带头树立良好家风，注意管好身边人

在家风建设中，习近平总书记特别强调领导干部的带头作用。他指出：“我们着眼于以优良党风带动民风社风，发挥优秀党员、干部、道德模范的作用，把家风建设作为领导干部作风建设重要内容，弘扬真善美、抑制假恶丑，营造崇德向善、见贤思齐的社会氛围，推动社会风气明显好转。”[③]可以说，从党员先进性的角度对党员干部的家风建设提出了严格要求。《颜氏家训·治家篇》也有类似观点：“夫风化者，自上而行于下者也，自先而施于后者也。是以父不慈则子不孝，兄不友则弟不恭，夫不义则妇不顺矣。”这里特别强调了居上位者、有权力者在社会风气形成中的重要性。党的十八大胜利召开后，习近平在第一时间告诫大家，“我们不仅要管好自己，而且要管好配偶、子女和身边工作人员，决不谋私利，决不搞特权”[④]。党员干部要切记戒贪止欲、克己奉公，切实把人民赋予的权力用来造福人民，切实做到严格自律，时时处处注意带好头、做好示范。

严格家教家风，既要以身作则，又要对亲属子女看得紧一点、管得勤一点。领导干部不仅要自己带好头，还要管好亲属、子女、身边的工作人员，杜

① 王均伟：《毛泽东的家风故事》，《中国纪检监察》，2016 年第 7 期。
② 赵化南：《从陈云的“三不准”说起》，《党的建设》，2007 年第 2 期。
③ 习近平：《在第十八届中央纪律检查委员会第六次全体会议上的讲话（2016 年 1 月 12 日）》，《人民日报》，2016 年 5 月 3 日。
④ 中共中央纪律检查委员会、中共中央文献研究室编：《习近平关于党风廉政建设和反腐败斗争论述摘编》，中央文献出版社、中国方正出版社 2015 年版，第 93 页。

绝“一人得道，鸡犬升天”的想法和做法。苏荣在他的忏悔录中坦言：家就是权钱交易所，他本人就是权钱交易所所长，不仅全家老小参与腐败，也带坏了干部队伍、败坏了社会风气、损坏了政治生态。刘铁男让儿子在关联企业吃干股，认为不劳而获、快速敛财才是真正的爱子，哪想到“爱之适足以害之”。考察这些反面典型，对习近平总书记的一个比喻会有更为深刻的体会，他说：“大家仔细看一看‘家’与‘冢’这两个字，它们很像，区别就在于那个‘点’摆在什么位置。这就像家庭建设一样，对家属子女要求高一点才能成为幸福之家，低一点就可能葬送一个好家庭。”[①]这就提醒我们领导干部一定要对身边人高标准严要求，防止后院起火，影响工作家庭，妨害党风政风。

作者简介　胡秀丽，中共杭州市委党校文化学与统战理论教研部副教授，杭州中华文化学院研究中心执行主任，主要研究方向是文化建设理论与实践。

① 《千家万户都好，国家才能好，民族才能好——习近平总书记这样重视和引领家庭家教家风建设》，《人民日报》，2022年5月15日。

第三讲

杭州城市文化建设启示

习近平总书记在杭州出席G20工商峰会开幕式时指出："杭州是中国的一个历史文化重镇和商贸中心。千百年来，从白居易到苏东坡，从西湖到大运河，杭州的悠久历史和文化传说引人入胜。杭州是创新活力之城，电子商务蓬勃发展，在杭州点击鼠标，联通的是整个世界。杭州也是生态文明之都，山明水秀，晴好雨奇，浸透着江南韵味，凝结着世代匠心。"[①] 在G20杭州峰会致开幕辞时他还这样赞美杭州："上有天堂，下有苏杭，相信杭州峰会将给大家呈现一种历史和现实交汇的独特韵味。"[②]2023年9月，在杭州第十九届亚洲运动会开幕式欢迎宴会上，习近平总书记特别提到："千百年来，杭州以'山水登临之美，人物邑居之繁'享誉世界，被马可·波罗誉为'世界上最美丽华贵之天城'。"[③]改革开放40余年来特别是"八八战略"实施20余年来，杭州以高度的文化自信积极推进文化名城建设，充分发挥城市人文优势，在融通历史与现实中激活了城市历史文化基因，让传统文化在城市现代化进程中释放出新的魅力，呈现出历史与现实交汇的独特韵味，有力彰显了城市人文之美。

杭州城市文化的实践正是深入贯彻"八八战略"和习近平文化思想的生动写照，充分展示了城市人文之窗的独特魅力。总结杭州城市文化建设成就，不难看出，杭州以创新活力之城、历史文化名城、生态文明之都、东方品质之城

① 习近平：《习近平二十国集团领导人杭州峰会讲话选编》，外文出版社2017年版，第1页。
② 习近平：《习近平二十国集团领导人杭州峰会讲话选编》，外文出版社2017年版，第23页。
③ 习近平：《在杭州第十九届亚洲运动会开幕式欢迎宴会上的致辞》，《人民日报》，2023年9月24日。

升华了城市文化软实力，G20杭州峰会和杭州第十九届亚运会的成功举办，更是展现了西湖风光、江南韵味、中国气派、世界大同。回溯历史，照应现实，杭州推进城市文化的实践告诉我们：精准把握城市人文特色，以“文化城市”的理念引领“城市文化”的建设，非常重要。打造独具韵味别样精彩的世界名城，要牢固树立高度的文化自觉和文化自信，牢牢抓住城市发展新契机，积极构建文化主导的未来城市发展战略。要立足传统，突出地域文化认同，突出城市形象塑造的精神内核，充分发挥历史人文底蕴深厚的优势。杭州正是通过城市文化的时代重构与国际表达，充分展示了中华文化的自信，激活了城市人文遗存，修复了城市人文生态，在凸显城市人文特色中有力塑造了城市文化新形象。

一、在融通历史与现实中彰显城市人文之美

杭州是典型的江南文化城市，有着“风雅钱塘”“东南佛国”“丝绸之府”“旅游胜地”等众多的城市“金名片”。作为历史文化名城，从良渚文化、吴越文化、南宋文化到西湖文化、运河文化、钱塘江文化，杭州拥有众多具有影响力的文化“金名片”。西湖文化景观、中国大运河（杭州段）、良渚古城遗址是杭州的三大世界文化遗产，城市文化的厚重底色和国际影响力日益凸显。

历史和现实表明，城市的核心竞争力越来越体现在基于城市文脉的“历史元素”和城市的“历史文化基因”所形成的区别于其他城市的差异性、独特性甚至是唯一性。正如杜维明先生所言，全球化不是一个同质化的过程，它加强了地域性的认同意识，加深了根源意识，“族群、语言、性别、年龄、地域、阶层和信仰这些根源性的问题，在全球化的过程中显出各自的威力”①。改革开放以来，特别是“八八战略”在浙江实施以来，杭州城市发展迎来了历史性机遇，历史文化基因得到激活，人文与经济交融互兴。通过重构城市人文精神，激活文化基因，我们能够延续城市文脉，推动千年古都焕发新的城市活力。这

① [美]杜维明：《儒家传统与文明对话》，彭国翔编译，河北人民出版社2006年版，第47页。

不仅让传统文化在城市现代化进程中释放出新的魅力，更将在继往开来中推动传统与现代的高度融合，在新的高度创造新的现代城市文明，不断彰显中国式现代化的文化新魅力。

杭州人文历史的源头可以追溯到距今8000—7000年的“跨湖桥文化”，杭州先民已经进入了耜耕农业时代。距今5300—4300年的“良渚文化”，创造了中国新石器时代璀璨的文化之一。作为杭州历史文化发展的第一个高峰，良渚文化标示“人、禽、兽”三位一体的图腾图案，追求着“天人合一、万物一体”的和谐境界。良渚遗址出土的精美文物，成为良渚文化鼎盛时期的核心标志，展示了中华文明最初的社会形态。秦汉时期，杭州文化吸收并融汇了越文化和吴文化，“三面环山一面城”的城市格局逐步形成，杭州城市布局开合呼应、山水互融、自然和谐。五代时期是杭州历史进程的一个重要阶段，吴越王钱镠定都杭州，吴越文化被称为杭州历史文化发展的第二个高峰。吴越时期政治上“保境安民”，杭州政局稳定、社会安定，丝织、制茶和造纸等工艺发达，国内商业和贸易繁荣，佛教文化盛行，形成了“普度众生”的大气和反战乱、求和平、民为重的思想文化基础，杭州素有“东南佛国”之称。

进入宋代，杭州历史发展进入新的辉煌时期。南宋时期被称为杭州历史文化发展的第三个高峰，也是杭州传统人文精神日趋成熟的标志性阶段。自绍兴八年（1138年）南宋正式迁都杭州，杭州成为南宋100多年的政治、经济和文化中心。以中原文化为主的北方文化和皇家文化与南方文化、市民文化相互交融，既注重精致和谐，又注重开放兼容，凸显了重和谐、重民生、重自然、重审美的江南城市人文精神。南宋时期各地人才云集，文学艺术繁荣，杭州城市与经济社会发展达到极盛时期，文化空前发展，杭州成为全国最大的城市，跻身历史文化古都与文化名城。明清以来，杭州经济、文化发展得到延续，秀美的西湖自然山水、丰富的文物古迹、悠久的人文传统都铸就了杭州独特的历史人文地位。

独特的杭州传统文化历史脉络，塑造了杭州丰富的人文价值内涵。历史上，杭州文化在不同时期均形成了“精致和谐、大气开放”的传统人文精神，追求精致和谐，体现的是对人生、对自然、对生活、对民生的人文情怀；追求大气开放，体现的是对历史、对创新、对融合、对他者的价值认同。西湖文化融自然山水与人文生态于一体，追求“天人合一、诗情画意”的审美境界与人文精神；运河文化博采南北文化之所长，兼容并蓄，创新创生；钱塘江文化交融华夏文化与海外文化，推动杭州传统人文精神走向新的未来。

杭州作为一座享誉中外的历史文化名城，浸透着江南韵味，凝结着世代匠心。千百年来，历代先贤在这片土地上辛勤耕耘、治水营城，成就了“人间天堂”之美誉。习近平总书记对杭州知之深、爱之切，在浙江工作期间就对杭州发展提出了“四个杭州、四个一流”的指示要求，指出“人间天堂”是历史留给杭州的一块“金字招牌”，明确要求杭州“构筑大都市、建设新天堂”。2002年时任浙江省委书记的习近平同志在杭州考察调研时曾指出，历史文化名城是杭州的“灵魂”，西湖是杭州的“生命线”[①]，高度重视杭州城市文化的传承与发展。党的十八大后，习近平总书记多次深入杭州实地考察指导，对杭州城市文化的未来发展更是寄予殷切的期望。

基于文化引领城市发展的理念，进入21世纪以来，特别是在“八八战略”的指引下，杭州市委、市政府站在未来杭州发展的文化支撑角度，赋予了杭州文化名城建设新的目标和新的任务。通过积极重构城市人文精神，大力激活城市传统文脉，以文化强市的理念提升城市文化软实力，以文化树人的导向引领社会新风尚。通过顶层设计、系统推进和重点突破，赋予了城市文化实践的有效载体，在融合历史与现实中有力彰显了城市人文之美。在重构城市形象和城市文化的系统推进中，特别突出了文化建设对名城建设的厚植支撑作用，重点围绕优化创业发展机制和环境加以深化拓展，重点围绕杭州改革开放中的重大问题来深化研究，重点围绕杭州重大发展战略来全面拓展，重点围绕杭州经济社会发展的亮点和热点问题来具体深化，使城市文化特别是城市精神真正切入杭州的城市发展脉络之中，切入杭州市民的生活状态之中，激活了历史，塑造

① 本书编写组：《干在实处　勇立潮头——习近平浙江足迹》，浙江人民出版社、人民出版社2022年版，第227页。

了现实，引领着未来。

杭州的城市文化建设实践，有力推进了城市的人文之治，着力打造了一座有情怀、有风景、有传承的文化城市。特别是近年来，杭州坚持将打造世界遗产群落和实施“城市记忆”工程有机融合，坚持完善城乡公共服务体系和实施文化精品工程有机融合，坚持文明城市创建和新时代文明实践中心试点有机融合，高水平推进城市文化与城市治理的融合发展，高质量彰显文化对城市发展的全面支撑作用，努力打造古老又年轻、包容又执着、宜居宜游又宜业的城市，使古代中国、现代中国和未来中国在杭州得到全面展现。

2023年杭州第十九届亚运会的成功举办，已经成为杭州城市战略提升的重要里程碑，使杭州的全球美誉度和影响力得到全方位提升，让世界通过杭州领略了当代中国的风采。杭州的城市发展和文化软实力迎来了新时代的升华，杭州城市的历史文化魅力精彩呈现，人文之窗的世界效应与日俱增。社会主义核心价值观和民族文化自豪感深入人心，世界遗产群落联动效应充分彰显，宋韵文化传承展示中心全面建成，文化产业竞争力更加强劲，国际文化交流更为活跃，都市风范更富感召力、亲和力、吸引力。

二、呈现独特韵味：杭州城市文化建设的实践逻辑

杭州城市文化的时代重塑展示了历史与现实交汇的独特韵味，提升了城市文化软实力。回顾历史，不难看出，杭州城市文化软实力的提升得益于杭州得天独厚的自然人文环境，得益于中央和省委的大力支持，得益于杭州人“勇立潮头”的实干精神。研究和解读杭州的城市文化建设，特别需要深入研究杭州是如何呈现城市的独特韵味和别样精彩的，杭州一定做了非常正确的事情。我们主要从城市文化案例的角度，围绕杭州城市形象的塑造、杭州城市价值的培育、杭州城市文脉的传承、杭州城市活力的打造四个方面系统剖析改革开放以来，特别是“八八战略”在浙江实施以来杭州城市文化建设的经验和启示。

（一）以文兴城：寻找城市特色塑造城市形象

不同城市有不同的禀赋和文化内涵，如何精准把握城市特色，通过文化和

城市精神贯通城市的过去、现在和将来，塑造城市新的形象，这是现代城市形象塑造的难题。就杭州城市形象塑造而言，如何实现“古意盎然的传统文化”与“前卫时尚的现代文化”完美融合、“历史文化名城”和“创新活力之城”相得益彰非常关键。

从杭州城市人文精神的重塑实践来看，2002年，在中国共产党杭州市第九次代表大会上明确将杭州城市人文精神概括为“精致和谐、大气开放”八个字，这既是对杭州近5000年历史积淀所形成的人文精神的概括，更是新时期塑造杭州城市新发展的文化理念和期盼。杭州城市人文精神的重塑是一个寻找“城市个性”的过程。杭州城市管理者认识到：“个性是城市历史的积淀，特色是城市生命的品格。一座有个性、有特色的城市，才是一座有吸引力、生命力、竞争力的城市。”[①]同时，人文精神重塑更是一个设计“城市未来”的过程。通过杭州人文精神的凝练和表达，增强历史感、文化感、自豪感，一方面强调要珍惜地域文化的传统特色，另一方面要用“大气开放”的精神自我砥砺。

“以文兴城”的杭州实践实际上确立了“文化主导城市发展”的战略，使城市人文精神真正切入杭州的城市发展脉络之中。从中国共产党杭州市历次代表大会的主题可以看出杭州城市形象塑造的变化：2002年，在中国共产党杭州市第九次代表大会上明确提出了“构筑大都市、建设新天堂”的城市形象塑造愿景；2007年，在中国共产党杭州市第十次代表大会报告中明确提出为了“建设生活品质之城”而不懈奋斗的发展愿景；2012年，在中国共产党杭州市第十一次代表大会报告中明确提出“打造东方品质之城、建设幸福和谐杭州”的城市愿景；2017年，中国共产党杭州市第十二次代表大会则提出要“加快建设独特韵味别样精彩世界名城”的城市新形象；2022年，中国共产党杭州市第十三次代表大会明确提出“奋力打造世界一流的社会主义现代化国际大都市”的发展目标。可以说，城市形象的每一次跃迁都离不开城市人文精神的注入与实践发展，城市人文精神也带来了城市文化的变革，带来了城市发展空间的变

① 王国平：《城市论》（上），人民出版社2009年版，第70页。

化。杭州迎来了从“西湖时代”走向“钱塘江时代”的历史性变化，城区格局也由“三面环山一面城”扩展为“一江春水穿城过”，从“城市东扩、旅游西进、沿江开发、跨江发展”到全面推进拥江发展，新时代奋力打造“世界一流”的城市定位更是对杭州城市形象与国际化水平的再一次跃升塑造。

中国的城市各具特色，文化内涵也不一样，很难复制。但是确立“以文兴城”的理念是杭州城市文化实践留给我们的思考。首先，塑造城市形象要突破城市文化与城市精神，上升为城市的精神内核，突出城市的精神和城市人的精神统一，而不是割裂。其次，塑造城市形象既要寻找特色看自己，更要跳出自己看自己。从“大都市新天堂”到“生活品质之城”“东方品质之城”“独特韵味别样精彩世界名城”以及“世界一流的社会主义现代化国际大都市”，“以文兴城”主导下的杭州城市形象本身就是一个不断跳出自己看自己的过程，一个不断树立自身城市特色的过程。

（二）价值引领：凝聚社会认同培育共同价值

“以文兴城”和“以文化人”是摆在现代城市管理者面前的两道考题。在价值观日益呈现多元化的当代社会，如何凝聚人们的共同价值认同，是培育城市共同价值的难题。因此，“以文化人”需要虚功实做，这样才能使核心价值在城市真正落地生根。

正如斯特斯·林赛所言：“在人类进步的过程中，文化价值观确实是重要的，因为它们影响到人们对进步的想法。”[①]杭州明确提出以“我们的价值观”为主题的实践活动打造“最美之城”，有力彰显了城市人文精神。最值得注意的是，立足于“我们”主体，实现了“有意义”与“有意思”的融合，实现了“价值共振”“情感共鸣”“需求共赢”的融合，实现了“共同价值”与“共同责任”的融合。从2011年开始，杭州就推出了“我们的价值观”主题实践活动，取得了良好效果，受到普遍关注。2011年，杭州还面向全国征集主题核心

① ［美］斯特斯·林赛：《文化，心理模式和国家繁荣》//塞缪尔·亨廷顿、劳伦斯·哈里森主编：《文化的重要作用——价值观如何影响人类进步》，程克雄译，新华出版社2013年版，第343页。

词，共收到作品1330余件。经过专家学者和群众代表综合评议，选出26组主题突出、概括全面、质量较高的主题核心词。党的十八大之后，与社会主义核心价值观相匹配，确立了12个主题词：“民生、文明、诚信、感恩、敬业、友善、信仰、责任、崇学、爱国、务实、和谐”，以这12个主题核心词共同支撑“我们的价值观”。

杭州“我们的价值观”主题实践活动是一个融入“社会生活情景”的价值实践，强调处理大众化与生活化的辩证关系，强调与“我们的节日”相融合，同时还强调与“我们的文化”相融合。例如，通过春节、元宵节、清明节、端午节、中秋节、重阳节，强调与“我们的节日”融合，在清明节注重引导大家知感恩、懂感恩，在劳动节强调如何突出“敬业”的劳动主题。同时，还重视发挥“以文化人”的功效，强调与“我们的文化”融合，比如，融合了白居易、苏东坡“民本”的思想，融合了岳飞、于谦、张苍水“爱国”的情怀，融合了胡雪岩等“戒欺”“守信”的言行。

杭州“我们的价值观”主题实践活动也是一个重塑“新时代精神维度”的价值实践。“最美现象”在杭州不断涌现，成为激励人们学习的草根明星、平民英雄。“最美”从网友表达认同的一个修辞，演化为全社会共同发现和弘扬真善美的一种现象，根本的力量源于人们心中对善良等人性基本品质的强烈认同，反映的是广大人民群众对向上向善、崇德尚义的坚守与追求。“最美现象”是一种榜样教育，但并不是传统的榜样教育，“最美”强调的不是多么“完美”，而在于即便在平凡的岗位也能实现对社会最大的价值。“最美现象”塑造着人文精神，也塑造着新时代的职业精神、公共精神、法律精神等。杭州“我们的价值观”主题实践活动值得学习的地方恰恰不在于“道德高地”，而在于城市“公共文明”。无论是城市走向“大气开放”，还是国家走向“文明崛起”，都呼唤着现代“公共文明”。

“我们的价值观”主题实践活动和“最美现象”给杭州带来了什么？一是城市公共文明水平不断提升，打造“有温度的善城”，如“礼让斑马线”，在杭州取得了很好的效果，成为城市的一大文化窗口；二是城市治理水平不断提升，凸显“我们”的参与式治理。在杭州，城市的共建、共治和共享理念深入人心，形成了“以民主促民生”的工作机制、“多元主体复合治理”的治理形式、“开放式决策”的政府治理方式。

（三）延续文脉：保护文化遗存实现城市有机更新

在城市化进程中文化破坏表现在诸多方面：城市历史文脉在“拆旧城、建新城”中被破坏，旧城原来的历史格局、历史街区遭到拆除和破坏，城市扩容使城市历史记忆消失，城市化出现了“欧美化”“同质化”“千城一面”。2003年，时任浙江省委书记的习近平在考察杭州西湖综合保护工程时专门指出：“作为省会城市，杭州应在保护文化遗存、延续城市文脉、弘扬历史文化方面，发挥带头作用，做得更好。”①他还强调指出，“从加快建设文化大省的要求出发，正确处理文化遗产保护与经济社会发展的关系，正确处理文化遗产保护、传承与管理、利用的关系”②。

在城市文化遗产保护方面，要确立政府主导型的文化遗产保护方式，以工程项目的方式以及快速城市化背景下的超常规方式等实施都不难，真正的难题是要通过保护实现传统历史遗存与现代城市更新的有机融合，实现活态保护与有机利用相结合，实现文化遗产保护与社区再造及民生改善相结合。城市是一个“有机的生命体”，不是为了保护而保护，不是一点、一线、一面的简单保护，而是一座城的保护与文化空间重塑。

摆在杭州城市管理者面前的课题是：如何在延续历史文脉中当好“薪火传人”？如何通过文化保护释放古老城市的现代魅力？杭州在城市文化实践中以保护文化遗存实现城市有机更新。城市有机更新的理念更加突出将城市当作有生命力的、系统的、完整的有机体，城市也有童年，城市也不能忘记自己的历史，要让人们在城市“记住回家的路”，强调以全新的城市功能替换功能性衰败的物质空间。杭州在具体做法中，实施大项目带动战略全面推进文化遗产的

---

① 习近平：《之江新语》，浙江人民出版社2007年版，第19页。
② 习近平：《干在实处 走在前列：推进浙江新发展的思考与实践》，中共中央党校出版社2006年版，第324页。

保护利用，把文化遗产保护作为一项庞大的系统工程来抓，总体设计、分步实施，由点到面、由线到片，系统综合、有序推进，并使所有文化遗产保护利用项目都使用“综合保护修缮工程”“综合保护整治开发工程”“综合保护与有机更新工程”等概念。典型的如西湖综保、运河综保、良渚综保等。杭州通过综合保护系统推进城市形态、街道建筑、自然人文景观、道路设施、城市河道、城市产业、城市管理的有机更新，实现修复自然生态与修复文化生态的有机融合，实现城市整体的有机更新。同时，实现保护历史文化遗存与重塑现代文化空间相结合，重塑城乡文化空间，提升城市文化品位和公共文化服务水平。

城市是一个有机的生命体，保护文化遗存非常讲究“城市美学”：让文化遗产回归民众，保护文化遗产的有机整体性，突出江河湖海溪的有机整体性，实现文化遗产活态保护和城市可持续发展，实现人与人、人与社会的有机和谐。杭州在保护文化遗存、延续城市文脉中的实践启示恰恰在于：“城市有机更新”不是一般的“城市改造”，要实现保护、传承与利用的三者融合，历史价值建筑保护和老城区更新改造以及城中村拆迁是不矛盾的。

（四）激发活力：整合文化资源打响东方特色品牌

杭州有着天然的“三大优势”，第一是环境，第二是文化，第三是人才。相较于其他城市而言，杭州最丰富的资源是“文化”，最不缺的是“文化”。但难题在于：如何整合文化资源、激发城市文化活力？杭州在城市文化的实践中，一是突出打造充分彰显杭州特色的“全国文化创意产业中心”，提升杭州文化的影响力；二是突出打造“韵味杭州”，建设“东方文化国际交流重要城市”。

杭州早在2007年就率先提出打造“全国文化创意产业中心”目标，重点发展信息服务业、动漫游戏业、设计服务业、现代传媒业、艺术品业、教育培训业、文化休闲旅游业、文化会展业八大门类文化创意产业。杭州坚持对文化创意产业的内涵和外延只做“加法”不做“减法”。杭州的具体实践主要有：一是明确提出构建“3 + 1”现代产业体系（其中“3”是指一、二、三产业，“1”是指文化创意产业）。二是极大发挥了体制的统筹领导能力，解决条块分割的传统管理模式。坚持“四力叠加”，即党政主导力、企业运作力、社会配置力与文化人主体力的结合。三是注重打造出一批具有“杭州特色”和国际知名度的特色文化创意产业集聚区，利用重大会展活动如西博会、中国国际动漫节、文博会等提升国际影响力。四是整合创意资源，营造创意城市，大力整合部门、企业、高等院校、科研院所等各类创新资源。五是坚持“抓大不放小”，一手抓“大公司战略”，一手抓“群体战略”。十余年来，杭州文化产业一直保持快速发展，2023年杭州市文化产业实现增加值3211亿元，占全市GDP比重达16%，成为杭州经济发展的重要支柱。

文化创意产业对未来城市意味着什么？文化创意产业是21世纪的“黄金产业”“朝阳产业”，是城市发展扬长避短的“撒手锏”，是文化创业和生活品质的“代名词”。杭州城市管理者在理念上很早就认识到：文化创意产业的核心是创意，灵魂是文化，支撑是科技，属性是产业。文化创意产业给杭州带来了新发展，主要得益于杭州创造了最好成长环境。特别是融合了四大优势：文化资源优势、环境优势、政策优势和人才优势。在文化资源优势方面，充分发挥了杭州独特的人文优势，将历史文化遗产转化为生产力；在环境优势方面，用一流的环境吸引一流的人才；在政策优势方面，让政策成为推动文化创意产业发展的有力杠杆；在人才优势方面，通过聚集创意创新创业人才，着力打造文创人才高地。

一座城市如何把独特的文化资源展示出来，实现活起来、传下去、走出去？杭州强调了一个理念——“杭州韵味、国际表达”，提出了一个目标——打造“东方文化国际交流重要城市”。通过“韵味杭州”的国际化实践，竭力彰显杭州特色和活力，努力建成“人文之窗”。当然，杭州的国际化在很多方面与北京、上海、广州等还有差距，但是更突出“韵味”。例如，通过打造“互联网+”创新创业中心、国际会议目的地城市、国际重要的旅游休闲中心来为“韵味杭州”提供支撑；打造“网上丝绸之路”重要战略枢纽城市；通过打造国际化会展之都和国际赛事之城，提升本土会展品牌，积极引进高端国际会议、展览项目和国际组织；提升本土赛事品牌，积极引进国际性赛事项目；充分挖掘东方文化内涵，打造世界遗产群落，提升丝绸、茶叶、中医药、杭帮菜、金石书画等东方传统文化的国际知名度。

三、文化的力量：杭州城市文化建设的实践启示

杭州城市文化的重塑彰显的乃是对于文化力量的不懈追求和文化价值观的共同凝聚。“八八战略”在浙江实施以来，在浙江精神的引领下，杭州城市文化建设在承继传统、面向未来中不断超越和创新，有力彰显了历史文化名城的独特魅力，推动了杭州城市文化形象的历史再塑造。通过杭州人文精神的凝练和表达，展示了城市精神的价值因子，通过激活城市历史文化基因，有力增强了历史感、文化感、自豪感。不难看出，杭州城市文化在重构实践中，既突出“以文兴城”又强调“以文化人”，既注重“文化保护”又突出“文化表达”，为城市文化建设的落地和创新提供了可能。融通历史与现实，既延续城市文脉又彰显城市活力，这就赋予城市发展新的文化生机，同时释放强大的社会文化力量，增强了杭州全市人民的认同感、自豪感和凝聚力。

文化软实力体现的是无形的价值观、影响力、道德准则和文化感召力。习近平总书记曾经在《文化是灵魂》这篇文章中指出，“从根本上说，文化是由经济决定的，经济力量为文化力量提供发挥效能的物质平台。然而，任何经济又离不开文化的支撑”。为什么说文化发挥着灵魂与引领的作用？这是因为文化的力量“总是‘润物细无声’地融入经济力量、政治力量、社会力量之中，成为经济发展的‘助推器’、政治文明的‘导航灯’、社会和谐的‘黏合剂’”[①]。在文化全球化时代，城市的空间组织过程需要文化来体现，城市的经济增长需要文化来支撑，城市的消费品位需要文化来引导，城市的特色形象需要文化来营造。文化成为城市发展的核心驱动力，文化引领着未来城市的发展。“八八战略”在浙江实施以来，杭州城市发展迎来了历史性机遇，杭州城市文化软实力全面提升。不难看出，对于杭州这样的历史文化名城来说，城市文化重塑的时代主题就是要力求实现千年古都风韵与现代化大都市风貌同城辉映，使古老名城再次焕发出生机活力，真正凸显城市建设的文化支撑，打造具有世

① 习近平：《之江新语》，浙江人民出版社 2007 年版，第 149 页。

界影响力的历史文化名城。总体来看，杭州通过提炼城市人文精神，力求重塑城市文化形象；通过倡导我们的价值观，力求实现山美水美人更美；通过保护历史文化遗存，力求塑造有生命的城市文化空间；通过激发城市文化活力，力求打响东方文化品牌。

当然，杭州的城市文化建设有“成就”也有“痛点”，如在后亚运时期，在推进中国式现代化和共同富裕的进程中，杭州城市精神与城市形象塑造还在提升；城市的公共文明还在前进，期待着“最美现象”成为“普遍现象”；城市文化遗存的保护利用还有很多艰巨的任务；文化创意产业的国际影响力还不够，城市文化的国际化传播还显得不足。

杭州以高度的文化自信打造世界名城，充分展示了“重要窗口”的头雁风采，充分彰显了“重要窗口”的文化魅力。杭州城市文化的时代重构和实践留给我们很多思考：第一，对于城市来说，坚定文化自信不是一句空话，延续历史文脉、展示当代文化气质是每一个城市发展必须谋划的特色路径；杭州的城市文化建设作为一个整体案例，正是贯彻“八八战略”和习近平文化思想的生动写照。第二，城市文化建设不是一朝一夕能完成的，“八八战略”以来，杭州历届市委高度重视，久久为功，一张蓝图绘到底，为杭州文化建设接力前行、添砖加瓦。第三，重塑城市人文精神，推进城市文化建设是一个系统工程、有机工程，要写好“城市文化”建设这篇文章，需要深入思考“文化城市”和“城市文化”的辩证关系，力求以“文化城市”的理念引领“城市文化”的建设。第四，文化的力量可以转化为物质的力量，文化的力量也能够变成凝聚人心的力量，城市文化建设说到底是为了城市中“人”的成长，要找到“城市成长”和“人的成长”的同频共振点、最佳契合点，让人在城市中越来越幸福，期盼着越来越美好的生活。

“中国式现代化是物质文明和精神文明相协调的现代化。物质富足、精神富有是社会主义现代化的根本要求”①。推进中国式现代化离不开物质与精神的双重维度，一方面要通过贯彻新发展理念推动高质量发展实现物质层面的富

① 《习近平著作选读》（第一卷），人民出版社2023年版，第19页。

足；另一方面要强化文化的支撑作用，让文化与经济发展相得益彰，更好满足人民日益增长的美好生活需要。新时代赋予杭州发展新的使命、新的机遇，杭州正全力塑造新的城市形象，紧紧抓住城市发展的新契机，努力建设成中国式现代化的城市范例，同时要在历史文化名城建设上实现更大突破，着力打造更多熔铸古今、汇通中西的文化成果，更好地发挥在建设文化强国方面的领跑示范作用，充分展现杭州的鲜明标识和独特魅力，努力把杭州打造成具有世界影响力的历史文化名城。

作者简介

沈小勇，博士，中共杭州市委党校文化学与统战理论教研部主任，杭州中华文化学院研究中心主任、教授，浙江省马克思主义学会常务理事，浙江省哲学学会常务理事，主要研究方向是文化理论、中国文化等。

第四讲

良渚文化的保护与传承创新[1]

良渚古城遗址是在习近平总书记的直接关怀下申遗成功的，是实证中华5000多年文明史的圣地，是中华优秀传统文化的典型代表，也是推进文化自信自强、铸就社会主义文化新辉煌的重要载体。从1936年施昕更发现良渚遗址开始，中国考古人经过80多年的接续努力，终于揭开了良渚古城遗址的神秘面纱，将5000多年前的辉煌古城呈现在世人面前。就中国文化而言，5000多年文明史自此有了实证，大大提升了中华民族的文化自信；就杭州而言，良渚古城遗址成为最重要的城市文化“金名片”，大大拓展了杭州作为历史文化名城的厚度、深度和高度。

一、良渚古城遗址成为中华5000多年文明史的实证

良渚遗址距今约5300—4300年，分布在环太湖流域，主要位于浙江省杭州市余杭区境内，是我国长江下游地区新石器时代重要的考古遗址之一。2003年7月16日，时任浙江省委书记的习近平同志在调研良渚遗址保护工作时指出：“良渚遗址是实证中华5000年文明史的圣地，是不可多得的宝贵财富，我们必须把它保护好。”[2]2019年7月6日，良渚古城遗址成功入选《世界遗产名录》，成为中华5000多年文明史的实证之地。

① 本讲稿得到杭州良渚遗址管理区管理委员会提供的材料支持，未在文中一一标注。特别致谢！

② 本书编写组：《干在实处　勇立潮头——习近平浙江足迹》，浙江人民出版社、人民出版社2022年版，第223页。

良渚古城遗址的发现要从施昕更说起。1936年，在西湖博物馆工作的施昕更参与了杭州古荡遗址的发掘工作，在整理出土器物过程中，发现几件器物与家乡良渚一带的石斧非常相似，从而萌发了回良渚调查的想法。从1936年12月到1937年3月，施昕更组织了三次考古发掘，获得了大量石器、陶器等实物资料，确认了良渚一带存在远古文化遗存的事实。之后，施昕更发表《良渚——杭县第二区黑陶文化遗址初步报告》，系统介绍杭县第二区黑陶文化遗址的发掘经过和出土文物，揭开了良渚遗址考古发掘与研究的第一页。

夏鼐提出“良渚文化”的命名。在施昕更发现良渚之后，考古界一般认为良渚属于山东龙山文化的一支。随着越来越多的文物发现，有专家逐渐认识到良渚不同于龙山文化，应当属于独立的文化体系。1959年，在长江流域规划办公室文物考古队队长会议上，夏鼐提出了“太湖沿岸和杭州湾的良渚文化”这一说法，提出了“良渚文化”这个全新的命名。①

反山、瑶山、莫角山等重要遗址被发现。1986年，为了纪念良渚遗址发现50周年，浙江省文物考古研究所对反山进行了有目的、有计划的考古发掘，最终发掘出11座大型墓葬，有陶器、石器、象牙及嵌玉漆器1200多件。1987年，在瑶山又发现了良渚祭坛和贵族墓地。1992年，浙江省文物考古研究所对长命印刷厂扩建区进行了考古发掘，发现了莫角山遗址。反山、瑶山、莫角山、汇观山、塘山等“重要遗址的发掘，大墓中出土的大量玉器、人工营建的大型工程、具有意识形态特色的祭坛等发现震撼了学术界，使人们认识到良渚遗址是良渚文化最重要的中心聚落”②。反山与瑶山遗址被评为“七五”期间（1986—1990年）全国十大考古新发现，汇观山与莫角山遗址被评为“八五”期间（1991—1995年）全国十大考古新发现。

良渚古城遗址得到确认。2007年11月，浙江省文物局与杭州市政府联合

① 夏鼐认为，考古学上的“文化”是“表示在考古学遗迹中（尤其是原始社会的遗迹中），所观察到的共同体”，“这样一群的特定类型的东西合在一起，我们叫它为一种‘文化’”（夏鼐：《关于考古学上的定名问题》，《考古》，1959年第4期）。

② 刘斌、王宁远、陈明辉：《良渚古城考古的历程、最新进展和展望》，《自然与文化遗产研究》，2020年第3期。

召开新闻发布会，正式对外宣布一个重大的考古发现：在杭州市余杭区瓶窑镇莫角山四周发现了一座距今约5000年的完整良渚文化古城的城墙基址，东西长1500米至1700米，南北长1800米至1900米，总面积达290多万平方米，是目前中国所发现的新石器时代城址中规模最大、最为完整的一座，堪称“中华第一城”。“良渚文化古城遗址”全票当选2007年度全国十大考古新发现。2010年，良渚古城外城得到初步确认；2015年，良渚古城外围存在的由11条坝体构成的庞大水利系统被发现，“浙江余杭良渚古城外围大型水利工程的调查与发掘”被认为是中国最早的大型水利系统，也是世界最早的拦洪大坝系统，被评为“2015年度全国十大考古新发现”。

良渚古城遗址成为“世界遗产”。世界遗产是一项由联合国发起、联合国教育科学文化组织负责执行的国际公约建制，以保存对全世界人类都具有杰出普遍性价值的自然或文化处所为目的。中国于1985年12月12日正式加入《保护世界文化和自然遗产公约》，1987年共入选长城、明清皇宫·北京故宫、秦始皇陵及兵马俑坑、敦煌莫高窟、周口店北京猿人遗址、泰山6处世界遗产。截至2023年9月，中国已有57处世界遗产，其中，文化遗产39项、自然遗产14项、自然与文化双遗产4项。2019年7月6日，在阿塞拜疆首都巴库召开的第43届世界遗产大会上，“良渚古城遗址”成功列入《世界遗产名录》，成为中国第55处世界遗产。国际古迹遗址理事会（ICOMOS）评估报告指出，良渚古城遗址符合世界遗产的第三条和第四条标准，即“能为延续至今或业已消逝的文明或文化传统，提供独特的或至少是特殊的见证”“可作为一种建筑或建筑群或景观的杰出范例，展示出人类历史上一个（或几个）重要阶段”。良渚古城遗址作为杰出的城市文明代表，为中华5000多年文明史提供了独特见证，是人类文明发展史上早期城市文明的杰出范例。

二、良渚古城遗址的文明特质与要素

良渚古城遗址的成功申遗，标志着文明标准的中国方案得到世界主流考古界的认可。关于文明形成的标志，世界上公认的“三要素”是文字、冶金术、城市的出现。用这个标准来判断中国，中国古代大约在3300年前的殷商时期进入文明社会。但这“三要素”是从古埃及文明和两河文明中概括出来的，世界上有很多其他的文明并不符合“三要素”。结合恩格斯“国家是文明社会的概括”这一经典论述，中国考古学界提出了判断文明形成的中国标准：“所谓文明，是人类文化和社会发展的高级阶段。那么，究竟什么是文明形成的标志呢？文明形成的标志是国家的产生。文明是在国家的组织和管理下创造的物质文明和精神文明的总和。”①具体表现为手工业专业化、人口显著增加并出现政治经济文化中心、社会显著分化等。王巍认为，在国家产生之前，虽然人类也有一些发明创造，但还没有达到文明的高度。“大的城、大的墓葬、大的宫殿、一整套的礼器的出现，这些就是我们从考古上判断文明形成的标志。这些标志，既符合中国的情况，也适用于世界上其他国家，只不过具体的表现形式有所不同。比如手工业专业化，在西亚表现为冶金，在中国则是琢玉。”②中国关于文明标准的定义，得到了联合国教科文组织的认可，良渚古城遗址申遗成功。

良渚古城遗址是良渚文明的中心。世界遗产委员会认为，在中国新石器时代晚期，长江下游环太湖流域曾经存在过一个以稻作农业为经济支撑的、出现明显社会分化和具有统一信仰的区域性早期国家，良渚古城遗址是它的权力与信仰中心。良渚古城有宫殿区、内城、外城三重结构，堆筑高度由内而外逐次降低，显示出明显的等级差异。莫角山宫殿区分布有大莫角山、小莫角山、乌龟山三个小型土台，是主要的宫殿基址；还发现有大面积的“沙土广场”，推测为举行重要仪式的场所。中心区外围有面积约300万平方米的城墙和面积约800万平方米的外郭环绕。城墙总长约6千米，共有8座水城门，南城墙中部还设计了一座由3处小型夯土台基构成的陆城门。此外，在良渚古城的西北部存在一个更大范围的治水体系——外围水利系统，是迄今发现世界上最早的水利工程。专家推算，良渚古城系统是一个经历几十年建设过程的庞大工程系统，

① 王巍、徐蓓：《为何说中华文明“上下五千年”》，《解放日报》，2022年6月26日。
② 王巍、徐蓓：《为何说中华文明“上下五千年”》，《解放日报》，2022年6月26日。

修建这么庞大的工程，需要高度集权和分化的社会组织——国家——才能完成。[①]我国著名考古学家、北京大学教授严文明这样评价良渚古城：这是目前中国所发现同时代古城中最大的一座，称得上是“中华第一城”；它改变了原本以为良渚文化只是一抹文明曙光的认识，标志着良渚文化其实已经进入了成熟的史前文明发展阶段；是继20世纪河南安阳殷墟发现之后，中国考古界的又一重大发现，将极大推动中国文明史研究进程和考古学发展[②]。

稻作农业是良渚文明的经济基础。农业是文明产生与发展的重要物质基础。“稻米是良渚先民唯一的主食，这是良渚文明区别于中国及世界其他文明的重要特征之一。”[③]良渚古城内遗址未发现稻田遗迹，却出土了大量炭化稻谷，约有40万斤，专家推测这些水稻应是由古城郊区的居民以及良渚遗址群以外的居民提供的。良渚古城远郊的茅山遗址发现了一处大型稻田遗址，布局规整，田埂清晰可见，具有十分完善的灌溉系统，总面积达80多亩。田里还发现了石犁，以及牛的脚印，当时的石镰、石犁与现在使用的基本一致，可见当时的稻作农业已经比较成熟。据测算，良渚文化时期水稻的亩均产量高达140余千克。发达的稻作农业需要水利工程的支撑，良渚外围水利工程是由高坝系统和低坝系统组成的复杂水利系统，古城及城内水网发挥着防洪、运输、调水、灌溉等功能，充分展示了良渚人精妙的治水智慧和超强的水利工程设计、组织实施能力。稻作农业社会的建立为古代文明的形成奠定了基础，古代文明的形成反过来又促进了稻作农业生产的发展。

良渚古城遗址形成了一整套“以玉为礼”的社会控制系统。玉文化是中华文明的重要文化基因之一，良渚文化是史前玉文化发展的最高峰。良渚人创造出一套以琮、璧、钺、冠状饰、三叉形器、玉璜、锥形器为代表的玉礼器系统，揭示了当时社会的等级秩序。许多玉器上雕刻有“神人兽面纹”图案，这些图案被人们称为“神徽”。最完整、最具象的神徽出现在1986年反山出土的

---

① 刘斌等：《良渚：神王之国》，《中国文化遗产》，2017年第3期。
② 陈奕：《浙江良渚发现4000年前古城　价值直逼殷墟》，国际在线，2007年11月30日。
③ 刘斌等：《良渚：神王之国》，《中国文化遗产》，2017年第3期。

"琮王"上，这件玉琮四面直槽的上下部位，各雕刻两个完全一致的神徽图案，四面共8个。神徽图像符号的主要元素包括：上部的神人像和下部的兽面像。神人像的主要组成部分有羽冠、人面和环抱兽面的双手，人面呈倒梯形，内有圆眼、宽鼻和牙齿；兽面像的主要组成部分有重圈巨眼、宽鼻、带有獠牙的阔口和兽爪。整个神徽均用细密的阴刻线纹琢出，纹饰精细。除"神徽"之外，另一种"鸟立高台"的纹样，也出现在不同地区出土的器物上，被认为是"沟通天地的信使"或者巫师的化身[①]。玉礼器系统及神徽在整个环太湖流域的良渚玉器上表现得极为统一，是维系良渚社会政权组织的主要手段和纽带，显示良渚文化有着极强的社会凝聚力，且存在统一的神灵信仰。良渚国王和权贵通过一整套标志身份的玉礼器及其背后的礼仪系统，达到对神权的控制，从而完成对王权、军权和财权的垄断。[②]良渚文化创制的玉礼器成为后世中国礼器系统的重要组成部分，说明良渚文化是中华文明始源之一。

此外，从良渚文化墓葬中可以看出严重的社会分化现象。良渚文化在墓葬规模和随葬品数量、质量等方面差别明显，反映了严重的贫富分化和私有制的确立。大墓中死者生前的地位、身份非同一般，应是当时掌握神权、军权、王权的统治者。土筑高台（坟山）、祭坛等重要建筑遗迹的营造工程浩大，需要花费巨大的人力、物力，表明当时社会强有力的组织机构已经产生。大墓中随葬的玉器种类丰富，制作精良，其上雕刻精致的神人兽面纹饰更是社会发展到一定阶段的产物。这些玉器应为当时的贵族阶层所有，它们的制作过程十分复杂，必须有一个强有力的统治机构来进行调节。大墓中普遍发现的玉（石）钺也反映出良渚文化时期出现了身份、地位高低不同的专职军事首领，透露了王权及国家正在逐步形成的信息。良渚文化阶段私有制的确立和阶级的形成是与当时社会生产力发展水平相一致的。这些现象反映出社会制度将要发生巨大变

① 谢盼盼：《浙江文化观察：良渚玉器鸟立高台图符是啥意思？》，中国新闻网，2022年12月6日。

② 刘斌等：《良渚：神王之国》，《中国文化遗产》，2017年第3期。

革，都应视为文明的因素，即出现了文明的曙光。[①]

三、良渚文化的保护创新

良渚遗址自1936年发现至今，经历了80多年的考古发掘和文化保护历程。从考古界到政府界，从专业界到社会界，从国家层面到基层党委，都高度重视良渚遗址的保护管理，实现了今天中华文明5000多年实证之地的精彩亮相。

建立良渚遗址保护的“文物特区”——杭州良渚遗址管理区。1981年，浙江省文物考古研究所在余杭瓶窑吴家埠遗址建立工作站，良渚遗址开始有了长期稳定的考古工作机构。1987年，良渚文化遗址管理所建立，这是良渚遗址历史上第一个专门的保护管理机构。2001年，浙江省人民政府批准设立杭州良渚遗址管理区，范围为当时良渚遗址（群）所在的瓶窑镇和良渚街道，管辖面积为242平方千米。同时，成立杭州良渚遗址管理区管理委员会（以下简称“良管委”）并挂浙江省杭州良渚遗址管理局的牌子，主要职能是负责管理区范围内的文物保护、城乡规划、经济发展和社会管理。“良管委”下设办公室、财政局、文物与遗产管理局、规划建设局、文化产业局五个正处级的职能部门，良渚博物院（良渚研究院）、遗产监测管理中心、杭州大观山果园三个处级事业单位，下属一家杭州良渚古城文旅集团有限公司，分别承担宣传展示、价值研究、遗产监测、保护管理、文物执法、遗产申报、产业引导、国土规划、资金筹措等职能。从此，良渚遗址保护解决了“有人办事”“有场办事”等关键性问题，走向了统一规划、统一管理、统一保护的阶段。

建立上下一体、左右衔接的规划管理体系。2002年，经浙江省第九届人民代表大会第三十四次会议批准，《杭州市良渚遗址保护管理条例》颁布实施。2013年，浙江省人民政府批准公布《杭州良渚遗址保护总体规划》，《杭州良渚遗址保护管理条例》同步进行修订，将国家文物局的工作要求和《杭州良渚遗址保护总体规划》的有关内容写进地方性法规。依据《杭州良渚遗址保护总体

① 刘军：《从良渚文化考古资料看当时的社会性质》，《纪念城子崖遗址发掘六十周年国际学术讨论会文集》，齐鲁书社1993年版，第159-165页。

规划》，杭州编制了《良渚古城遗址管理规定》《良渚国家考古遗址公园控制性详规》《良渚古城遗址保护展示规划》等13个系列规划，推动遗址保护规划与城市发展规划、土地利用规划的对接融合，形成上下一体、左右衔接、多规合一、切实可行的规划管理体系，确保了良渚遗址保护的有法可依。

形成条抓块保、分工明确的文物保护工作体系。省、市、区分别成立了主要领导挂帅的良渚遗址保护、申遗工作领导小组，并抽调人员成立良渚遗址申遗和良渚文化国家公园建设指挥部，协调处理重大问题。遗址所在镇街、村社根据"良管委"的工作要求，实行任务包干、网格管理，履行属地责任，形成梯度传导、各司其职的指挥和执行机制，确保良渚遗址保护和申遗各项决策部署的一以贯之、一抓到底。同时，"良管委"详细梳理良渚遗址保护工作计划，推动良渚遗址保护工作列入地方"一把手工程"，转化为党委政府的实际行动。推动城管、国土、公安等单位管理职能下沉，健全完善市、区、镇、村四级文物保护网络，形成条抓块保的保护管理格局和协调统一、分工明确的文物保护工作体系。这套工作体系的推行，使广达100平方千米的良渚遗址及其风貌得以整体性保护，为申遗成功奠定了坚实基础。

首创土地出让金反哺文物保护机制。聚焦"钱从哪里来"，余杭区建立了多方筹资、多元投入的资金保障机制，开创性地建立土地出让金反哺文物保护机制，将遗址区外良渚新城土地出让毛收入的10%用于反哺良渚遗址保护。从2004年开始，对《杭州良渚遗址保护总体规划》("规划第一稿")中划定的保护范围内的村（社区）集体经济进行补偿奖励，出台了《良渚遗址保护区文物保护补偿办法》，对相关行政村、社区提出了文物保护的具体目标要求，制定了详细的评估办法和完善的补偿标准，最大限度地减少当地群众因文物保护受到的经济损失。补偿行政村、社区的经费主要用于遗产所在地开展"美丽乡村"建设、村级集体经济发展和社会民生事业改善，让当地群众尽可能最大限度地分享良渚古城遗址保护管理的成果。此外，余杭区还通过多种手段调动社会参与，累计筹集保护资金近百亿元，用于遗址保护、环境整治、遗产展示和遗址区民生改善等综合保护工程。

以“申遗”为契机加快推进遗产保护。2016年6月，著名考古学家宿白、谢辰生、黄景略、张忠培给习近平总书记写信，提出关于良渚遗址申报世界文化遗产、标示中华5000多年文明的建议。7月13日，习近平总书记对此作出重要指示：“申报世界文化遗产工作要统筹安排，申报项目要有利于突出中华文明历史文化价值，有利于体现中华民族精神追求，有利于向世人展示全面真实的古代中国和现代中国。”[①]良渚申遗工作从此上升为国家行为。省、市、区分别建立了良渚遗址保护和申遗领导小组，区级同时成立了与“良管委”叠加融合的工作指挥部。2017年，良渚古城遗址申遗程序启动，确定良渚古城遗址14.3平方千米遗产区和99.8平方千米缓冲区。申遗范围确定后，申遗文本编制、遗产区环境风貌修复、遗址现场保护展示等申遗“十大工程”同步推进。2018年1月26日，“良管委”向联合国教科文组织世界遗产中心递交了200余万字、5330页的全套申报材料——《良渚古城遗址申报世界文化遗产提名文件》，并于当年9月顺利通过国际古迹遗址理事会专家现场的考察评估。2019年7月6日，在阿塞拜疆巴库举行的第43届世界遗产大会上，良渚古城遗址被正式列入《世界遗产名录》。可见，政府高度重视并切实推进的“申遗”工作提高了良渚遗址保护的规格、加快了保护工作进度。

建立“一体两翼”的良渚学研究大格局。“一体”是指立足良渚文化的学术研究和良渚遗址的综合保护，将良渚学作为杭州城市学研究的重要分支。“两翼”是指良渚学研究实践的两大驱动载体——良渚遗址考古与保护中心、良渚研究院。良渚遗址考古与保护中心为“良管委”和浙江省文物考古研究所联合组建的考古基地，为考古发掘团队提供坚强的后勤保障；良渚研究院为课题研究平台，余杭区财政每年安排研究课题专项经费，通过自主研究与课题招标相结合的形式，邀请国内外知名专家投身到学术课题研究和保护实践咨询中去，目前已出版良渚文化专著20余部，在《古物学》、《美国科学院院刊》、英国《古物》等权威学术期刊发表良渚古城研究成果，为遗产价值提炼提供了翔实依据。

① 本书编写组：《干在实处　勇立潮头——习近平浙江足迹》，浙江人民出版社、人民出版社2022年版，第224页。

完善“人防＋物防＋技防＋犬防＋制度防”保护管理体系。2021年，“良管委”启动了“文物安全365工程”。在整体保护的基础上，根据遗址性状、风险评估等因素，将遗址保护区域内的300多处遗址点划分相应的管理等级，实行分级管控，建立专职巡防队伍、镇街村社文保员队伍、良渚文化志愿者总队，建立配备巡逻车、无人机、警犬的专职巡防队伍，构建了“政府＋社会”“专家＋百姓”的群防群治遗址保护生态圈。与中国文化遗产研究院、敦煌研究院、浙江大学、南开大学、河海大学等高校和科研机构开展多学科监测研究，探索潮湿环境土遗址保护监测标准和指标体系，为有效监测、预警、数据采集分析提供理论支撑。2018年8月，对标世界遗产保护管理的国际标准，历时5年研发的“良渚古城遗址监测预警平台”建成上线，以该平台为基础打造而成的良渚古城遗址“遗产数字大脑”对良渚古城遗址现有数据和系统资源进行深度整合。2021年，“良渚遗址文物安全巡查网格智治”入选浙江省文物局第一批“文物安全”应用场景建设试点“揭榜挂帅”项目名单。2022年，“良渚遗址5000＋”数智应用上线，实现了“数字实时监测＋网格双重监管＋空间规划管控”的强化保护模式，“良渚遗址5000＋”数智应用获评浙江省数字化改革“最佳应用”。

四、良渚文化的传承创新

申遗成功后，浙江省始终坚持贯彻落实习近平总书记的重要指示批示精神，牢固树立“保护文物也是政绩”的科学理念，全面贯彻“保护为主、抢救第一、合理利用、加强管理”的工作方针，持续推动文化资源“活起来”“亮起来”。

构建“1＋3”价值展示体系（良渚博物院加良渚古城、瑶山、老虎岭三大遗址公园）。良渚博物院是由良渚文化博物馆升格而成的，2008年9月对外开放。围绕习近平总书记作出的“要把良渚博物院建设成为良渚文化展示普及中心、学术研究中心和爱国主义教育中心”的重要指示要求[①]，良渚博物院通过

① 本书编写组：《干在实处　勇立潮头——习近平浙江足迹》，浙江人民出版社、人民出版社2022年版，第223页。

展陈改造，用“上展文物+科技演示”的展示手段立体完整地呈现了良渚文化和良渚遗址的价值内涵，曾两次获得被誉为中国博物馆界“奥斯卡奖”的全国博物馆十大陈列展览精品奖。2010年，良渚国家考古遗址公园成为我国首批国家考古遗址公园，开启了以公园模式推进良渚古城遗址的现场展示工作，结合土遗址展示的特殊实际，尝试运用绿植标识、模拟复原等多种手段，科学展示良渚古城遗址的文化内涵。2019年，良渚古城遗址公园开放，主要展示良渚古城遗址的内城；2021年，瑶山遗址公园开放，主要展示良渚文化时期的祭坛遗迹；2022年，老虎岭遗址公园开放，主要展示良渚古城遗址的外围水利系统。“1+3”的展示体系，让观众对良渚遗址的价值有了比较全面、立体的认识。

完善社会教育体系。推动进入国民教育体系，以整版篇幅写进全国统编人教版《中国历史》(七年级上册）教科书，全国约1400万初中一年级学生通过课本了解到了良渚考古学对于中国历史的深远意义。推行“绘本+”教育模式，编撰出版《良良》系列青少年儿童科普绘本5册，同步推出“良良校园漫游记”“良良博物馆漫游记”“良良中华漫游记”3个社教活动矩阵，围绕绘本内容开发了《和良良一起探秘五千年》《和良良一起寻味五千年》等系列互动课程，开发演绎儿童剧《来自良渚的想象》，将良渚文化推广至各大文化场馆、大中小学校等场所。2021年，良渚博物院“绘本+”博物馆青少年教育模式的探究获评全国优秀文博社教案例。发布“一起：寻找文明之光”计划，举办了基于特殊群体友好的展览——《文明之光的折射》特殊儿童艺术展，为特殊群体定制博物馆参观服务，编撰出版无障碍科普书籍，研发针对特殊群体的研学课程，启动“触觉博物馆”项目，让更多的特殊群体特别是视力障碍群体，能够无差别享受博物馆的公众文化资源，通过触觉感知中华文明的厚重历史。2022年，“一起：寻找文明之光”计划系列社教活动荣获“2022全球世界遗产教育创新案例奖——卓越之星奖”，并被评为第二届全国文博社教十佳案例宣传推介活动优秀案例。

打造“1+N”文化活动体系。为推动全民共享良渚古城遗址保护的成果，杭州市举办了各种丰富多彩的文化活动，让遗产地居民有机会亲身参与到良渚古城遗址的保护与宣传中去，在交流和互动中加深对良渚文化价值的认知。在良渚古城遗址遗产区和缓冲区内的行政村、社区成立了良渚文化宣传队伍，向当地群众编发良渚古城遗址保护管理手册，组织开展如“玉见良渚”文艺会演、“稻与器”良渚文化茶宴、“良雅集”中秋音乐会等文化娱乐活动，以群众喜闻乐见、寓教于乐的形式，宣传普及良渚文化知识，加深当地群众对良渚古城遗址保护管理工作的认同。除此之外，还积极举办学术讲座、交流沙龙、摄影及书法展等，利用数字媒体和线上平台，拓宽良渚文化传播科普渠道，呼吁更广大社会公众参与到良渚文化保护传承的工作中来。2020年，杭州设立“良渚日”，以“良渚日”为核心，杭州结合“五一”、“十一”、国际博物馆日、文化和自然遗产日等重要时间节点，持续开展各类宣传活动。

丰富文旅产品体系。文旅开发是推动优秀传统文化融入市民日常生活的重要途径和抓手，通过巧妙的艺术加工、活化创新和跨界融合，促进良渚文化资源的传承传播与合理利用。良渚古城遗址公园立足良渚文化，通过良渚讲堂、良渚研学、良渚文创等良渚特色文化品牌，围绕陆城门、南城墙、钟家港、莫角山、反山王陵、瑶山等考古点位，打造了一条集观光、考古、研学于一体的“宝藏线路”，开辟出针对党建群团、学生团队、专家学者团队和国外团队等不同群体的游览专线；有专家带队的串联瑶山祭坛、城址区、水坝遗址的深度探秘专线，也有以考古体验、手工体验、动植物观察为主的亲子专线等。为进一步提升良渚遗址文旅品牌知名度，良渚古城遗址还与西湖、大运河联合推出杭州三大世界遗产串联三日游线路以及杭州“三遗套票”，进一步丰富文旅产品种类。以杭州“良渚日”为契机，举办三大世界遗产主题文创集市，通过文创产品实现传统文化与现代生活有机结合，形成文化传承合力。在文创开发方面，通过合作、授权等方式，文创产品已研发日用家居、文具办公、贵金属、丝巾饰品、家纺、潮玩、益智类玩具、器皿、美妆洗护、食品、工艺品、书籍、箱包服饰十三大类，形成了具有良渚特色、富有创意、竞争力强的文化创意产品体系。

建立对外交流体系。良渚遗址不仅属于浙江，更属于中国、属于世界。

2007年，良渚玉纺织端饰远赴俄罗斯展出，为“中国年”活动添色增彩；2010年，良渚博物院院藏良渚文化玉器走进上海世博会城市足迹馆；2011年，良渚博物院院藏6件石器参与“华夏瑰宝展”在印度新德里等四地的巡回展；2013年，良渚古城入选“2011—2012年10项世界重大田野考古发现”，以良渚遗址为主要研究对象之一的“中华文明探源工程”入选“2011—2012年9项世界重大考古研究成果”。同时，借助进博会、服贸会、文博会等国家重要战略平台和东京奥运会、北京冬奥会、杭州亚运会等国际重大赛事，让文物通过不同媒介、不同形式“活”起来。通过坚持不懈的努力，“良渚声音”在世界范围内不断传播和扩大，国际主流学术界日益接受中华5000多年文明史的观点。

结语

施昕更在《良渚》报告的“卷首语”中写道：“我们上古的祖先，坚忍地开辟了这广袤的土地，创下了彪炳千秋的文化，我们今日追溯过去，应当如何兢兢业业地延续我们民族的生命与光荣的文化呢？可是，我们现在的子孙，眼看到这祖先开辟遗下的国土，一天天地沦亡，我们的文化，也被敌人疯狂地摧残，这正是存亡绝续的重大关头。然而，中国绝对不是其他民族可以征服了的，历史明明告诉我们，正因为有了渊源悠久、博大坚强的文化，所以我们生存在这艰巨伟大的时代，更要以最大的努力来维护来保存我国固有的文化，不使毁损毫厘，才可使每一个人都有了一个坚定不拔的信心！”[①] 良渚遗址保护工作是系统工程、长期工程。多年来，贯彻落实习近平总书记的重要指示精神，浙江省坚定文化自信，遵守文化文物保护利用的基本规律，统筹行政、专业、社会三股力量，平衡经济利益与社会利益、整体利益与局部利益、长远利益与当下利益三种关系，坚持规划先导、一张蓝图绘到底，坚持久久为功、一任接着一任干，努力做好良渚文化保护、研究、传承、利用四篇文章，成为浙江省践行“八八战略”的典型案例。中国社会科学院学部委员、中国考古学会理事

① 施昕更：《良渚：杭县第二区黑陶文化遗址初步报告》，浙江省教育厅1938年版，卷首语。

长王巍先生在一次学术讲座中提到，良渚古城遗址的申遗成功，标志着中华5000多年文明史得到国际公认，意味着改写了中国历史和世界历史，取得了践行“三个有利于”重要批示首战之捷，展现了“文明标准”的中国方案，具有重大意义。今天来看，良渚古城作为一个古国都城虽然消失了，但丰富的良渚文化遗存、信仰与礼制系统、城市格局、湿地景观、鱼米之乡的经济基础、玉石制作等工艺技术，以及蕴含在这些文化遗存之内的自强不息、精细务实、开拓创新的良渚精神，仍然影响着今天的江南人、中国人，成为我们的文化基因、精神密码。良渚文化的保护传承利用及其广泛的社会影响力，再次印证了习近平总书记提出的“中华优秀传统文化是我们最深厚的文化软实力”的论断。

作者简介

胡秀丽，中共杭州市委党校文化学与统战理论教研部副教授，杭州中华文化学院研究中心执行主任，主要研究方向是文化建设理论与实践。

第五讲

德寿宫遗址与南宋文化的保护传承

2022年11月22日，南宋德寿宫遗址博物馆正式对外开放。那一抹红墙内的神秘，逐渐向世人揭开面纱。从此，望仙桥东的德寿宫与凤凰山麓的南宋皇城，一北一南，共同构成了临安城具有独特象征意义的文化标识，盛载着历史的风云，成为南宋文化的一个缩影与注脚。

一、一眼千年　德寿重华

德寿宫是我国南宋规制最高的建筑之一，所在地原属临安城望仙桥东甲第一区，凝结着南宋的风华雅韵，引人遐想。

（一）德寿宫的前世

南宋绍兴三十二年（1162年）六月，位于临安府（今杭州城）城内望仙桥附近的秦桧旧宅，经过不到两个月的改建，作为德寿宫正式启用，成为宋高宗“内禅”宋孝宗以后的住所。当月二十一日，高宗离开凤凰山大内（皇宫），入住德寿宫，自称“太上皇帝”。[①]

1.高宗营建德寿宫时期（1162—1166年）

绍兴三十二年六月，宋高宗禅位后，新宫以“德寿”为名修建。宋孝宗即位后，高宗为太上皇，至淳熙十四年（1187年）安乐而终，共在德寿宫中生活了25年，是中国历史上罕有的高寿皇帝。当时德寿宫被称为“北大内”，其恢宏的规模可与凤凰山下的皇宫“南大内”比肩。德寿宫从外观来看，朴实无

---

① 周华诚：《德寿宫八百年》，浙江人民出版社2022年版，序言。

华。“建房廊于市”，与“委巷厕溷”毗邻，入住这一天，宫门之外仍“污泥没膝”，与普通民居并无太多不同。入内，占地并不比秦桧故第大多少，既无巍峨壮丽、金碧辉煌的宫殿建筑群，也没有北宋汴京皇宫那样的豪华气派。即使主殿德寿殿，也颇显一般，甚至琉璃瓦也不用一片，完全体现了高宗反对“多事土木台观”“正恐有害吾民”的一贯思想。[①]

2. 孝宗扩建德寿宫后苑时期（1167—1188年）

宋孝宗赵昚（1127—1194年），南宋第二位皇帝，被历史评价为南宋第一明君。高宗生性喜爱湖山泉石、亭台楼榭，孝宗为表孝敬，曾将德寿宫一再扩建，其规模超过皇家后院，并时常陪同高宗游园观赏。所以，极目望去，可以看到德寿宫里亭、台、楼、阁遍布，错落有致；各色名贵花卉，分种四方，随着季节不同而变换着色彩；大龙池碧波荡漾，池中所植千叶白莲随风摇曳，散发出阵阵芬芳。池的四周，模仿西湖的一些景点，叠石点缀其间，有“小西湖”之称。其他建筑和景观，也是星罗棋布，美不胜收。德寿宫与其说是一座宫殿，还不如说是一座构建精致、别具匠心、极富艺术性和观赏性的皇家园林，故被时人誉为“真是瑶台第一重”。

3. 重华宫（慈福宫）时期（1189—1206年）

宋高宗去世，孝宗于淳熙十五年（1188年）改建德寿宫康寿殿部分为慈福宫，后又将德寿宫主体改建为重华宫，“重华”有帝王功德相继、累世生平之喻。宋孝宗崩逝后，重华宫主体更名为慈福宫，吴太后迁居主殿，原慈福宫改为寿慈宫，孝宗皇后谢太后迁居。宋孝宗曾用“山光水色无尽时，千岩万壑藏云烟”描述南宋时期德寿宫的宏大景象。鼎盛时期，德寿宫内拥有建筑270余间，北苑“小西湖”划分为四大区域，布置春夏秋冬四季景观。

（二）德寿宫的今生

在杭州市上城区望江路228—264号，一道高高的红墙围起了一座古色古香的建筑，那便是德寿宫。从南门望去，高高的台阶，气势恢宏的黑瓦殿楼，尽

① 周华诚：《德寿宫八百年》，浙江人民出版社2022年版，序言。

显皇家气派。跨入宫门，宽大的内院，四周尽是按照宋式建筑复原的全榫卯的木结构建筑。白护栏，棕木墙，黑瓦顶，扑面而来的是一种简约、大气、朴素之美。

庭院的正面是重华宫，这里是德寿宫的中心位置。大殿正中央，放置着两把龙椅，一把放在中间偏后，一把放在左边靠前。为什么要这样摆放呢？据说，当时的宋高宗禅位养子，以太上皇的身份退居德寿宫。史称宋孝宗的赵昚也无愧他的庙号，时常前往德寿宫看望高宗，因此重华宫便设置了两把龙椅。重华宫，是宋高宗赵构禅位后，和宋孝宗、文武百官共商国家大事的地方。重华宫墙上布有德寿宫的历史变迁与德寿宫的人与事的介绍。

重华殿的天花板是一大看点。圆形的藻井全部是木头搭建，它的搭建不用一钉一铆，以全榫卯的结构组成。“藻井”内圆外方，使天花板呈穹窿状。中国古代建筑多为木制，防火是造屋之必需，富有想象力的人们便把井搬上了屋顶。“水生木”“木生火”“水克火”，这正是藻井象征的精神寄托。

重华殿地下设有南宋历史文化陈列展区。通过宋代的历史人物介绍与文物器件的陈列串联起了152年的南宋历史脉络。从汴梁到杭州，那杳杳千里的南渡之路；从靖康之耻到崖山绝唱，那跌宕起伏的悲壮历史事件；从岳飞到文天祥，那豪情万丈的英雄人物……无不让我们走近且走进南宋的风云历史，聆听一曲宋代文化与农耕文明交相辉映的历史之歌。

陈列展区的北首是德寿宫全景漫游展厅。德寿宫遗址于1984年发现，杭州市考古所在2001年、2005—2006年、2010年以及2017—2020年，先后对其进行了四次考古发掘。这里展出了德寿宫地下遗址，展现了重华宫兴衰演变，把考古挖掘现场通过数字化的虚拟展示，重现了真实的宫廷生活样貌，比参观土遗址更有趣味性。

重华宫的西首是慈福宫。慈福宫正殿前方是一个开阔的庭院，庭院正南墙上有一幅长14米左右的铜壁画《千里江山图》。此壁画气势恢宏，在我们的移步换景间，阳光掠过之处熠熠生辉，透出了强烈的金石韵味，绝妙无比，堪称德寿宫的一绝。慈福宫前殿放置了一个临安城的模型沙盘，整个临安城的城市格局一览无余。在这个沙盘上，你能看到南宋皇城、御街、三省六部等地标。慈福宫，也是吴、谢两位太后的寝殿。孝宗退位后，他在重华宫西面为吴太后新建慈福宫。孝宗去世后，吴太皇太后则重新迁回重华宫，把这里改名为“寿慈宫”给谢太后居住。

最令人震撼的是慈福宫地下西区遗址区，这里给人的第一感受仿佛有一种进入秦始皇兵马俑地宫的惊喜。约4180平方米的展示面积，展示了17处园林遗址。如果仔细辨认，可看到方池、水渠、花坛，还有一些道路、围墙……值得一提的是，通过一块投屏长卷，能看到“小西湖”一年四季之景，感受高宗的“退休生活”，让你有一种身临其境的感觉。

走出慈福宫遗址展厅，便是德寿宫的后苑。这里绿树成荫，亭台楼榭搭配雅致。走过后苑，跨出北门，一道长长的红墙更让人驻足停留。这道约170米长的红墙不算太长，但好像在低声诉说悠悠历史。这道2米多高的红墙不算太高，但好像隐藏了深深的千年风华。越过红墙，穿过大门，也就步入了德寿宫，步入了大宋王朝，也步入了杭州这座城市深厚文明的历史长河之中。

二、攻坚克难　匠心独运

2021年全国“百年百大考古发现”公布，杭州南宋临安城遗址及官窑遗址上榜。

德寿宫遗址项目，作为南宋临安城内等级最高、考古发掘面积最大、复原研究最充分且向公众开放的皇家宫殿遗址，是最原汁原味展示遗址、再现南宋建筑风采的遗址博物馆；首次在复原研究基础上用数字化手段，全面系统地展示、解读遗址；首次对潮湿地区土遗址进行大面积系统性病害防治、保护、监测的积极探索；首次全方位系统地展示南宋时期历史文化全貌。

这么多“最”与“首次”，也决定了德寿宫项目备受瞩目。据统计，在这片土地上，发现大型宫殿基址、砖砌道路、假山基础、排水设施等诸多遗迹，出土各时期文物6696件（组），登记的小件达3000余件（组），其中陶瓷器、砖瓦脊兽、动物骨骼及骨器、铜钱占多数，另有金银器、漆木器等；德寿宫遗址和曾被评为年度中国十大考古新发现的严官巷南宋御街遗址、老虎洞南宋窑址等，共同丰富了南宋临安城遗址这一中国百年百大考古发现的内涵。

2020年，杭州市委、市政府部署启动德寿宫项目后，市园文局与上城区联合组建了工作专班并于同年12月举行开工仪式，建设时间紧、任务重、难度大。德寿宫项目规模不算大，但集中了文物保护展示的几乎所有难题——如何解决潮湿地区土遗址的病害防治这个世界性难题？如何破解土遗址可看性很差的问题？如何用有限展厅面积全面展示南宋文化？……这些都是施工中要努力跨越的一个个难点、一道道难关。[①]

（一）德寿宫遗址发掘保护的三大难关

难关1："拼图"保护"孤立无援"的古代遗迹

"城市考古类似于拼图。"杭州市考古所副所长王征宇说。南宋临安城与现代杭州的"古今重叠"，绝大部分遗址都处在人烟密集的老城区，且深锁于土层与时光之中。而且，城市考古的难度在于这张"拼图"过于巨大，且每一块"拼图"都显得"孤立无援"。

为了掌握南宋临安城遗址的状况，近三四十年，考古学家在这片土地上见缝插针地进行调查勘探和发掘。自20世纪80年代起，由中国社会科学院考古研究所、浙江省文物考古所和杭州市文物管理委员会办公室联合组成的"临安城考古队"，对南宋临安城尤其是皇城做了大规模调查勘探，初步探明了皇城几面城墙及主要宫殿的状况；20世纪90年代后，临安城考古工作全部由市文物考古所承担，在老城区先后进行了数十次规模不等的考古发掘，发现一批重要的南宋遗迹和遗物。

德寿宫考古工作，经历四次大型考古发掘，历时近20年取得诸多重要成果——2001年发现东宫墙、南宫墙和部分宫内建筑遗迹；2005—2006年发现西宫墙、大型夯土台基和精巧的园林建筑；2010年基本明确德寿宫遗址中轴线南部殿堂类建筑的分布格局；2017—2020年，发掘出德寿宫中区中轴线大殿基

① 《一眼千年　德寿重华》，《杭州日报》，2022年11月14日。

址，西区次轴线上的一组南北向分布的建筑群，其基址范围推测为东至直吉祥巷、南至望江路、西至中河中路、北至梅花碑一带，占地面积不小于11万平方米，无疑是南宋建筑和园林的集大成者。

据悉，考古工作者将这些建筑遗迹按地层叠压关系和对应的营建时间，分为三个时期：第一期建筑为宋高宗初住时（1162—1166年）的德寿宫，第二期建筑为宋孝宗扩建德寿宫时期（1167—1188年），第三期建筑为重华宫与慈福宫时期（1189—1206年）。其中第三期建筑，是考古发掘出来保存最好、规模最大的建筑基址。

难关2：让破碎瓷片穿越历史与现代交相辉映

德寿宫遗址博物馆充分挖掘了3000余平方米空间进行布设展览陈列，展有龙泉窑青釉六方七管占景盆、官窑粉青釉鹅颈瓶、龙泉窑粉青釉长颈瓶等文物190余件（组），布设有纪录片、建筑模型、场景再现等各种形式的展项，巧妙利用有限的空间营造氛围，创新叙事方式和传播语言，丰富展陈结构和观展体验。

现在博物馆展出的100多件文物，大多数是杭州市文物考古所团队成员在一年多的时间里修复的。据统计，德寿宫出土残片有6000多件，瓷片数以万计。从瓷片到完整的文物，这中间有一个漫长的修复过程，而古陶瓷修复是文物修复界首推难度大、品质要求高的一门技艺。

据杭州市文物科技保护中心文物修复师介绍，在德寿宫出土的文物瓷片中，最让人崩溃的就是很少见的南宋龙泉窑青釉六方七管占景盆了，因为残片太多了，还分批次来的，光拼接全就花了两周多的时间。杭州市考古所团队成员拿到该件器物时，发现器物上的七根筒管已全部缺失，这也意味着修复者失去了可供翻模的原件，好在省文物局专家悉心指导，大家一起从典籍中找到记载同类型器物的文献和图片资料。根据记载，最终确定筒管的高度应低于口沿3毫米，误差1毫米，中心筒管应略粗于周围6根筒管。

德寿宫出土文物修复大多都经历了类似这样的“阵痛”。

难关3：讲好老百姓看得懂、喜欢看的南宋故事

2020年5月杭州市园林文物局第一时间组建了“德寿宫遗址公园暨南宋博

物院（一期）项目展示小组”，积极推进该项目展览文案的策划编撰工作。该小组成员都是与行业相关的专家、学者以及工作人员。此后两年，所有工作都是围绕“依托德寿宫遗址，如何讲好南宋故事”这一主题展开的。完成这项工作“知易行难”是常态。

第一步是要全面收集各类资料，这是一项大工程——小组成员分工查阅古籍文献、宋代绘画作品等文字、图像资料，全方位了解南宋社会的政治、生活状态；第二步是参考南宋史研究的相关论文、专著，充分认识南宋时期所取得的政治、经济、文化成就；第三步是专访研究南宋史的专家学者，精准把握南宋在中华文明进程中的历史地位……通过积累夯实基础研究，为后续工作打下“基石”。

遴选优化展品也不容易。要知道，德寿宫遗址考古发掘出土了数以万计的标本，如何选出一批既能体现德寿宫皇家风范的器用之具，又能表现南宋生活风情的什物之皿，也是考验人学识能力的难事。小组成员首先考虑的就是德寿宫出土的文物，其次，再从历年南宋临安城考古发掘中遴选出合适的展品。以瓷器为例，既要窑口丰富，用途类别也要多种多样，有礼器、陈设器、日用器具等，多方位展现宋式生活的美学，让民众欣赏到宋代繁华昌盛的物美气象。最后，团队从历年临安城遗址出土文物中，尤其是以德寿宫出土文物为主，遴选出1000多件，最终确定100余件为展览展品。采取室内展示展陈、数字化展示、遗址模拟展示等手段，系统展示南宋历史文化全貌。

通过发掘保护，要将文物展示给大众，因此关键要让文物说话，让历史说话，让文化说话。在德寿宫项目开发中始终以文物保护传承为理念，以科技创新为手段，力求打造杭州的南宋文化品牌，努力彰显杭州在中华文明传承中的独特地位。

（二）德寿宫复建的三大难题①

德寿宫由5个低层单体、宫墙、围墙组成。这座皇家宫殿建筑以德寿宫遗

① 《一眼千年　德寿重华》，《杭州日报》，2022年11月14日。

址博物院的身份精彩亮相，立体展示以宋韵文化为主的历史建筑群落。

难题1：建筑怎么复原——充分还原“宋韵美学”

德寿宫建筑复原延续了“南宫北苑”格局。其中，中区宫殿主殿遗址是德寿宫遗址最具可看性的宫殿，其主殿开间达29米，是目前杭州城内发掘面积最大、规制等级最高的皇家宫殿建筑。

宋代是中国古代木作的大发展大转型时期，上承汉唐，下启明清，形成了重要的“宋式”木作文化特色。德寿宫宫殿主体结构全部采用非洲柚木，用榫卯结构搭建而成，不使用一根钉子却坚固无比。非洲柚木纹理细腻，质地坚硬，耐久性、稳定性都比较好，而且古色古香的色泽能较好展现宋韵之美。为此，建筑方集合了全国各地20多位有经验的木匠师傅。再以栏杆上的望柱头图案为例，在考古文物的基础上进行设计，并比对各种文献资料，一个小图案，往往需要经过十几轮的反复修改才能定稿。大到整体布局，小到构件细节，都有史可据，每一处都有满满的故事。

以南宋有名的香糕砖为例，一片香糕砖的复制，有多不容易呢？

首先得有设计稿，再根据定稿，进行样坯制样。幸运的是德寿宫遗址里，就发掘出完整的十字拼花香糕砖路面，包括砌法也很清楚。基于此，施工方经过反复比对，几经周折，在河南找到一家企业，打磨出了这批香糕砖，这种砖比普通的砖要沉，硬度强，敲起来比较清脆。

砖有了，怎么砌？这也不简单。砌砖的师傅是有着浙江工匠、浙江“最美建设人”称号的聂伍军。这砌法有多费工夫呢？听聂伍军介绍：“以西区遗址走廊上的那小片香糕砖路为例，我们两个人砌了近五天，恰好与遗址的区域形成对比，精巧又漂亮。”

香糕砖仅仅是冰山一角。在现场，我们看到宫殿屋顶的脊饰瓦件有正吻、垂兽、戗兽、走兽、套兽、瓦当、滴水、火珠等多种形态，斗拱、柱础石、格子窗以及吻兽的屋面也各具特色。所有这些物件，每一样都没有现成的，都是如同香糕砖，一样一样“磨合”出来的。

难题2：遗址怎么保护，防水怎么实现——应用创新工艺精准控制遗址保存环境

要对两处总共4600余平方米，符合露明条件的遗址开展施工，这对施工方来说是一项全新的挑战。不同于普通地下室基坑开挖，德寿宫项目在开挖时遗址大约有2米厚的回填土，由于涉及文物保护，不能使用大型机械来操作，必须先用小型机械挖一部分，余下大约1米厚的覆盖土，全靠工人一斗一斗挖出来，这些共计4300立方米的土再由工人一肩一肩挑出来。开挖中，施工人员不仅要使出“愚公移山”的力气，更要“火眼金睛”时时重点监测遗址本体，确保其不被水泡、不受侵蚀、保持稳定。项目中身兼数职的施工人员此时又多了一个身份——文物保护专员。

项目部始终把文物保护放在首位，将遗址展陈和建设复原完美融合。文保部门要求，在挖掘至离文物遗址80厘米时，不仅要降低挖掘速度，还要设专人在一旁监督挖机动态，实时保护文物遗址安全。项目部全体管理人员牢筑文物安全保护意识，对涉及文物位置的作业活动严控一动作、一评估、一方案“三不缺”。

德寿宫遗址博物馆施工时考古队员再次踏上被回填的遗址，除了对遗址进行重新清理，还与施工方沟通配合。为了更好地保护德寿宫遗址，很多新工艺、新技术在德寿宫项目的建设中得到了应用。例如，“重华宫”项目在结构设计上创新运用一层钢结构、二层木结构，为主体建筑多元化展示打下基础。再如，利用“TAD止水帷幕”精准控制遗址保存环境。杭州地下水位高、地下水含盐量高，气候潮湿多雨，这种地质和气候条件对遗址的保存非常不利。杭州过去发掘的南宋遗址，多以回填保护为主，其文物展示价值并未能得到有效诠释。德寿宫项目所在地块同样面临着杭州特有的地质影响。由于地下水比较充沛，要保护展示这样一处地下遗址，“止水”成了项目施工过程中必须突破的一大难题。

施工方和设计方经过反复科学实验和对比分析，最终采取一系列国内先进的综合措施和工程技术手段。针对4600余平方米的遗址露明展示，充分考虑地下水、微生物、紫外线等不利条件和因素，综合采用了“TAD止水帷幕”、蓄水保护、“黑房子+全空气风冷热泵通风系统”等国内领先的技术工艺，力图达到遗址保存环境的精准控制，确保地下水位处于可控状态，终于，在文物保护和展示利用之间找到了平衡。在施工过程中，遗址项目四周采用厚墙体阻挡地下水渗入，综合采用“TAD止水帷幕”技术来确保厅盆内地下水位处于可控状态。TAD工法，也称为“渠式切割装配式地下连续墙施工法”，是一种在止水防渗墙施工过程中插入混凝土预制板材的工法，采用此技术形成的钢筋混凝土地下连续墙集挡土与截水功能于一体，可以有效保护遗址。同时，采用全空气风冷热泵通风系统、蓄水保护等新工艺、新技术，精准控制遗址保存环境，实现文物保护和展示利用的双赢。

难题3：遗址怎么活起来——“沉浸式”体验让宋韵传承

德寿宫项目的建设并不仅仅局限于复原，想要让遗址真正“活”起来，就需要对其进行重新“编码”，让观者如同阅读了一本“鲜活”的历史书。德寿宫利用数字化技术，将历史、现实与想象完美结合，项目通过实景引导、AI讲解、虚拟文物展示等数字化复原技术引入全景漫游展厅，通过数字化复原展陈对考古解读做反推演，用数字化的手段将考古发掘、探索的过程演绎出来，让观展者知道遗址会说话，借此让参观者“沉浸式”感受德寿宫的前世今生。

以正殿遗址所在之处为例，观众能在中区遗址的设计动线上看到，三块巨型幕布将遗址北、东、西三面包围住，通过视觉融合技术四面成像，复原宫廷生活影像以裸眼效果带给观众身临其境的感觉。参观者可了解德寿宫遗址变迁及建筑营造制度，俯瞰临安繁华，体验南宋皇家礼仪等。

数字展示还能弥补考古遗憾。因受限于德寿宫遗址博物馆周边都是居民区的场地条件，至今未能就德寿宫的北苑进行考古，通过数字化复原展陈，用三维技术对北苑“小西湖”进行动态演绎，用全景宋画风格展示了“小西湖”十个节气和一天从晨曦微光到夜晚月色如水的时光变化，南宋园林之美扑面而来，让游客恍如回到800多年前的南宋临安城。

难关难题阻挡不了杭州打造宋韵传世工程的步伐，在各方齐心协力的奋斗下，德寿宫遗址博物馆顺利完工，2022年11月18日面向社会开放。项目总用地面积约21367平方米，建筑面积约12321平方米。它首次向世人系统阐释南宋历史文化和文物遗产，它是规模性保护展示宋韵文化的重要窗口，不仅为我国遗址博物馆再添新成员，也代表着杭州在国际化大都市公共文化服务提升上又创“新举”。

三、慧心巧思　解码宋韵

德寿宫遗址博物馆是杭州首个规模性展示南宋历史文化的重要载体。在这里，不仅能再见南宋宫廷的生活场景、感受南宋风物的情景体验，还能领略南宋文化“雅致、俊逸、巧趣、柔美”的独特魅力。

（一）德寿宫遗址博物馆的“出圈点”

在德寿宫遗址博物馆的官方介绍中，出现了五个“首次”。

1.首次原址原貌展示

首次原址原貌展示临安城内等级最高、揭露面积最大、考古研究和地面建筑复原研究最充分的德寿宫遗址。遗址，可以说是德寿宫的“镇馆之宝”。大家能看到的遗址共有两处，分别是900余平方米的中区遗址和3600余平方米的西区遗址。前者着重展现重华宫兴衰演变，后者偏重于还原宋代宫苑的风华绝貌。借助先进的文物保护工艺技术，遗址采用露明展示。如此大面积的遗址露明展示在全国范围内尚属首次，也为南方潮湿地区同类型遗址的保护展示提供了“杭州样本”。

2.首次全方位展陈南宋文物

首次全方位、立体化、系统性地展陈考古文物。德寿宫6900平方米发掘遗址内，共整理出文物3000余件。当下展出的杭州考古出土文物共190余件，其中60余件来自德寿宫遗址。另外，还有反映宋代礼制、艺术和社会生活类的展品。德寿宫专门为这些文物打造了“T台”——在总建筑面积约1.2万平方米的空间里，挖掘了3000多平方米布设展览陈列。除了重华宫正殿，还有中区遗址旁的南宋历史文化陈列展区和西区遗址旁的南宋临安城考古成果展区。

3. 首次原汁原味复原

首次原汁原味地复原了南宋皇家宫殿形式的保护厅棚——重华宫、慈福宫。德寿宫最大的一件展陈品，是一座“复刻版”的重华宫。其正殿在建造时不用一钉一铆，以全榫卯结构搭建，共用2600立方米木料。“复刻”后的大殿布展面积约450平方米，通过复原陈设，沉浸式还原了800多年前重华宫大殿现场和“两宫”并立的历史情景。

4. 首次数字化展现

首次重点围绕如何提高遗址的可看性，通过数字化先进技术，丰富了遗址和德寿宫的文化内涵解读。站在饱经千年风霜的土遗址旁，怎样才能想象出皇室的华丽和风流？在此，德寿宫会借你一双“慧眼”。在这场名为“德寿重华”的数字化复原展示中，不用借助VR眼镜等工具，肉眼就能还原德寿宫的前世今生。数字化复原展陈就是对考古解读的一次反推演，用数字化的手段将考古发掘、探索的过程演绎出来，让观展者知道，遗址会说话。项目通过实景引导、AI讲解、虚拟文物展示等数字化复原技术引入全景漫游展厅，让参观者“沉浸式”感受德寿宫的前世今生。

5. 首次立体式展示南宋风貌

从20世纪80年代杭州发掘南宋皇城遗址开始，过去的近40年间，杭州持续在历史长河中“大浪淘金”，就是为了找到一张能代表杭州宋韵的古都名片。由于历史原因，杭州的宋韵留存一直以来都是“零敲碎打”。这直接导致杭州宋韵文化的挖掘成果难以集中展示，考古价值的高端维度上也有短板。而德寿宫的横空出世，让曾经遥不可及的宋朝，在这里找到了一个线头：从空间上，以德寿宫为原点画出一个“步行15分钟可达”的同心圆，周边的南宋御街、清河坊、五柳巷历史街区等风格互补的历史建筑群落，都能“大珠小珠落玉盘”。宋韵文化有了集中展示的空间基础。从类型上，德寿宫作为我国唯一一处集皇家宫苑和江南园林于一体的遗址，为杭州的宋韵平添“贵气”——宋高宗、吴皇后、宋孝宗、谢皇后……他们都先后拿到过这里的“房产证”。他们的居处，更能反映南宋官式建筑——尤其是宫殿建筑的最高水平。即使现在没有了满屋子的精致，但“遗址＋时间”的组合，就足够为历史填空，为想象留白。

（二）德寿宫遗址博物馆引燃杭城宋韵今辉

1.德寿宫开馆，宋韵文化节开幕

2022年11月18日，2022宋韵文化节开幕暨南宋德寿宫遗址博物馆开馆仪式正式启动。此次宋韵文化节主题为“宋韵今辉”，按照“全域联动、全民互动、宣传带动”的总体思路，联合杭州市、温州市、绍兴市、衢州市、台州市等地共同举办。活动期间重磅推出五大主体活动——宋画之韵研讨会、大型民族交响音画《宋韵·华章》、2022悦读宋韵节、“宋韵今辉”艺术特展、2022“梦溪杯”宋韵文化IP转化大赛。同时，以南宋德寿宫遗址博物馆为核心的展示区，同步举办了宋韵雅集、艺术展示、数字展陈等活动。“德寿集珍，锦绣重华——宋代文物珍品展”在德寿宫精彩亮相，集中反映了南宋皇室及士人收藏艺术的“清、雅、古、奇”美学范畴。

开幕当晚，一场“宋风雅韵”造型艺术大秀作为“宋韵今辉等你来秀”活动首场专业秀，在南宋德寿宫遗址博物馆工字殿小广场举行。大秀主要以“宋风雅韵”为创作理念，着力将经典的美与时尚的表达相结合。由此德寿宫开启国风奇妙夜，穿越千年遇见风雅江南活动。38位普通市民身着庄重肃穆的秦汉曲裾袍、灵动飘逸的唐制襦裙，披着瑰丽娟秀的宋制褙子、雍容大气的明制霞帔，来德寿宫赴一场国风奇妙夜。在这场国风秀中，德寿宫的“三重门”被一一推开。第一重是地下之门，是德寿宫遗址建筑清雅内敛的审美；第二重是地上之门，在正殿重华、聚远楼里，领略宋朝简约、雅致、情趣的生活美学；而第三重门，是一扇无形之门，推开这扇门，是德寿宫内外，宋韵文化基因在民间的传承延绵不绝。①

此外，德寿宫AR灯光秀、云春晚等也为德寿宫的网红得分作了加持。德寿宫采用数字化展示手段以AR增强现实技术展现千年宫殿之美学，灯光秀以

---

① 《德寿宫开启国风奇妙夜　穿越千年遇见风雅江南》，浙江在线，2022年11月20日。

“德寿重华”为主题，联通“虚拟+现实”，结合遗址文物、杭州非遗、宋画花鸟等宋韵元素，生动再现“东风夜放花千树”的南宋盛景，让市民游客享受视觉的饕餮盛宴。德寿宫还为2023“很杭州 云春晚”提供了一个舞台。德寿宫和云春晚，一个古朴典雅，一个动感活力，古典和现代完美演绎春节欢乐。

2023年宋韵文化节仍以“宋韵今辉”为总体理念，联合杭州市、宁波市、湖州市、嘉兴市、绍兴市、台州市等地共同举办，开幕仪式将书法与宋韵相结合，将中华传统文化（如越剧、古琴、插花、焚香、点茶等）聚集化呈现，整体舞美风格以“水水画卷”为灵感，用“水墨长卷”造型屏，打造“水墨交融，意趣盎然”的宋雅空间，构筑“古今交融”的穿越体验。书法展有传世黄庭坚、米芾、蔡襄法帖，宋拓苏轼书法，陆游代表作诗卷，张即之书册，赵孟頫真迹等宋元书法名作，展示“尚意”书风艺术之美，挖掘“尚意”书风的时代内涵，探究历代书法艺术家与杭州的翰墨情怀，宣传杭州城市的历史文化形象，借亚运会东风向国际友人及广大观众展示中国书法经典魅力，弘扬中华传统文化，彰显文化自信。

2.德寿宫系列文创产品走红

德寿宫开馆时即同步推出体现南宋德寿宫特色的文创产品，以馆内文化元素为核心，围绕原汁原味宋式建筑特色、风雅诗意的宋代美学、写实恢宏的皇城遗址展示等进行设计延展。

目前，陆续开发完成的德寿宫文创产品分为“德寿重华”和“风雅宋潮”两个系列，共有近20款产品。前者最具代表性的是一款“宋韵手信”创意明信片，设计灵感来源于宋徽宗的《瑞鹤图》，用现代手法勾勒出德寿宫的建筑轮廓，结合当下流行的拍照打卡形式，以物景重合的方式让历史和现代联结。[①] 在这个系列里，我们还能见到“德寿重华”系列口罩。它以德寿宫代表特征、馆藏文物为设计元素，款式多样，有宋式建筑款、渐变青绿款、Q萌垂兽款、莲花瓦当款等，彰显宋式韵味。因一抹岱赭火上热搜的红宫墙，也成了文创产

---

① 《怎样把德寿宫“带回家”？首批文创产品率先剧透》，《浙江日报》，2022年11月19日。

品的灵感来源。比如，“柿柿如意”多功能鼠标垫，展开是鼠标垫，拉上拉链也可用作手机包、收纳包。设计师在红墙背景上，结合猫、柿子创作成一幅活泼精致、具有美好寓意的手绘图，兼具实用和美观。此外，文创研发团队还将依据建筑外观、考古挖掘、馆藏精品等馆内特色及南宋历史人物故事、宋式雅致生活等核心内容表达，围绕“德寿重华”“风雅宋潮”“杭式宋韵”三大主题开发产品，同时衍生相关数字文创。例如，基于南宋德寿宫遗址博物馆建筑元素开发的“德寿幽香”脊兽香器荣获2023年浙江省博物馆文创产品大赛铜奖。未来文创团队将打造更多标志性文创产品，唤醒文化记忆，探寻宋韵文化“精魂”，带给观众更多惊喜。

3.在德寿宫起舞，宋韵题材音舞作品《华灯夜宴》惊艳亮相

2022—2023年跨年之际，取材南宋名画《华灯侍宴图》，融合宋代风雅打造的宋韵舞蹈表演《华灯夜宴》，一经发布即惊艳公众。宋代宴会，名目繁多，数不胜数，凡国有大庆皆大宴。宋代画家马远的《华灯侍宴图》描绘了杨次山父子在上元节侍宴的场景，记述了南宋宫廷的重大活动。画上题诗云：“朝回中使传宣命，父子同班侍宴荣。酒捧倪觞祈景福，乐闻汉殿动欢声。宝瓶梅蕊千枝绽，玉栅华灯万盏明。人道催诗须待雨，片云阁雨果诗成。”呈现出一派典雅欢喜的宫廷节庆图景。

据主创团队介绍，《华灯夜宴》属于中国古典舞，他们融合全新创作的国风音乐和传统舞蹈，结合现代舞的创作手法，将原画中舞女、乐师、画师以及大臣的形象搬上了德寿宫现实场景，包括宋韵四雅——点茶、焚香、插花、挂画，这些宋韵雅集元素得以一一呈现。通过流动的舞蹈、华丽的服饰，以及国风创作音乐，传递给观众浓浓的宋韵文化。全剧由接旨赴宴、华灯初上、宫女献艺、马远赴宴、皇帝驾临五个篇章组成，最大限度细腻还原想象中的宋代宴会盛景，生动展示宋韵基因、传承宋韵风雅，给市民群众在跨年之际送上一道精彩文化大餐。

4.“杭州奇妙夜”上演“进宫夜游”

在杭州亚运会开幕前夕，由杭州市文化广电旅游局、杭州市上城区人民政

府主办的“2023文旅市集·杭州奇妙夜”活动在杭州德寿宫拉开帷幕。奇妙夜主会场位于吴山商圈，在德寿宫—市方志馆—清河坊鼓楼小广场—杭州博物馆—吴山广场沿线共设置19个展示单元、50种互动体验项目。活动期间，宫灯夜游、宋瓷宋宴、品香斗茶……都“搬”进杭州德寿宫里。例如，以宋代李嵩的名画《观灯图》为灵感，由浙江省非物质文化遗产里商仁灯作参考，复原了八角灯、六棱灯、滚灯三类宋代宫灯，或悬挂廊檐，或放置地面。德寿宫大门右侧3米高的宋代宫灯尤为值得一观，正门口还有隐藏彩蛋，游客只需扫码，就能通过手机“捕捉”到复原自宋画《观灯图》的AR大型宫灯。重华殿前广场上，“南宋官窑瓷制作技艺”代表性传承人金益荣和龙泉青瓷非遗传承人黄顺明打造了以青瓷为“主题”的风雅空间。花觚、梅瓶、鱼耳炉等南宋官窑经典器形的复原作品，以及贯耳瓶、石榴瓶、玉壶春等龙泉窑作品都在此一一亮相，“富谷烧”品牌创始人刘涵宇还带来“瓷上宋画”。在大饱眼福之余，还有听觉上的享受，在亚运会火种采集仪式上“伴奏”的慈溪市青瓷瓯乐艺术团也亮相演奏。此外，在杭城各个最具宋风宋韵的文化地标中，超两万方的展陈空间将集合呈现“格物致知”的宋代文人精神世界。

5.博物馆的“亚运会”

趁着杭州亚运会的热潮，德寿宫遗址博物馆推出“全民Song运会——南宋运动戏文物创意展”。展览从“球戏”“壶戏”“棋戏”“虫戏”“茶戏”“酒戏”“百戏”七个宋人运动游艺方面，借助数字化创新性展示宋代运动器物50余件套，展品趣味性极强。展览以南宋宫苑历史事件展陈叙事，将发生在德寿宫里的历史事件娓娓道来，并从宋史文献和绘画中，梳理出“宋孝宗痴迷的马球”“投壶代言人司马光”“高宗生母韦氏的棋局”“高宗皇帝爱金鱼”“宋徽宗的茶宴”“德寿宫苑梅花酒”“皮影戏里的艺人”七个宫廷典故，展览以多媒体展示方式，将与体育游艺相关的宋画以动态投影置于展柜中，在空间设计上，展览充分融入宋代运动会的文化元素，如根据宋代绘画中的帷幔元素搭建仿宋球框、仿宋宴会帐篷顶；根据宋代皮影和绘画元素，营造高宗孝宗运动会皮影灯箱等；展览还在户外设置影戏人形立牌，将宋画中的游艺部分进行提取。互动展厅设置“围棋”“象棋”“蹴鞠”“亚运奖牌”等场景，使游客参与感满满，让游客深度体验宋代宫廷市井运动的趣味。

6. 图书馆开进德寿宫

杭州图书馆南宋美学主题分馆位于南宋德寿宫遗址博物馆聚远楼，由杭州图书馆联手南宋德寿宫遗址博物馆、有意思书房共同打造，是杭州首家“开放式、花园式、沉浸式南宋美学主题图书馆”。分馆以“南宋美学”为主题，目前馆藏宋代古籍影印本、宋文化研究、宋韵文化图书1000余册；迄今最权威、最完整的宋画图像与文献集成，收编海内外的宋画精品近1500件的《宋画全集》，作为杭州图书馆的珍贵馆藏文献，也在南宋生活美学分馆内陈列，可供读者在馆阅读。南宋美学分馆将以“书香杭城、阅享风采”为品牌，定期举办书法、点茶、南宋文化、传统习俗等公益讲座、雅集和展览等，带领市民沉浸式感受“宋韵文化”。通过宋韵主题书籍和文化惠民活动，与遗址、藏品展示形成活化互动，带大家在德寿宫沉浸式走读“宋韵文化”活态精品读本。

结语

实施宋韵文化传世工程是浙江省委、省政府作出的重大部署，通过德寿宫遗址的建设等一系列重大举措，旨在充分展示宋韵文化，大力弘扬中华优秀传统文化。德寿宫遗址博物馆的建成，从来就不是想要“仿古”或是“重建”，而是希望探索宋韵建筑形态的现代阐释和活化利用，让宋韵文化呈现出来，打造一个集中展示的平台和载体，让“地下的气象万千”真正成为“眼前的精彩纷呈”。

如何让宋韵文化落到实处，这就需要一系列像德寿宫这样具有标志性的地标建筑和现实抓手来承载，推动宋韵文化有展示、有载体、有场景、有气象，从而真正“活起来”，让宋韵文化为更多人所看见、触摸、感知、传承。

作者简介　吴百花，中共杭州市委党校文化学与统战理论教研部副教授，主要研究方向是宣传思想、宋韵文化等。

第六讲

建设幸福宜居新天堂

幸福是人们对生活美好状态的感觉，又称幸福感。追求幸福是人类社会发展的一项基本目标。关于幸福，每个人都有自己的理解，有不同的幸福观。从学理层面定义，幸福感是由人们所具备的客观条件以及需求、价值等因素共同作用而产生的个体对自身存在与发展状况的一种积极的心理体验[①]。

随着人口持续向城市集聚和城市化加速推进，许多国家和地区相继兴起“幸福城市”或“宜居城市”建设。国际国内都有权威专业机构开展相关评选，内容涵盖上百个细分指标。自2007年以来，新华社《瞭望东方周刊》联合中国市长协会、中国城市发展研究会共同举办“幸福城市”论坛，持续发布“中国最具幸福感城市”调查推选结果，全方位分析评估城市发展状况，综合反映居民对所在城市的认同感、归属感、安定感、满足感以及外界对这座城市的赞誉度和向往度，以此引领和推动中国城市健康可持续发展。

“幸福城市”就是“最具幸福感城市”，是指在宜居宜业、公共服务、生活质量、文化特色、生态环境、社会文明、福利保障等诸多方面总体水平较高的城市。“幸福城市”与“宜居城市”的涵盖面与侧重点略有不同，但“幸福宜居”是城市发展的方向和目标。

① 邢占军、刘相等：《城市幸福感——来自六个省会城市的幸福指数报告》，社会科学文献出版社2008年版，第7页。

一、幸福宜居的杭州面相

杭州自古被誉为“人间天堂”。如今的杭州，历史文化精彩，营商环境优良，民营经济发达，数字经济与城市治理水平全国领先，人与自然和谐相处共生共荣，国际化水平大幅跃升，人民享有高品质生活。截至目前，杭州是全国唯一连续每年都入围“中国最具幸福感城市”前十榜单的城市，也是全国唯一获得“幸福示范标杆城市”殊荣的城市。这是对一座城市的最高的荣誉和最好的褒奖，是城市综合实力特别是文化软实力的集中体现。

下面选取几个具有地域特征和现实意义的不同视角，展示杭州“幸福宜居”建设场景。

（一）打工青年的梦想天堂

近十年来，杭州人口流入持续净增长并位于全国前列，因为杭州为年轻人创造和提供了“英雄不问出处”和“人人皆可成才，人人都有出彩机会”的空间和平台，大量年轻人在杭创业打拼，实现财富自由和人生飞跃升迁。

通常，外来打工的农村青年都游离在城市边缘和社会底层，要实现人生逆袭，异常艰难。然而，杭州不乏鼓舞人心的励志故事。

来自安徽阜阳的“95后”快递小哥李庆恒，2020年以其过硬的专业技能被评为杭州市D类高层次人才，不仅可在杭落户，而且子女上学、医疗保险、车辆上牌等方面都能享受照顾，还获得100万元在杭购买首套住房补贴。2023年9月8日，作为一线快递员优秀代表，李庆恒成为杭州亚运会火炬传递第81棒火炬手。这让全国的快递员都为之自豪并备受鼓舞。

来自江西余干的“75后”徐文财，1996年来杭打工，十年后的2006年，他创办农民工组织——“草根之家”。2007年9月在杭州市总工会支持下，徐文财带领他的团队在杭州剧院成功举办“中国农民工草根文化节”，2008年开始持续为农民工举办春晚，在全国农民工中产生强烈反响，赢得一片掌声；随后，他参加了北京和香港等地若干相关的国际国内培训及会议，参与杭州市新生代农民工“融入大都市、拥抱新生活”等主题的调研和决策。在不断拓宽视野、提升境界、增强能力的同时，“草根之家”升级为“新杭州人志愿者服务站”“新市民志愿者服务中心”，其平台与功能不断扩大。徐文财及其很多伙伴都在杭州买房、子女在杭上学工作或假期来杭参加“蒲公英理想班”“蒲公英夏令营”活动；2018年徐文财被所在街道聘为工会干事，目前，他带领的注册志愿者团队1500多人，影响带动越来越多的工友一起打造“新市民融入都市的典范工程”，更好融入杭州，扎根杭州，逐步迈向共同富裕。

相比之下，杭州本土青年则拥有丰富的成长资源和发展机会。1979年出生在杭州的沈毅晗，网名昵称“沈老板”，早年留学英国，获项目管理硕士学位。2007年，沈老板入职杭州万科集团，2011年担任良渚文化村商业配套负责人，参与良渚文化村从“远郊大盘”到“神奇小镇”的蜕变与社区文化营造，被村民们称为“村干部”，担任过良渚大屋顶馆长、良渚文化艺术中心执行主任。2016年沈老板对其深度参与良渚文化村生长过程进行深入思考和全面总结，出版新作《走进梦想小镇》，这是他深耕房地产行业十年的思想与实践成果。书中深刻剖析了我国城镇化进程中具有代表性的突出的社会文化问题，提出一些先进独到的创新理念，提供很多值得推广和借鉴的实践经验。当时，我国的小镇及社群概念才刚出现，有关文化对小镇影响的探讨也刚兴起，小镇建设和文旅业还在探索发展中，沈老板因此在业内名声大振。2017年，沈老板离开万科，加入阿里巴巴，负责湖畔大学新校园（现为湖畔创业研学中心）的开发建设，落成交付运营后，沈老板进入阿里人力资源部，从做业务转向研究组织文化变革与领导力发展。在阿里期间，沈老板并没有完全离开良渚文化村，2018年他与18位村民、阿里公益、南都公益联合创办良渚文化村社区公益基金会并担任基金会第一届理事长，试图在小镇领域走出一条公益的道路。2022年沈老板连任基金会第二届理事长，坚持在良渚文化村社区公益道路上继续前行。同年，沈老板离开阿里，加入福道咨询，开启组织文化研究与实践转型之路，成为全景领导力认证教练、组织文化专家，他的工作就是把组织文化变成业务生产力的引擎，将文化软实力转为生产力。2022年底，沈老板出版《文化场域：从万科到阿里》，该书汇总了他多年工作经验及观察到的10个常见的组织文化问题，从“人的发展”和“组织发展”角度，探寻组织文化形成更深层次的机制和底层逻辑。在十多年职业生涯中，沈老板走过世界很多城市，先后在地产、互联网、体育、公益等行业跨界行走，管配套，划赛艇，做公益，同时还业余写作，给杭州师范大学阿里巴巴商学院讲课，被称为“地产界的文化人、互联网的地产人”。其实，沈老板并不是老板，在杭州也算不上是呼风唤雨的人物，他还曾一度被视为爱折腾的“斜杠青年”。

快递员被评为高层次人才、参加亚运火炬传递，农民工创办草根组织、举办文化节、被聘为工会干事，“斜杠青年”实现职业和事业一次次华丽转型，类似的案例不胜枚举。一方面，杭州包容创新的社会环境，让这些年轻人在对工作与生活深情投入、细致观照的同时，将热爱、专注、见识、创新、合作与锐意进取、勤勉不倦融于一身，不懈努力，不断产出社会价值；另一方面，杭州给了打工青年自由发挥才能的机会和向上奋斗跃升的舞台，无论外来人口还是本地居民都能找到一条自己梦中的通道。这不只是一种外在社会意义的成功，更是一种内在精神层面的成长，进而完成自身的文化迭代与人生晋升，化作一种别样的人生收获与幸福底色。他们无论来自哪里，最终都成为杭州的一部分，都骄傲地认同自己是一个杭州人。对于他们中的很多人来说——包括我在内，如果在人间，杭州或许是最好的人间了①。

（二）小镇建设的宜居天堂

自20世纪90年代开始，特别是21世纪以来，伴随我国城镇化的突飞猛进与城市建设的狂飙突进，城市规划与建筑设计都疲于应付，普遍缺乏历史责任、人文情怀与专业思考，盲目追求所谓高大上的外观建筑风格，奢华、洋气、怪异的审美乱象被到处拷贝拼贴以至于“千城一面”。与此同时，处于黄金发展期的房地产行业热衷于跑马圈地、造房子推楼盘，有关中国城镇化未来的社区运营则少有人问津。建筑文化的缺失与绿色可持续发展理念的匮乏，文化与技术片面孤立的狭隘观念与做法，成为制约城市可持续发展的“瓶颈”。国内不少地方的城镇化与房地产开发偏离正确的轨道，城市建设与人居环境既

---

① 吴晓波：《人间杭州——我与一座城市的记忆》，浙江大学出版社2022年版，第301-302页。

无地域特色，又缺文化内涵，也不和谐宜居，甚至不少烂尾。

杭州余杭区的良渚文化村，2000年开始建设，当时区位属于远郊，初期项目定位是“国际旅游度假区”。整个建设大致分四个阶段：(1)2000—2008年，着眼打造“田园旅居的世外桃源”；(2)2008—2012年，着重建设“第一居所”；(3)2012—2020年，着力开拓“文化生活版图”；(4)2020年以来，走向“未来社区”治理。这是万科集团规模最大的房地产开发项目与得意之作，被称为“一个代表万科未来的作品”，国际著名建筑设计师大卫·奇布菲尔德、安藤忠雄、原研哉、承孝相、保罗·安德鲁、约翰·汤普逊等都曾到访良渚文化村或参与项目设计并给予极力推荐。被誉为“中国地产界乔布斯”的原绿城集团董事长宋卫平曾亲自带领150名高管专门考察学习这一项目，他认为，这就是中国城镇化的模式，是国家城镇化的未来。

良渚文化村建设并不满足于单一的居住功能，而是聚集更多资源，打造出更多产品，如蜚声养老产业圈的随园嘉树、文青打卡胜地良渚文化艺术中心，还有文创产业孵化基地玉鸟流苏产业园；持续不断推出新项目，供给优质服务，如七贤郡新街坊、彻天彻地童玩中心、矿坑公园，还建了一座具有中国传统“硬山式”全木结构的教堂——美丽洲堂，供村民聚会或举办婚礼……进而成为杭州一个热门旅游地、一个艺术打卡点、一个文化创业基地、一个名声在外的和谐幸福“村”[①]。

在持续开发商业、文化、教育、医疗、养老等配套项目，不断完善生活设施，为村民提供安全、平价、贴心、周到的品质生活服务的同时，良渚文化村的社群文化运营同步跟进并深入推进，而且特别注重社区文化营造。例如，2011年，推动全体业主参与讨论、最终诞生中国首部大型小镇业主自律的《村民公约》：邻居见面主动问好、购物买菜用环保袋或竹篮、垃圾分类等26条“约定”，每条都由村民自发提出、广泛讨论、一致通过后，再把它镌刻在小区墙上。这就不是一般的公共行为准则，而是村民共同价值观与社区文化

① 《良渚：这个村庄的故事要从“中华第一城”开始》，杭州网，2020年10月27日。

的体现。在文化村，“村民”这个词具有特殊含义，它代表了该社区的身份认同。有一个辨认是不是村民的方法，就看停车时车头是否朝外停放，因为《村民公约》第17条对车头朝向就是这样约定的，村民们将共同承诺转化为内心自觉与行动自律。社区日常生活有了坚实的群众基础与良好的文化氛围，幸福感自然就伴随共同体的形成而水到渠成。村民自主推行和实践文明行车、垃圾分类处理等日常行为规范，成为小镇美好生活的宣言。还有村民日、村跑、村民市集、村晚以及村民自发组织的一个个社群等温暖有趣的社交活动和文化场景，有效增强了睦邻情感和社区凝聚力。再如，创办良渚文化村社区公益基金，拍摄人物微纪录片《理想生活图鉴》系列，举办“20周年村史展”……尽管已经历20多年开发建设，良渚文化村仍保留着原汁原味的自然生态环境，且拥有功能完整的城镇配套体系，教育、文化、养老、产办与商置等业务仍在持续发展。

未来社区作为创建美好家园的最新实践，围绕社区全生活链服务需求，以人本化、生态化、数字化为价值导向，以未来邻里、教育、健康、创业、建筑、交通、能源、物业和治理九大场景，打造具有归属感、舒适感和未来感的新型城市功能单元。这些场景，在良渚文化村都能找到对应实践。由此可见，良渚文化村不是简单初级的房地产开发运营，而是全面进入多元复合、产城融合的新境界，这一综合复杂社区的整盘开发能力，被带入杭州很多项目，如“亚运村”是第一批未来社区试点项目，社区配套和服务品质都进一步升级，与杭州城市发展结合得更紧密，显示了对未来城市的理想与抱负。

“江南忆、最忆是杭州。”良渚文化村是以自然、文化和社群为基点而打造的富有温情的梦想小镇，被誉为中国“当代人居乌托邦”。杭州有许多这样具体细微又体验感极好的生活设施与文化场域，交汇成一道道和谐的小镇人文风景，进而成就了宜居天堂。

（三）生活与创业的融合模式

杭州原有的经济资源条件极为有限，改革开放以来良好的政治与社会环境给杭州的市场经济与民营企业提供了迅猛发展的机会与活力，而生活与创业融合的模式，成为杭州城市经济可持续发展中一个十分突出的现象。

生活与创业融合不是表面形式上的融合，而是指城市生活与创业之间，在时间、空间、消费与生产之间的界限趋于模糊，生活要素（包括情感、审美、休闲、时尚等）与创业要素（包括效益、创新、奋斗、竞争等）互相渗透并趋于一体，是一种消融了生活与创业界限的人性化、多元化的经济形态、社会协作与文化氛围，是实际生活中情感、审美、修身养性、追逐时尚和创业中的效益、创新、奋斗、竞争等要素在更高层次的相互流动与渗透，体现以人为本的核心价值和生活气息。其主要特征表现为以下三方面。

1.产业结构呈现美好生活导向

杭州很多特色产业都紧紧围绕生活品质的提高，呈现创业与生活相融的态势，如阿里巴巴移动支付、数字经济、城市大脑、杭派女装、文化旅游、会展、休闲、动漫、餐饮杭帮菜、西湖龙井茶、中医药养生、娃哈哈、农夫山泉等杭州品牌行业，无不体现把生活品质提高与城市经济社会文化高质量发展紧密融合在一起的特色。近十年间，杭州文化产业发展规模始终保持全省第一，产业发展质量、产业贡献度等多项指标稳居全国大中型城市前列；特别是推进文化与数字化融合，以技术创新推动产品创新、模式创新和业态创新，更好满足智能化、个性化、时尚化的文化消费需求，引领、创造和拓展文化消费新领域；做强数字内容、影视生产、动漫游戏、创意设计、现代演艺等行业优势，让文化创造无限的社会价值和经济价值。这种与美好生活紧密相关的特色产业的崛起与迅速发展，既是经济现象、社会现象，又是生活现象、文化现象，它们互为资源、相互衬托、互相促进，可以说是相辅相成、相得益彰。

2.创业理念充满美好生活气息

杭州在历史上曾是吴越国和南宋的都城，环境和平、物质优渥、生活闲适。这种沉浸美好生活的城市性格，源自南宋文化的精致与优雅。其实，杭州城市文化的风雅精致、引人入胜，很大程度上受益于吴越文化特别是南宋文化的流风遗韵。正是这种传统文化底蕴的长期浸润熏陶，使杭州人在物质生活上比较讲究品位，精神上也有较高层次追求。杭州人固然也看重赚钱，但总要兼顾生活，倾向生活与工作的平衡协调，尤其新生代创业者都有较好的文化修养和审美眼光，热爱自由创造，富有生活情趣，善于把生活和工作有机融合。美好生活气息有利于提升社会个体与企业实体的创新力与竞争力。一些高科技企业、小微企业之所以在杭州容易成活并顺利发展，很大程度上得益于杭州这种先进的生活理念与创业氛围①。

3. 全域管理渗入美好人文关怀

在公共管理中，行政主体强调平等尊重、开放包容、激励感召、多元和谐等人文理念。比如，杭州公交集团2005年从11号公交线开始试行“礼让斑马线”，2007年《公交运营司机规范》明确规定，所有公交“行经人行横道时减速礼让”。2009年所有市内出租车自发加入“礼让斑马线”这一行动，几乎所有公车、私家车也紧跟着加入，慢慢地所有生活在杭州的司机和行人都自然而然地视其为“约定俗成”。2015年杭州市第十二届人民代表大会常务委员会第三十二次会议通过《杭州市文明行为促进条例》，斑马线“礼让行人”首次被写入地方性法规，并于2016年3月1日起正式施行。至此，“礼让行人”从最开始的文明倡导升格为地方法条款。2018年公交集团又推出“1·11斑马线互敬日”，进一步深化细化“斑马线前礼让互敬”这一文明行为，如今这早已成为杭州居民的一种共识、一种默契、一种习惯，并在全国很多城市推广。再如，杭州居民和外地游客曾建议，希望在秋天能更好地观赏秋叶的静美，这一要求很快得到市城管局回应并落实，市区几十条景观道路，实行“白天不扫，晚上普扫，霜冻天气及时扫”的“秋叶漫扫”环卫保洁作业模式。诸如此类，杭州城市管理的贴心、温暖与精细，这种对人们生活感受的关注与尊重，体现在每个看似微不足道的细节当中，让人深刻回味、赞不绝口。

在社会治理中，充分发挥各类主体的主观能动作用，努力搭建一个让社会各方智力汇流的平台，民主协商、平等沟通、共建共享、共创共赢，为改革创新、创业推进乃至社会全面发展提供强大的动力支持；生活与创业的融合也在

① 王国平主编：《生活品质之城：杭州城市品牌诞生记》，浙江人民出版社2007年版，第146—153页。

这一平台逐渐变成现实。杭州人长期生活在相对安定祥和的环境，衣食富足、交往频繁、行事从容，养成做人温和谦让、做事和合有序的习惯，不喜欢强硬、过激、压制的处事方法，讲究用一种柔和折中的方式去解决问题。“如何好好地活着”，成为杭州的城市哲学。

在企业管理中，杭州在赚钱机会、人格尊重、权益维护等方面都做得比较好，显示出较强的亲和力与吸引力。浙商杭商的骨子里大多拥有浙学文化思想的基因，突出“经世致用、义利兼顾”的营商理念并内化为个体的精神生命。企业管理者包括民营企业家，大多爱护员工，善于用新思维、新方式引导员工，让员工为自己的生活、为自己在企业的工作找到意义。杭州有大量民营企业，多属劳动密集型，外来民工规模巨大。早在2006年，就有企业家主动腾出市区黄金地段办公场地免费提供给农民工作为草根文化活动中心，多次捐资给农民工举办文化活动；有民营医院持续为农民工提供义诊甚至为困难民工免费救治；很多企业家到年底通常都会热情给员工置年货、发红包、一起吃年夜饭、搞联欢晚会，努力让员工感受杭州的文化生活气息，在企业里找到家的感觉。很多高新技术企业注重发挥员工的创新力与积极性，让员工干自己最愿意、最具特长的工作，实现互利共赢。

城市乃是人类之爱的一个器官，因而最优化的城市经济模式应该是关怀人、陶冶人。城市的主要功能是化力为形，化权能为文化，化朽物为活灵灵的艺术形象，化生物繁衍为社会创新[①]。在杭州，生活与创业融合有着深厚的历史文化土壤。

（四）开放共享的城市经营理念

作为著名风景旅游城市，与国内其他旅游城市不同，杭州率先将最重要的景区开放与共享，最美的风景都没有围墙，都不用买门票。之后这一理念推广到经济社会众多领域。

1.西湖西溪免费开放

西湖是杭州的标志，是中国历史最久、影响最大的文化名湖，西湖文化景

---

① [美]刘易斯·芒福德：《城市发展史——起源演变和前景》，宋俊岭、倪文彦译，中国建筑工业出版社2005年版，译者序言。

观是十多个世纪以来中国传统文化精英的精神家园，曾对9世纪至18世纪东亚地区的文化产生广泛影响。

杭州由湖而生，倚湖而兴，因湖而名，以湖为魂。某种意义上，杭州被西湖定义。围绕西湖治理，杭州做了千年文章。

从1999年开始，杭州启动西湖申遗，历经12年，最终于2011年全票通过。世界遗产委员会认为，杭州西湖是文化景观的一个杰出典范，它极为清晰地展现了中国景观的美学思想，在景观营造的文化传统中，西湖景区是对“天人合一”这一理想境界的最佳阐释，对中国其他地区乃至日本和韩国的园林设计都产生深远影响。早在2002年，杭州在对西湖持续实施一系列综合整治的同时，不惜迁出老城区数百家工业企业，坚定迁出长期占据西湖景区的权贵机构，坚决拆除西湖沿线分割成大大小小公园的围墙并一律取消门票，果断落实“还湖于民”举措，西湖成为全国第一个免门票的5A级景区。当时的杭州，经济发展受到诸多限制，实力也不雄厚，一年损失2000多万元门票收入，很多人不解、质疑甚至反对，还有人建议，不如改成水上乐园，收更贵门票。后来的事实证明了这一石破天惊之举：不收门票的西湖很快带动周边相关产业经济迅速发展，2005年减少3000万元门票收入，但旅游收入实现翻番；2010年旅游收入突破千亿元。即便近年受新冠疫情防控持续影响，旅游业深受重创，2022年杭州旅游总收入仍达到1298亿元。

西湖和西溪是杭州两个风景迥异、相对独立的文化符号，“西湖如诗，西溪如词”。一直以来，西湖的名气太大，将西溪压得没有存在感。20世纪90年代末，曾有人提出把西溪填平，开发建成一个百万人口新城。杭州决策者最终力排众议，启动西溪保护计划，2003年设立西溪国家湿地公园，使之成为城市“绿肺”，要“让西溪湿地再活一个1600年”①。

西溪湿地是中国第一个国家级湿地公园，集城市湿地、农耕湿地、文化湿地于一体，公园内生态资源丰富、自然景观幽雅、文化积淀深厚，不只拥有自

① 吴晓波：《人间杭州——我与一座城市的记忆》，浙江大学出版社2022年版，第296页。

然野趣、历史景观，还有生活韵味、文化气息，有一种令人惊艳的美。已持续20年的西溪湿地综合保护工程，被称作“金镶玉”模式，湿地为“玉”，周边发展为“金”，统筹生产、生活、生态三大空间布局，湿地和城市一体化发展，成为人与自然和谐共生新高地。然而，除重点生态保护区外，西溪大部分区域与西湖一样免费开放。

杭州这种切实给到全体市民、全国游客的爱与美的文化场域、极致情怀与生活体验，自然产生一种无形又无敌的影响力、黏合力和驱动力。人们到杭州有了切身体验，会情不自禁赞叹杭州、热爱杭州，由此进一步提升杭州的幸福感与美誉度。

2. 阿里淘宝免费战略

当年还不成气候、流浪京沪、四处碰壁的马云和阿里巴巴，最终在杭州留下并扎根。阿里落户杭州后，受益于开放与共享的城市经营理念，将免费战略发挥得淋漓尽致。

2003年创立的淘宝网是一个免费的C2C购物网站。2004年1月，阿里巴巴在杭州高新技术产业开发区设立阿里巴巴（中国）软件研发中心，杭州市明确表示全力扶植阿里巴巴这样的企业，要把杭州打造成中国乃至世界的电子商务之都。这是杭州第一次提出建设电子商务之都的设想。2005年淘宝网继续免费，最终打败对手易趣。随后，杭州和阿里的关联变得更加紧密，进而开创了一座城市与一家企业共同成长、互相成就的历程。

阿里巴巴对于杭州的意义是非凡的。一个具有强大辐射能力的公司，引发和带动更多公司的参与和创新。如同挖了一条通天大运河，让杭州成为全国互联网商品交易的巨型集散地，而且没有物理空间的限制，并吸引源源不断的新鲜血液流入，重构了杭州的人口结构、人文气质和产业格局，杭州成为中国“数字经济第一城”。

正是开放与共享的理念，从上到下达成共识，杭州自此开启“弯道超车”的发展道路，人间“天堂”的内涵不断更新，由过去的“风景天堂”“西湖天堂”，走向“硅谷天堂”“高科技天堂”。这是杭州充满创新精神、自觉转变城市发展方式的实践结果。

3. 打造最优营商环境

营商环境是市场主体发展之基、活力之源，是经济发展最重要的驱动力，也是一座城市核心竞争力的关键因素。杭州锚定“一直被追赶、无人能超越”的最高标准，持续为在杭企业厚植优质营商“土壤”，全力跑出优化营商环境加速度。杭州的主动作为主要表现在：一是强化系统集成，推动跨地区、跨系统、跨部门等协同管理，以全生命周期服务，及时为企业纾困、赋能降耗。充分利用数字抓手，纵深推进“数智营商”“四张清单一张网”，提升政务平台的智慧审批服务水平，加强“有感服务、无感监管”，凭借更多增值式政务服务，让“亲清暖企”释放出更鲜明底色。二是加快建立支持和促进企业创业创新的法规制度体系，全力完善市场监管和知识产权保护、涉企诉讼等体系，依法平等地保护在杭企业的产权和合法权益，逐步优化法治环境。三是建立健全吸引外资新机制，积极探索数字贸易规则，推动各方要素与国际接轨。通过加快现代化基础设施体系建设，完善产业政策体系，全方位打造一流产业生态系统，以更和谐包容的营商环境吸引国内外更多企业落地杭州。①

一座城市只有拥有良好的营商环境，才能成为企业扎根的沃壤、人才汇聚的高地和集聚高端要素的磁场。作为首批国家营商环境创新试点城市之一，杭州已连续多年在全国工商联“万家民营企业评营商环境”中排名全国城市第一，获评“营商环境最佳口碑城市”。

（五）多元共生的和美乡村运营

乡村振兴的关键在于激发并增强乡村的内生动力，实现乡村新内生式发展，即在坚守社区为本的基础上，开放性地引入外部力量以弥补乡村的短板，通过“上下联动、内外共生”的方式，联合乡村内外部主体混合动能，提升乡村内生发展能力，推动乡村发展从“输血”走向“造血”和“活血”，从而增强乡村发展的自主性和可持续性。

---

① 本刊评论员：《为在杭企业厚植优质营商“土壤”》，《杭州》，2023 年第 12 期。

为破解乡村内生发展动力薄弱的困局，近年来杭州市不少城区积极引入社会力量与本土力量对接，利用市场化手段激活乡村存量资源，促进多元主体携手共促乡村新内生式发展，走出了一条乡村运营新路。乡村运营涉及政府、运营商、村集体、村民、外来投资商等不同主体，要实现乡村新内生式发展，重点是让多元主体联结起来，建立并维护好相互联系、均获收益、和谐互促的“共生”关系。

推动乡村运营多元主体构成“共生单元”。运营商、地方政府、乡村基层组织和村民是主要行动主体，分别代表本土力量（包括村委会和村民）、社会力量和政府力量，其中，村民和基层组织构成根本的“内生动力源”；运营商向内整合社区资源，由外引入现代化力量，化身关键的“在地化中介”；政府则通过理顺底层逻辑，建构顶层设计，辅之支持性要素投入与配套服务，成为连接社会力量和本土力量的“平台搭建者”。三方主体力量既各司其职又密切协作，共同推动乡村以开放的姿态实现地方价值最大化。

创建乡村运营嵌入国家制度、市场经济与地方文化的“共生环境”。国家制度环境为乡村运营实践指明方向、提供合法性；市场经济环境驱动社会力量和本土力量合作，以市场规则和商业手段解决乡村问题；地方文化环境则让乡村运营工作遵循“乡土思维”，始终与村民保持紧密互动。国家、市场和地方环境相互嵌套，共同影响着多元主体的行动逻辑。

形成不同主体相互联系、相互作用、相互制衡的“共生模式”。在乡村运营中，社会力量、本土力量和政府力量在角色、资源和能力等方面存在差异，需要彼此建立互补互利机制，形成深度绑定的关系联结。同时，不同主体之间还需要灵活运用正式规章制度，以及非正式的人情信任等，形成良好的内部治理。此外，三方还需要建立起着眼于村庄整体发展的共同愿景。“关系”“治理”与“价值”三位一体，才能建立长期稳定的共生模式，提升乡村运营和乡村新内生式发展的可持续性[①]。

---

① 吴茂英等：《共生视角下乡村新内生式发展的路径与机制——以杭州临安区乡村运营为例》，《自然资源学报》，2023 年第 8 期。

二、天堂杭州的文化内核

人人都期盼具有文化历史感、秩序井然度、温暖烟火气、全域魅力值、持续发展力的“幸福宜居城市”。只有城市的法治环境公正公平、政务环境清明高效、市场环境规范守信、人文环境健康向上、生活环境安居乐业、生态环境绿色可持续，人民生活品质提升才有保障。在历届大数据采集和问卷调查中，杭州的幸福指数都名列前茅，表明市民和外地人都广泛认可。近年来，数字经济、高新技术、商业文明和政府自我革命等成了杭州新的城市标签，尤其积极探索社会治理，不断增加民生投入，推出许多亲民惠民创新之举，实实在在增添了人民幸福感①。在面临各种重大事件如G20杭州峰会、抗击疫情、举办杭州亚运会等关键时刻，杭州的敢于担当、韧性张力、大显身手所展示的卓越能力与独特魅力，无不让世界点赞、人民自豪。

“幸福宜居新天堂”是全域全面展开的生动丰富的创造过程与收获的总体成果。限于篇幅，这里无法全部呈现其建设的全部内容与过程。上述这些容易被感知的社会文化现象、城乡经济生活体验等，或许可从中探寻到杭州城市发展的幸福密码与文化内核。

（一）以人文精神塑造城市理想

“幸福宜居新天堂”不是停留于口号的空洞叙事，也不只是一种以人为本的理念构想，而是一种勇于探索的实践过程，是社会各层面建设者、决策者的文化自觉与共同行动，是各领域各行业创新创造集聚起来的累累硕果。杭州最具魅力的主要不在得天独厚的山水意趣，而是蕴藏深厚的城市文化内核散发出的精神力量，是这座城市所孕育和承载的“精致和谐、大气开放”的城市人文精神，以及由此化为城市建设与发展中“勇立潮头、敢为人先、开拓创新、与众不同”的人格理想。

2022年杭州市第十三次党代会提出“奋进新时代、建设新天堂，向着世界一流的社会主义现代化国际大都市阔步前进”的奋斗目标。杭州历届党委和政

① 金立山：《管好城市，就是管好了一大半人的幸福》，《杭州》，2019年第41期。

府自觉践行以人民为中心的发展思想，把长期性目标和阶段性任务结合起来，以人文精神塑造城市理想，不断彰显历史文化名城、创新活力之城、生态文明之都的特色，不断满足人民日益增长的美好生活需要，在建设幸福城市、宜居城市和新型智慧城市上提供了许多成果与经验。

（二）以生活品质作为城市品牌

一座城市的生活品质，是反映一座城市发展的镜面①。从2005年开始，杭州就以生活品质作为城市营销品牌，每年开展“生活品质总点评”活动。根据城市发展要求，盘点一年来生活品质建设发展成就的十大现象、人物、事件、区块，以此呈现杭州城市发展的精彩时刻与美好场景，展现在提升人民群众生活品质中的努力与担当。对美好生活的向往，是杭州举办“生活品质总点评”活动的初心与使命。

杭州经济社会发展与当地资源禀赋、人文精神紧密相关，特别是创业者、管理者的文化自觉，不仅为城市发展提供原动力，也深刻影响城市创业模式、经营模式与发展方式。从动机来看，政府、企业和社会都有意识地把人自身的发展需要与现代企业创业发展的特点紧密结合，鼓励人们把自我实现的乐趣与努力奋斗的艰苦融合在一起，从而自然生发出一种内在动力。从过程来看，政府和企业共同努力，营造良好的创业文化和社会氛围，真正做到放手让一切知识、技术、劳动、管理和资本的活力竞相迸发，让一切创造社会财富的源泉充分涌流，由此大大增强了城市社会的创造力与竞争力。从结果来看，杭州的产业多与老百姓生活品质提高紧密关联，直接连接市民的美好生活需要，生活化、人性化、世俗化、艺术化含量比较高，有助于增进市民积极的心理体验，构成与市民生活品质提高的良性循环。

（三）以文化自信引领城市发展

在国际国内形势日趋严峻的背景下，许多城市、行业或领域越来越内卷，不确定性越来越强烈，令人处境艰难，一些人主动转战新业态，一些人迫不得已离

① 安峰等：《携手并进，点亮城市之光——2022杭州生活品质总点评嘉宾访谈》，《杭州》，2022年第21期。

开，一些人仍在勉强维持但已快坚持不下去……是躺平放弃还是坚韧前行？是愤世嫉俗地抱怨还是脚踏实地地行动？是屈从外界压力还是坚守内心信念？

城市总有自己的文化，它们创造了别具一格的文化产品、人文景观、建筑及独特的生活方式[①]。生活在城市中的人们尤其是年轻人的人生姿态状态、职业事业都会深受影响。城市是一个有机生命体，它的健康有赖于各组成成分的协调与合作，也取决于各个部分发展目标的一致性。和谐、平衡和内部合作是机体健康的关键，也是城市社区健康的基本因素。

杭州以其坚定的文化自信，引领城市主体的积极行动与担当。比如，打工青年的迭代人生，良渚文化村的建筑构型、布局设计以及持续营造的生活空间与社区文化，临安区乡村运营的共建共生模式等，作为“幸福宜居新天堂”的微型样本，充分反映了这座城市的精神特质与文化气质，最终成为一个个深入人心的文化符号，这是对我们这个时代最可取的城乡发展方式与生活方式的诠释，是城市韧性与高质量发展的缩影。

我们完全有理由相信，未来的杭州，一定能成为生活富裕富足、精神自信自强、环境宜居宜业、社会和谐和睦、公共服务普及普惠的卓越城市，成为人们心生向往、人生出彩、情感归属的梦想城市，成为新时代全面展示中国特色社会主义制度优越性的窗口城市。

作者简介　　方秀云，中共杭州市委党校文化学与统战理论教研部副教授，主要研究方向是幸福城市、社会文化与养老问题等。

① ［英］迈特·费瑟斯通：《消费文化与后现代主义》，刘精明译，译林出版社 2000 年版，第 139 页。

第七讲

打造国际旅游休闲目的地

被誉为“人间天堂”的杭州，不仅以其秀美的湖光山色闻名于世，更以其悠久的历史、璀璨的文化被列为中国历史悠久的古都之一，是著名的鱼米之乡、丝绸之府、文化之邦、礼仪之都，是国家级的历史文化名城和著名的风景旅游城市。早在元朝时杭州就曾被意大利著名旅行家马可·波罗赞为“世界上最美丽华贵之天城”。“上有天堂、下有苏杭”，表达了古往今来的人们对于这座美丽城市的由衷赞美。

一、“休闲城市”建设中值得关注的“杭州现象”

20世纪80年代末期，我国学者开始涉足闲暇研究，其中，于光远于1983年最早提出休闲学研究。中国优秀旅游城市的建设始于1995年，自1995年5月起，我国开始实行双休日制度。其后分别对春节、“五一”、“十一”等长假作了规定和调整。现阶段，城市居民全年有三分之一的时间在闲暇中度过，越来越多的城市在完善其经济功能的同时，开始关注休闲文化及其空间建设。2007年，休闲第一次进入政府工作报告，《国民经济行业分类》中也对娱乐业范畴进行了界定，休闲成为我国很多城市形象定位的时尚语素。2010年，中国开始休闲城市评比工作。

虽然相对于欧美和日本，我国“休闲城市”建设在整体上显得较为滞后，但杭州的步伐却比较超前，算是一个特例。2006年杭州被世界休闲组织授予“东方休闲之都”称号，2011中国休闲发展国际高峰论坛首次发布了“全球十大休闲范例城市”的名单，杭州成为中国唯一入选的城市。此次遴选出50个城市作为样本，收集1300个原始数据，按照“休闲经济指数”“休闲环境指数”“休闲治理指数”三大指标体系，经过量化研究之后得出最终名单：开普敦、迪拜、杭州、赫尔辛基、尼斯、奥兰多、里约热内卢、塞维利亚、新加坡、维也纳。

“全球休闲范例城市研究”课题研究组给予杭州这样的评价：“这是个有着2200年历史的城市，三面云山一面城。这个城市，有着优雅闲适的人文传统，各种民间技艺、市井民居、酒馆茶楼精致和谐地聚集在山水之间，展示着东方休闲生活的智慧与魅力。它，经济并非发达，人均GDP刚过万美元，然而却以创新的精神和方式，围绕生活品质的目标，不仅塑造了休闲城市的品牌形象，而且把休闲城市建设变成一个全方位的社会建制过程。”

正如有学者所指出的，杭州值得其他类似城市借鉴之处：一是精心呵护并科学经营自然与人文荟萃的“人间天堂”；二是以休闲城市定位统领城市总体发展；三是以“西博会”“休博会”等大型会展整合休闲资源，丰富休闲业态，提升城市休闲品牌，创新休闲发展促进模式；四是以公共休闲空间为基础，营造精致、大气而富有亲和力的城市形象；五是不断创新，推进城市休闲产业发展；六是政府、企业、机构与市民协力而为，全域全民休闲化；七是坚持国际化的视野。①

由此可见，杭州凭借种种先后天因素的助力，在我国“休闲城市”建设中脱颖而出，形成了值得关注的“杭州现象”。

二、建设“休闲杭州”的独特优势

（一）悠久的城市历史

杭州的城市历史之悠久、底蕴之深厚，是世界各国的休闲城市所无法比拟的。2013年G20峰会举办地俄罗斯城市圣彼得堡，其最大特色就是悠久的历

① 宋瑞主编：《全球休闲范例城市研究》，社会科学文献出版社2012年版，第161–187页。

史。作为俄罗斯的“北方之都”，圣彼得堡就是俄罗斯通往欧洲的窗口，这个城市建于300多年前（1703年），而杭州建于2200年以前，历史要悠久得多。

杭州是华夏文明的发祥地之一，跨湖桥遗址默默讲述着8000多年前人类繁衍生息的故事，而5000多年前诞生的良渚文化至今还头顶“文明的曙光”之美誉，成为实证中华5000多年文明史的圣地。

就像每个人都有记忆一样，城市也有美好的记忆。杭州能有马可·波罗笔下的繁华，并非一朝一夕。5000年前，杭州北郊的良渚先民已在莫角山四周筑城，学界誉之为“中华第一城”。自秦代设钱唐县，杭州建置已有2200多年；自隋置州有1400年历史，自元为省会已有700多年历史，其中吴越和南宋先后定都杭州，历时230多年，繁华延续至今。杭州文化从新石器时代后期的良渚文化开始，已有5000多年历史，在当时已具有相当高的水平。春秋时期，杭州的物质文化，尤其在青铜冶炼、造船、航海、纺织等方面都较先进。五代至宋元，为杭州文化的鼎盛时期，社会、经济和文化发展都居全国领先地位，号称“东南第一都会”，成为当时东南沿海的文化中心之一。至明清，“东南财赋地，江浙人文薮”，杭州文化发展在全国已是首屈一指。到近现代，作为国务院首批确认的24个历史文化名城和著名风景旅游城市之一的杭州，不仅是全省的政治、经济、文化中心，其文化和经济的发展在长江三角洲区域也占有重要一席。

杭州的历史文化遗产是杭州的，更是世界的。新中国成立之初，杭州就把整修被战争破坏的西湖风景名胜和建设疗休养设施作为一项重要工作。凭借文化底蕴丰厚、文物古迹众多、西湖风景名胜区闻名于世的优势，1953年杭州将“以休疗养为主的风景城市”写入文件；1982年杭州被列为首批国家级历史文化名城；1984年《杭州历史文化名城保护规划》颁布，1995年修编，2003年重新编制，此后又提出“城市是一个有机生命体”的理念。按照“保护第一、应保尽保”原则和“保老城、建新城”思路，杭州把保护的重点放在西湖、西溪、运河及老城区，把建设的重点放在沿钱塘江的新城区。于是人们看到，西湖舒展了空间，老城区焕发了青春活力，沿江跨江发展日新月异。人们惊奇地发现，原来历史文化遗产保护的“鱼”和社会经济新发展的“熊掌”是可以兼得的。人们开始真正体会到，原来保护历史文化遗产也是政绩，保护历史文化遗产就是保护了生产力。

（二）深厚的文化底蕴

“文化消费”在现代休闲旅游中占有重要地位。一些国家尤其是一些发达国家的许多人士来我国旅游，很重要的一个目的就是来寻求特有的文化体验。国际旅行社上海分社曾对来上海的100批日本旅行团作过调查，发现有58批是各种带有专业考察性的旅行团，涉及20多个行业，如医疗、书法、交通、商业、体育、宗教等。[①]

在杭州城市变迁史上，历史文化遗产凝结着几千年来杭州先民的勤劳和智慧，承载着杭州悠久的文化积淀和精神财富。从有形的西湖、西溪、运河、良渚等综合保护工程，到无形的白蛇传说、梁祝传说、西泠印社金石篆刻、张小泉剪刀锻制技艺、胡庆余堂中药文化、杭州小热昏等非物质文化遗产的保护……杭州一直精心守护着，历史文化名城成为杭州的“金字招牌”。

杭州是我国古代印刷业发达的地方之一，南宋和元时为全国最大刻书中心，出版印刷为全国之冠。杭州又是著名藏书家和藏书楼集中之地。至明清时，杭州著名藏书家有近30人，著名的藏书楼有文澜阁等。近现代以来，杭州的图书出版在全国占据重要地位，浙版图书在全国颇有影响。杭州文物古迹上溯到新石器时代的良渚文化遗址，下至近代，数不胜数。在杭州建有国家级的丝绸、茶叶、官窑、中药四大专业博物馆和大型综合博物馆——浙江博物馆，以及一大批历史名人纪念馆。在杭州，佛、道、伊斯兰、基督、天主五大教荟萃一个城市，为全国少见。佛教文化艺术更对杭州的文化艺术产生了很大的影响，许多高僧如李叔同名噪全国，更有灵隐寺、净慈寺等东南名刹，自古杭州便有“东南佛国”之称。直到现在，杭州的佛教、道教仍有很大影响，阳春三月，香客云集，香火缭绕，成为杭州的一道特殊风景。杭州历来人才荟萃，特

① 季相林：《人的全面自由发展与闲暇时间》，《当代世界与社会主义》，2003年第6期。

别自宋以来，杭州籍文化名人辈出，如沈括、毕昇等，更有许多非杭州籍的名人如苏东坡、岳飞等，他们在杭从政、居住和活动。杭州历代巨匠迭起，诗人辈出，在浙江乃至全国文学史上占有重要地位。更有历代文人墨客留下了大量描绘杭州和西湖风光的著名诗词、楹联。杭州的金石书画也是名家荟萃，南宋时杭州籍画家就占全国画家总数的五分之二，南宋四大画家中杭州人占了3个。当代还有著名的西泠印社和中国美术学院。所有这些，都给杭州文化留下了大量丰厚的珍贵遗产，为文化旅游和休闲活动的深度发展开辟了广阔的空间。

（三）丰富多彩的山水资源

杭州以山水著称，拥有丰富的自然资源，适合各种类型的户外休闲活动。世界各地的休闲胜地往往都拥有出众的自然环境，但自然资源的种类往往相对比较少，且性质雷同。例如，维也纳是位于多瑙河畔的平原城市，奥兰多以阳光和湖泊著称，开普敦是温暖气候的海滨城市，迪拜是沙漠与海水共存的城市，新加坡是濒海的“花园城市”，赫尔辛基也是海滨城市，依半岛而建城，并以湖泊和森林著称。法国的尼斯也是海滨城市，以蔚蓝的地中海与巍峨的阿尔卑斯山著称。杭州则同时拥有湖泊、河流、山脉、湿地等多种自然资源，可以满足人们千姿百态的户外休闲生活需求。

旅游是休闲的重头戏。杭州的旅游资源极其丰富，山水资源丰富，特别是山水景观和人文景观有机融汇，交相辉映。杭州拥有西湖和富春江—新安江—千岛湖国家级风景名胜区，天目山、清凉峰国家级自然保护区和千岛湖、富春江、大奇山、午潮山、青山湖等众多国家森林公园。杭州以其独特的休闲氛围、文化内涵、精致山水而被誉为“东方休闲之都，品质生活之城”。2007年2月，杭州被国家旅游局和联合国世界旅游组织命名为“中国最佳旅游城市”。杭州有多项旅游景点入选中国世界纪录协会世界纪录，创造了一批世界之最、中国之最。2011年6月24日，杭州西湖文化景观被正式列入《世界遗产名录》，并且是目前中国列入《世界遗产名录》的世界遗产中唯一一处湖泊类文化遗产，也是现今《世界遗产名录》中少数几个湖泊类文化遗产之一。

（四）广泛普及的休闲理念

杭州具有休闲的“灵魂”——休闲文化，是国内外休闲文化最为深厚、最为浓郁的城市之一，其悠闲、安逸的生活方式，来自历史沉淀下来的文化底蕴，根深蒂固，源远流长。“江南忆，最忆是杭州”“未能抛得杭州去，一半勾留是此湖”，白居易把人们对杭州休闲生活的眷恋之情描述得入木三分。

有学者对上海、哈尔滨等城市调研后指出，这些城市的休闲方式中存在户外休闲活动所占比重较低、与社区疏远、休闲方式过度货币化等现象[①]。而针对杭州城市居民休闲行为进行的调查分析表明，杭州城市居民休闲具有动机积极向上、休闲生活层次较高、旅游资源偏好多样化、休闲场所选择大众化等特点[②]。2023年，杭州GDP已突破2万亿元，尽管经济体量和其他入选城市相比有一定的差距，但杭州胜在独特的区域性文化。这个有着2200年历史的城市，拥有优雅闲适的人文传统和丰富的休闲资源，自吴越、南宋开始，杭州就以富庶闲适著称于世，秉承先人遗风，杭州人似乎天生就有喜好休闲的性情及传统。杭州人懂休闲、会休闲，得益于杭州独特的自然资源和文化传统。杭州人对杭州的山水有特殊的偏爱，同时具有休闲意识。

在杭州，休闲不是少数人的特权，而是大多数人的生活方式。西湖周边及城市各处的茶楼、酒吧、咖啡馆、浴屋、健身房，生意红火的影剧院、娱乐场，西子湖畔晨练的太极拳爱好者，随处可见的越剧票友和声乐小组，遍布西湖山水的驴友队伍，还有小至几人一组的街边舞、健身操，多至上万人的马拉松等，浓厚的群体休闲氛围，为杭州成为休闲城市奠定了坚实的基础。历史上，杭州是一个有浓郁东方休闲色彩的城市。今天，杭州仍然具有浓郁的城市休闲氛围，杭州人不但喜欢玩，还要玩得有文化，要有玩的文化，要研究玩的学术，要掌握玩的技术，要发展玩的艺术。

---

① 黄安民、韩光明：《从旅游城市到休闲城市的思考：渗透、差异和途径》，《经济地理》，2012 年第 5 期。

② 陶佳睿：《休闲型城市居民休闲行为调查分析——以杭州市为例》，《时代经贸》，2011 年第 27 期。

（五）开放包容的人文环境

2002年，杭州市政府提出了“还湖于民”的口号，西湖景区开始拆除外围围栏，向游客全面免费开放。西湖免费开放的十几年时间里，相继取消了130多个景点的门票，占景点总数的70%以上。免费开放的景区面积有2000多公顷。免费西湖成为中国5A级旅游景区中“风景资源回归大众”的典范。没有围墙、不收门票的完整西湖，将自己的每一寸绿地和每一处景观，奉献给了广大游客，在经济效益、社会效益、环境效益等方面均实现了“不设门票的和谐发展”。这曾经是一个引起舆论哗然的举措，打破了习以为常的景区经营模式，等于扔掉了手上的金饭碗。此举的起因，就是“还湖于民”的执政理念，以及欢迎天下朋友、共享西湖美景的阔大胸襟。这一举措至今已坚持20余年，开始时那些观望甚至怀疑的眼光，逐渐变成了肯定和钦佩。杭州西湖因此而成为中国的西湖、世界的西湖。

2023年，杭州又成功举办亚运会和亚残运会，共有来自44个国家和地区的近3100名运动员参加。为了保障运动员和嘉宾拥有良好的赛会体验，杭州完成了14万个城市无障碍项目改造提升，大大推动城市基建和体育设施迈上了新高度。

三、“休闲杭州”的城市实践和成就

回顾往事，杭州的休闲城市建设始终是在政府大力推动，企业、机构与市民协力下进行的。杭州大力实施西湖综合保护、西溪湿地综合保护、运河综合保护等工程，构建了一个优美的休闲环境。在全国各景区门票价格不断上涨的情况下率先实行公园免票，演绎休闲理念，并用这一理念推进公共休闲空间建设，相继建成一大批城市广场、城市公园、休闲步行街，还在全国最早实施博物馆免费开放、免费公共自行车等便民措施，让市民真正感受到生活品质的提升。杭州以创新的精神和方式，围绕生活品质的目标，不仅塑造了休闲城市的品牌形象，而且让休闲城市建设形成一个全方位的社会建制过程。

不少国内外学者预测，随着发达国家进入休闲时代，发展中国家也将紧随其后，休闲经济将逐渐主导全球经济发展，成为下一个席卷世界的经济浪潮，中国也将迎来休闲产业发展的黄金期。

也正是看准了这个趋势，杭州十分重视旅游国际化，在国内率先提出“旅游国际化”发展战略。2004年，杭州确立了休闲城市的品牌定位。当年8月，杭州市推进旅游国际化动员大会明确提出建设“东方休闲之都”的目标，启动实施了“旅游国际化”发展战略，目的是要让这座旅游城市在国际上富有鲜明的城市个性和魅力，具有高质量的国际旅游环境，拥有知名度高、竞争力强的旅游产品，能为游客提供符合国际惯例的旅游服务，打造具有独特性、差异性的国际旅游品牌。旅游国际化俨然成为杭州城市国际化的“制高点”和“突破口”；成为推动打造“东方品质之城·幸福和谐杭州”、推动建设“重要的国际旅游休闲中心”的“加速剂”和“助推器”。“旅游国际化”的发展战略，意在通过吸引更多的入境游客来增加杭州在国际舞台的曝光率和认知度，迄今成效显著。

2006年，世界休闲组织正式授予杭州“东方休闲之都”称号，休闲产业成为杭州新的经济增长点。这一年，杭州举办世界休闲博览会，向世界隆重推出城市旅游休闲形象。这一年，杭州正式打响“世界休闲之都”品牌的国际知名度。与国际上其他风景旅游城市和文化历史名城相比，杭州的个性是什么？特色是什么？优势是什么？与众不同的旅游形象特征是什么？杭州的旅游形象应该如何定位？这是亟待解决的问题。综观一些国际著名的风景旅游城市，都对自己的城市旅游形象有一个准确的定位，香港是动感之都，威尼斯是水上之都，新加坡是花园城市等，而根据杭州的自然、人文、历史、经济、区位条件等因素，把杭州的旅游形象定位为“东方休闲之都”是非常恰当的。

随后，杭州在休闲城市建设上不断迈上新台阶。2011年，杭州被中国社会科学院评为“全球十大休闲范例城市”，列入中国最休闲的城市。2015年，《杭州市旅游休闲业转型升级三年行动计划（2015—2017年）》出台，谋定了杭州的“国际范”目标，即到2020年基本建成“中国旅游国际化示范城市”。2016年，G20杭州峰会极大提升了杭州的国际影响力。杭州先后入选《纽约时报》“2016全球最值得去的52个目的地”榜单（杭州位列第十六）、全球著名旅游杂志*Travel + Leisure*(《漫旅》)“2016年16个全球必去国际目的地”榜单(位列第七),以及《孤独星球》“7个最佳新年旅游目的地”(位列第六)。随着G20杭州峰会的召开以及国际市场营销活动的开展,杭州对于国际游客的吸引力已经逐步体现。2016年5月,国际大会及会议协会(ICCA)发布2015年度全球会议目的地城市排行榜,杭州凭借27个国际会议,首次跻身全球100强国际会议目的地城市,位列全国第三(仅次于北京、上海),亚洲第二十四位,全球第一百。2017年,世界旅游联盟总部落户杭州,成为杭州向全球展示旅游形象的重量级平台。杭州还荣获“国家文化和旅游消费示范城市”以及“中国旅游休闲示范城市”等国家级荣誉,成功入选“全球15个旅游最佳实践样板城市”。2023年,杭州被评为“中国气象旅游发展十佳城市”之首,并获2023年网络热门“气候康养(避暑、避寒、宜居)典型案例”称号。

四、建设“休闲杭州”的未来路径选择

(一)准确定位,突出优势

杭州的城市休闲主题定位,应以当前“疗养型的风景旅游城市”为主,逐步朝着文化、景观、疗养、会展并重的方向发展。

作为东方的历史文化名城,杭州拥有着深厚悠久的文化底蕴和得天独厚的山水景观,不应在休闲主题特色上与国外同类城市雷同,而应充分发挥自身优势,打造成为体现中国特色和东方文化底蕴的世界休闲之都。杭州应避免贪大求全的心态,要认真挖掘和凭借优势,集中资源,大力发展体现中国特色和杭州风貌的城市休闲主题。从比较优势的角度来看,西湖、大运河、良渚三处均以文化特色鲜明而申遗成功,山水之美反而在其次。而杭州长期以来的定位是著名的疗养型风景旅游城市,今后在继续保持原有特色的基础上,有望向会展型城市发展,并且存在较大的发展空间。

休闲主题之一:疗养休憩

国外学者从20世纪90年代开始,已将休闲活动作为人类最基本的生理需求,从医学角度进行医学与身心健康相关性的研究。有国内学者通过对文献分

析发现，"国外城市休闲价值与影响研究中，70%的文献论述其保健价值"①。

中华人民共和国成立以来，杭州的城市功能定位，历经数次变更，从20世纪50年代初期开始的"以休疗养为主的风景城市"、改革开放初期的"全国重点风景旅游城市"，到进入21世纪以来提出的"与世界名城相媲美的生活品质之城""东方品质之城，幸福和谐杭州"等。今天，重新审视杭州的城市功能定位，不难发现，休疗养功能仍然是杭州与世界各国著名休闲城市相区别的独特城市资源。

在疗养休闲方面，杭州独具天赋。杭州拥有宜人的西湖山水，星罗棋布的茶馆和休闲农庄，闻名天下的龙井茶和虎跑泉水，发达的大型医疗机构和中医诊所、遍布湖山各处的疗养院，以及为数众多、颇具东方特色的中医药老字号、养生会所、素食馆、禅修中心等。但杭州在世界的知名度还不够高，影响范围也不够大，主要局限于中、日、韩等少数国家，以及中国的港澳台地区。杭州在疗养休闲领域的广阔市场有待开发。

杭州要发挥自身优势，要融合东方养生文化传统，依托得天独厚的自然山水资源和天人合一的传统中医理念，大力发展康体养生产业，推进中医药国际化，打造东方特色、世界一流的疗养之都。

休闲主题之二：文化体验

在文化休闲方面，在西湖周边要深入挖掘西湖文化内涵，可主推"诗画江南"和"文风雅韵"特色，可经常举办各种品茶会、赏花会、诗社、书法和国画社、民乐会、歌舞和曲艺会演等，突出"宁静淡雅"和"精致和谐"的文化气息和艺术氛围。同时切实加强西湖、大运河、良渚三大世界遗产整体保护与推广联动机制，提升江南文化、吴越文化、南宋文化的知名度和影响力，讲好杭州故事，充分展现中国特色。

在运动休闲方面，应强调天人合一，突出人与自然和社会的和谐，鼓励户外休闲活动，大力提倡文明健康的运动休闲方式。各类大型赛事和狂欢节庆活

---

① 朱桃杏等：《近10年国外城市休闲研究：特征、比较与启示》，《旅游学刊》，2011年第9期。

动，应当在远离西湖的新城区举办。而在西湖周边，则应适当减少此类活动，同时优先发展传统中国节庆活动，大力推广杭州地方传统民俗与新民俗活动，如鼓励户外踏青，品赏西湖山水、花卉鉴赏，举办文艺会演、服装设计和工艺品展览等，汇集人文之美，引领风气之先。积极探索和大胆尝试新型体育竞技交流模式，如融合传统武术交流和现代武术竞技的新中式武术比赛模式等。在远离西湖的周边山水地带，可适当开发一些大型的游乐场、主题馆和登山、漂流、潜水、赛马等休闲项目，以体现杭州的现代气息和“大气开放”的城市精神。

杭州要注意保护和发展本地特色民俗和手工艺产品。杭州在打造国际著名休闲城市的过程中，要注意发挥自身特色，避免出现风格雷同的现象。越是民族的，就越是世界的，众多千姿百态的民族文化，一起构成了丰富多彩的世界。这在国际上有许多著名的事例，如咖啡产自非洲，面包源于古埃及，高尔夫诞生在苏格兰，拉丁舞最早流行于拉丁美洲。中国曾一度是手工艺制造大国，以“精致和谐”著称的杭州，民间工艺自古极负盛名，龙井茶叶、王星记扇子、西泠印泥、西泠篆刻、西湖绸伞、杭州丝绸、都锦生织锦、张小泉剪刀、南宋官窑、天竺筷、萧山花边、昌化鸡血石等传统品牌享誉海内，还有无数书画、篆刻、根雕、石雕、铜雕、陶瓷、刺绣、剪纸等工艺大师遍布民间，杭州是一个民间工艺极其发达的城市。2012年，杭州获得联合国教科文组织“工艺与民间文化之都”称号，这在国内尚属首例。如何让设计与手工艺结合，创造有特色的文创产品，寻找到当代设计语言和传统文化元素的平衡点，既能增进和提升杭州的旅游休闲体验，又能促进工匠精神的活态传承，是今后杭州推进休闲城市建设的重要课题之一。

休闲主题之三：景观（观光）

美丽杭州，名不虚传。联合国人居奖、国际花园城市（联合国环境规划署评选）、全国绿化模范城市、全国环境综合整治优秀城市等称号都曾花落杭州。杭州山川秀美，生态建设基础完善。关键要加强保护，尤其是水生态环境的保护，使绿水青山常在。要更加扎实地推进生态文明建设，使杭州成为美丽中国建设的样本。杭州作为浙江省省会，有丰富的山水自然资源和深厚的历史文化积淀，近年来杭州认真贯彻落实“既要金山银山，也要绿水青山”“绿水青山就是金山银山”等战略思想，坚持“环境立市”，全面推进生态型城市建设和生态保护、植树造林、“美丽乡村”建设等工作。

在城市景观方面，别具一格的城市建筑是这座城市的一张闪亮名片，向世人展示着所在城市的地域特色、历史文化、风土人情。为保护城市自然山水格局，塑造城市风貌特色，2016年2月中共中央、国务院印发了《关于进一步加强城市规划建设管理工作的若干意见》，旨在通过城市设计，从整体平面和立体空间上统筹城市建筑布局，协调城市景观风貌，体现城市地域特征、民族特色和时代风貌。住房城乡建设部鼓励各试点城市“因城”开展城市设计，解决城市存在的具体问题，实现对城市格局、风貌和各类空间的精细化管理，通过城市设计指导建筑单体设计，规范城市建设，塑造城市特色，提升城市品质。城市设计是以保护自然山水格局、传承历史文脉、彰显城市文化，对城市形态和环境景观所作的整体构思和安排，是落实城市规划、指导建筑设计、塑造城市特色风貌的有效手段。今后，杭州应进一步完善城市布局，提升城市交通便捷度和人口容积水平，打造高品质的城市生活休闲区，成为兼具传统风貌、地域色彩和现代气质的特色休闲之城。

休闲主题之四：会展（赛事）

目前，杭州在国际会展界的知名度仍不够高。但随着今后中国发展形势的变化，未来会有越来越多的国际会议在中国举办。首都北京的会展功能已经十分接近负载的极限，今后会有更多的国际会展分流到国内的其他城市，2016年G20峰会和2023年亚运会先后在杭州成功举办就是证明。

会展旅游属高端旅游项目。顺利举办有影响力的大型会议和国际会议，对城市休闲发展水平、城市综合管理水平、城市经济发展程度、城市社会稳定程度和市民文明素质等各方面是很大的考验。城市举办国际会议的频率能够直观反映城市的国际知名度，是体现和衡量城市国际知名度的重要指标。

2016年7月，杭州市委第十一届第十一次全体会议审议通过的《中共杭州市委关于全面提升杭州城市国际化水平的若干意见》（以下简称《意见》），是未来杭州建设休闲城市的战略构想和重要行动指南。《意见》全面部署和推进杭州城市国际化，要将杭州打造成四大国际中心（城市），即“打造具有全球影响力的‘互联网+’创新创业中心、国际会议目的地城市、国际重要的旅游休闲中心、东方文化国际交流重要城市”。提升城市国际化水平，是杭州的首位战略、首要任务。为此，要着力打造国际会议目的地城市。要抢抓举办G20峰会和亚运会的历史性战略机遇，发挥杭州本土会展品牌优势，重点补齐国际机构和组织入驻率不高、承办国际会议层次不高、会展服务功能不完善、国际体育赛事少、运营能力不强等短板，实现承办国际会议展览和体育赛事的重大突破，成为具有世界水准的国际会议举办城市、会展之都、赛事之城。

（二）大胆借鉴，博采众长

一是大力普及推广户外运动。由于文化和民族心理的差异，在长期的历史发展中，东西方形成了相映成趣的休闲理念和风格，中国人的休闲风格偏于静逸、含蓄，而欧美等西方国家的休闲理念则偏于动感、奔放。杭州以山水之美著称，有着丰富的户外旅游资源。每年的春秋两季，景色优美，气候宜人，是杭州户外休闲的黄金季。自杭州市区钱塘江两岸最东端，向西沿江一直延伸到上游淳安千岛湖的路段，途经西湖、之江、萧山、余杭、富阳、桐庐、建德、淳安等区、县（市），十分适合户外步行和骑行，号称“三江两岸”绿道。今后要进一步加大户外休闲基地建设，重点推广“三江两岸”骑游季以及赏景、运动、采摘、亲子等为主题的户外旅游休闲活动。此外，杭州还可根据自身优势，大力开发和设计新的休闲项目，如富有冒险性的空中跳伞、飞行模拟、森林旅游、水上活动和水底观光等活动，充分展现人与自然和谐之美与城市的时代气息。

二是发展和完善都市休闲农业。杭州有着广阔的森林和农田，可发展休闲农业，鼓励人们进行回归自然的农事活动，开办锻炼与开发动手能力的技工作坊，举行各种竞技性的运动项目等。小型休闲项目的运作可考虑以民营为主，政府应鼓励股份制休闲娱乐公司，鼓励中小型的投资，以个性化的特色丰富休闲业的品种。同样重要的是，政府应借鉴引进海外对休闲业的管理模式。目前，杭州的休闲观光农业还只是停留在浏览、观赏、采摘等观光层面，让游客深度参与农作生产劳动的体验较少。其中开发的项目普遍存在雷同、缺乏个性，缺少对农事活动身体力行的体验，缺乏根据杭州不同地区的农业资源优势进行旅游活动产品的开发意识。

（三）夯实基础，填补短板

杭州要建设成为世界著名休闲城市，除了找准定位，学习创新，还要重视填补短板。囿于篇幅，兹就以下两方面稍作阐述。

一是大力推进对外交通，完善市内交通建设。在对外交通方面，杭州都市圈在十年间有序推进了250多项交通重点建设项目。包括杭州都市高速公路（杭州绕城高速公路西复线）、京杭运河（浙江段）三级航道整治、杭州至海宁和杭州至绍兴城际铁路等都市圈跨区域重大交通项目。但杭州的交通仍然存在不少的短板。周边地区和相邻省市的高速交通不够发达，国际航班也偏少。此外，还要加快内河和外海码头建设，完善客、货综合枢纽体系，构建以高速公路、高铁、城际、航空为主体的城际快速运输服务网络，并进一步完善城市公共交通移动支付体系建设。在市内交通方面，杭州目前的拥堵水平偏高，对杭州的城市休闲体验造成了明显的制约。根据2015年荷兰交通导航服务商TomTom发布的全球拥堵城市排名，全球最拥堵的100个城市中，杭州位列第三十。这意味着杭州的司机在杭州拥堵高峰期需要花比平时多一倍的时间，才能到达目的地。为此，杭州开始采取限牌、限行等治堵措施，并已取得一定成效，但该类措施对于促进休闲消费和旅游国际化亦有不利的一面，故虽可短期奏效，却非长远之计。城市治堵，从根本上还是要靠城市结构的优化及城市管理的精细化，我们期待在不久的将来，能够探索出一条杭州特色的治堵之道。

二是大力实施旅游全域化。杭州不只有西湖。然而游客最爱的景点，西湖断桥、龙井茶园、灵隐古寺……基本上都围绕着西湖景区，节假日西湖人满为患，西湖的旅游承载力已逼近极限。环西湖一带的旅游者占了杭州旅游人数的70%以上，旅游休闲空间分布不均衡已经成为杭州当前旅游发展的“瓶颈”，如何加快杭州旅游全域化发展，如何推动西部地区与杭州城区旅游休闲产业的衔接互动，如何在旅游发展不足的区域布局和建设规模化、品牌化项目，成为当务之急。要全面深化“旅游全域化”战略，除了中心城区，萧山、余杭、富阳等近郊旅游业要快速发展，同时也要挖掘西部四县（市）丰富的山水、湖泊、文化资源，努力成为名副其实的国家全域旅游示范城市。通过多种途径，促进杭州从“国内旅游目的地”向“国际旅游目的地”转变，并成为“中国旅游国际化示范城市”。要率先构建区域旅游发展一体化新格局，有效解决区域旅游发展不平衡不充分问题。大力推动旅游公共服务体系建设更加优质均等，推动旅游全域化全面实现，推动旅游服务质量、产业规模、核心竞争力、综合效益达到国际旅游先进水平，全面形成具有较强竞争力的现代旅游业体系，建成“世界一流旅游目的地”。通过重点建设未来旅游先行地、全域旅游示范地、文旅融合样板地、长三角休闲度假首选地，力争率先建成“全国文旅融合发展示范区”和“国家级旅游休闲城市”。

作者简介

段昆仑，中共杭州市委党校文化学与统战理论教研部副研究员，主要研究方向是国学、养生学等。

第八讲

构建具有国际识别度的杭州城市形象

习近平总书记在文化传承发展座谈会上强调："在新的起点上继续推动文化繁荣、建设文化强国、建设中华民族现代文明，是我们在新时代新的文化使命。"[①]杭州得天独厚的地理人文资源具有"独特韵味、别样精彩"，是"诗画江南"重要构成部分。"八八战略"明确提出要"进一步发挥浙江的人文优势，积极推进科教兴省、人才强省，加快建设文化大省"。"奋进新时代，建设新天堂"，杭州要传承与发展城市历史文化，发挥杭州人文优势，构建具有广泛传播力、影响力的国际形象，讲好杭州故事，展示"新天堂"的新时代风采。

一、中国城市形象的国际传播现状

（一）城市形象是城市最重要的无形资产

城市形象的形成是历史沉淀与人工规划的共同结果，是城市软实力的集中体现，它将城市的历史传统、文化积淀、产业发展、生态环境等关键要素融合为一体，如"浪漫之都"巴黎、"音乐之都"维也纳、"国际金融中心"纽约。城市形象具有标志性、稳定性、统领性，能协调城市经济建设、文化发展、公共服务，达到聚焦优势、要素、人气的效果。良好的城市形象能够赢得人才、投资者青睐，为城市发展带来蓬勃活力。[②]城市品牌国际化传播模型认为，城

① 习近平：《在文化传承发展座谈会上的讲话》，《求是》，2023 年第 17 期。
② 苏州市委研究室：《深圳、杭州、南京城市品牌打造对苏州的启示》，《苏州日报》，2016 年 8 月 29 日。

市价值是城市形象构建的核心，包括“城市形象、城市国内形象、城市国际形象、城市的理念识别系统（MIS）”[①]。城市国际形象是指一个城市在国际媒体、国际受众眼中的印象，城市国际形象是城市形象的重要组成部分。

（二）我国城市形象海外传播研究现状

近年来我国国际传播工作取得了不小的成就，但仍有诸多问题，如视野狭窄、资源不足、官方色彩浓厚、舆论引导不足等。在国际传播渠道建设研究方面，我国官方媒体已经初步建立了针对特定内容的多维度多模态的国际传播矩阵。目前中国超过50个城市在国际主流社交媒体（Facebook、Twitter）等开通账号接近300个，海外网站信息量超过300万篇。

在国际影响力方面，有学者基于我国337座城市在国际主流网络平台的数据，对我国主要城市的海外网络传播力进行了排序，发现举办大型国际活动能够显著提升城市国际形象，如电影节（三亚）、航空航天展（珠海）、生物多样性大会（昆明）等。[②]另外，城市宣传片也是传递城市精神、打造城市形象的重要载体。有学者以《韵味杭州》《聆听杭州》等城市宣传片为研究案例，对杭州故事的国际表达提出了诸多宝贵建议。[③]妥善处理突发的重大公共事件也是打造城市国际形象的契机。例如，汶川地震后成都通过熊猫代言开展全球形象修复，借机提升了成都的全球美誉度与影响力。[④]

在打造城市国际形象内容方面，城市品牌的建设与传播关键被认为是要围绕城市的核心价值，准确定位城市形象，通过故事母题生成有“主题”的城市独特叙事，开展多样化、立体化传播。杭州通过举办西湖博览会、世界休闲博览会、国际动漫节等展会，巩固了杭州“休闲之都”城市品牌，提升了国际形

---

① 何春晖、陈露丹:《城市品牌国际化传播中的讲故事模型探索——基于杭州的定性研究》，《对外传播》，2018年第6期。

② 北京师范大学新闻传播学院海外网络传播力课题组：《国际传播新格局下中国城市海外网络传播力分析》，《对外传播》，2022年第2期。

③ 姚利权、李悦:《杭州故事的“国际表达”——全媒体时代城市形象宣传片的策略分析》，《中国广播电视学刊》，2018年第12期。

④ 范红、黄丽丽：《重大公共危机事件中的城市形象塑造与传播策略：以武汉为例》，《对外传播》，2020年第9期。

象。在城市形象的海外传播中，外国主流媒体的他塑必不可少。我国学者对比了杭州G20峰会期间中国媒体与外媒的报道，发现外媒虽然肯定中国发展成就，但存在故意扭曲中国形象的问题。①

我国学者对中国城市的国际形象研究多集中在个别现象的传播效果评估，如航空航天、脱贫攻坚、抗击疫情、舞龙舞狮等，以及举办大型国际活动对城市形象提升的策略与效果。目前我国学者发表了一些分析我国专门城市的海外形象的期刊论文，有学者考察了历史文化名城与美食之都佛山在海外社交媒体上的形象，发现佛山的海外形象传播影响力不够、传播渠道不足；有学者整理了2018年涉沪的海外报道材料，分析了上海城市形象的海外传播现状并提出对策建议；也有学者整理了2018年至2019年海外媒体涉成都的报道，利用文本大数据分析，探索了海外媒体对成都形象报道的基本框架，并提出了塑造动态化、国际化、立体化城市形象的对策建议，但这类论文数量偏少。

城市形象的国际传播工作是一个复杂的系统工程，既包括对自身城市形象的品牌设计，也涉及如何通过跨文化交流的方式让城市形象实现国际受众的"入耳、入脑、入心"，还有在国际舆论场"西强东弱"的格局下，如何突破欧美媒体涉华报道中常出现的带有意识形态偏见的"有色眼镜""哈哈镜"，准确向世界讲好城市故事也非常关键。

二、国际媒体报道中杭州城市形象研究

（一）研究方法概述

为了准确掌握杭州的海外形象传播现状，研究者使用质性分析与量化分析相结合的研究方法分析了国际涉杭报道与相关数据：一是内容分析法，搜索近5年来国际主流媒体涉杭报道，对新闻报道的文本开展语义分析，挖掘外媒报道的议题设置、情感态度；二是大数据分析，使用Google提供的近5年全球搜索数据，通过横向对比的方式对涉杭的搜索量、搜索关联、常见问题进行

① 苏玥等：《中美媒体"G20杭州峰会"报道对比研究》，《安徽文学（下半月）》，2018年第10期。

分析。

（二）研究发现

1. 外媒报道眼中的杭州形象：宜居天堂与科技新秀

在国际搜索引擎Google上以“Hangzhou”为关键词检索新闻报道，筛选标准包括：①具有国际影响力的主流媒体，包括美国的CNN、VOA、MSNBC、彭博社、《纽约时报》、《华尔街日报》、《华盛顿邮报》，欧洲的BBC、路透社、《金融时报》、《每日邮报》等；②报道以杭州城市为主体，包括杭州的历史人文、经济发展、时政分析等，排除了仅提及杭州的全国性或区域性报道；③仅限于涉杭新闻文字报道，不包括外媒宣传片、摄影作品、纪录片、动画、短视频等媒介内容。研究者通过筛选，找到符合研究标准的新闻报道52篇，通过分析发现以下特点。

第一，外媒对杭州报道的情感倾向以正面为主，内容全面立体。涉及杭州的报道按照“正面、中立、负面”进行分类，外媒报道情感倾向以正面为主。报道题材广泛，包括旅游、生活、经济、文化、政治、体育赛事等方面。不仅包括G20峰会、数字发展等宏大主题，外媒对市井民生小切口也有所涉及，如老小区加装电梯、杭帮菜博物馆、市内徒步路线等。少量涉杭负面报道集中在“加班、瞒报、贪腐、监控”话题。相比之下，外媒对上海的报道集中在经济与文化，涉杭的报道内容更为全面。

第二，“宜居天堂”是杭州最显著的标识。外媒涉杭报道主题中“宜居”出现频率最高。外媒对杭州的便捷性与生态文明给予高度评价，2016年《纽约时报》将杭州评选为全球一定要去的52个城市之一，CNN深入介绍了杭州的独特韵味，高度赞扬了杭州的生态环境，还推荐了桐庐、天目山、新叶古民居等较为冷门的地方。CNN在《杭州超越上海的十件事》中评价杭州的生活品质超过了中国经济最发达的上海。

第三，外媒重点关注杭州数字经济发展。一方面，外媒对杭州数字赋能发展给予积极评价，《纽约时报》重点报道了阿里巴巴数字赋能杭州，BBC认为“阿里巴巴有信心让杭州成为世界科技之都”，CNN介绍了城市大脑解决城市交通拥堵问题的经验，路透社预测杭州是2021—2025年中国最能够吸引人才的城市。数字政务受到外媒关注度较高，如全国第一家互联网法庭、首个健康码应用、城市大脑等。另一方面，少数外媒强行将杭州城市发展与意识形态问题捆绑，炒作杭州健康码泄露公民隐私、海康威视产品监控公民、加班盛行与劳动保护缺失等话题，将杭州数字经济发展与人权、自由等西方话语霸权联系起来。

2.Goole全球搜索大数据中的“杭州”：与国际、国内一线城市差距较大

研究通过分析国际最常见的搜索引擎Google提供的搜索趋势数据，旨在回答以下三个问题：第一，“Hangzhou（杭州）”被全球各国受众搜索的热度；第二，2016年G20峰会至今杭州的全球搜索热度变化趋势；第三，在全球权威城市排名中与杭州接近的城市国际搜索热度。

英文搜索“Hangzhou（杭州）”的高峰出现在2016年的G20峰会前后，杭州搜索热度在2016年5月到2020年1月稳定在一个水平，2020年至今搜索热度有明显下降。通过对比分析发现，2020年新冠疫情暴发后，国内旅游城市的国际搜索量均有变化，这显示疫情可能对杭州的国际旅游、学术交流、会展等有较大影响，2022年以来搜索热度有所提升。根据重大国际赛事对提升城市影响力的经验来看，2023年9月亚运会召开后搜索量迎来2016年以来的最高峰。

研究利用2016—2023年中国3个一线城市（北京、上海、广州）作为横向对比。基于国际搜索数据发现，杭州距离国内的一线城市仍然有较大的差距，其中，上海的国际关注度最高，其次是北京，广州与杭州的受关注程度较为接近，杭州只有中国国际关注度最高的上海的五分之一。数据显示一些重大国际赛事与会展等活动，对城市的影响力提升有明显的影响，比如，2022年的北京冬奥会前后“北京”搜索热度提高了4倍，这与上面G20峰会前后杭州关注出现小高峰的结果一致。以2023年8月全球搜索热度为例，上海搜索热度34，北京19，广州6，杭州2，杭州距离国内一线城市的国际影响力有巨大差距。

为进一步了解杭州在国际城市中的影响力情况，研究选取了权威机构全球化与世界城市研究网络（Globalization an World Cities Study Group and Network，

GaWC）的世界城市排名，作为世界三大城市排名机构，GaWC不定期评估主要世界城市的金融、产业、创新、知识流等情况，确定全世界城市的等级，包括Alpha、Beta、Gamma、Sufficiency（+/–），即全球一、二、三、四线城市。在GaWC排名中，杭州处在Beta级别（国际二线），研究通过对比排名接近杭州的四个国际城市来了解杭州的全球搜索热度与影响力。分析与杭州政治地位、社会经济发展水平相近的城市更能够准确显示杭州的国际传播力，更具有参考意义。相比而言，全球Alpha（一线）城市纽约国际搜索热度超过杭州50倍，与纽约作为全球金融中心的超一线地位密不可分。榜单中杭州国际排名前后的城市包括Philadelphia（费城）、Cape Town（开普敦）、Nairobi（内罗毕）、Seattle（西雅图）。

根据Google搜索热度显示，2016年至2023年9月，美国西雅图与费城的国际关注度显著高于其他三个城市，西雅图与费城的搜索量是杭州、开普敦、内罗毕的10~20倍。费城与西雅图与杭州经济实力接近，但其国际关注热度远高于杭州，这个巨大差距与欧美在国际舆论场中的渠道与话语霸权不无关系。文化软实力是国家实力的重要组成部分，数据显示美国的文化产业实力全球第一，文化产业占美国GDP的五分之一[①]。

三、杭州城市形象国际传播短板分析

近5年来，杭州国际传播建设取得了一定成绩，在官方宣传方面，以杭州“外宣厨房”为平台，已经建立了英语广播、电视、报纸、网站、海外社交账号等在内的“1＋N”杭州国际传播全媒体矩阵。杭州距离国内、国际一线城市还有较大的差距，杭州城市形象传播主要存在以下三方面的问题。

第一，渠道建设存在不足，尤其利用新媒体发声能力还不够。目前，国际涉杭报道主要来自我国港澳台和英美媒体，在亚洲、欧洲、拉丁美洲等非英语区域的多语种传播能力不足。从报道量来看，我国港澳台媒体占比50%，英美

① 李浩然：《美国文化产业的发展经验及其启示》，《人民论坛》，2020年第3期。

媒体30%，日本媒体10%，其他语种合计占比10%。其中，我国港澳台和日本媒体以转载、翻译我国官方报道为主，英美媒体重点关注旅游、经济方面的议题。此外，杭州与国外友好城市的互动传播频率和新媒体传播应用能力仍然不够，利用外媒发声的能力与北京、上海相比还有不小差距。

第二，内容设置尚有不足，尤其主动设置形象议程还不够。外媒涉杭题材较为全面但深度不够。外媒国际搜索引擎数据显示，欧美网民对杭州主动搜索的内容以天气、交通、酒店等出行信息为主，对于杭州的历史、文化、生态、创新等内容缺乏了解。国内媒体主动塑造的杭州形象也比较刻板单一，如影视作品中的杭州形象，只有“宜居天堂”“江南风光”。

第三，文化地标和仪式全球传播度不足，尤其是世界文化遗产群落效应不够突出。在全球激烈竞争的环境中，独特的文化地标与仪式才能让城市脱颖而出。此外，外国媒体虽然对杭州生态文明建设评价很高，但是对于国际受众而言，杭州还没有具有“自我续命能力”的文化记忆点，类似东京国际动漫展、巴黎时装周、纽约Macy’s百货感恩节游行等具有国际认同度的文化仪式，能持续带动杭州城市形象的整体传播。

四、在文化传承发展中提升杭州城市形象的思考

近年来，杭州市委、市政府高度重视世界名城建设，先后通过了《中共杭州市委关于全面提升杭州城市国际化水平的若干意见》《杭州市城市国际化促进条例》等，并将加快建设社会主义现代化国际大都市明确写入杭州“十四五”发展规划。杭州作为“历史文化名城、生态文明之都、创新活力之城”，其生态宜居、科技创新等标签在海外已经具有一定影响力，但是距离国内、国际一线城市仍然有较大差距。国际化大都市已经成为全球经济发展中最重要的节点，未来杭州要实现从国家中心城市跻身全球城市第一方阵，亟须走出城市文化高质量发展的杭州路径。

我们认为，就杭州而言，建构城市形象首先要强调文化引领功能，以文化夯实城市形象。党的十八大以来，习近平总书记亲自谋划、亲自指导了文化建

设工作，形成了习近平文化思想。在“八八战略”提出二十周年之际，杭州要建构具有国际传播影响力的“新天堂”形象，需要继续学习实践习近平总书记在“文化强省”方面作出的战略考量、思维方法、基本方针。同时，还要深入研究习近平总书记关于文化传承发展的重要论述，了解文化在城市形象构建中的基础性作用。文化的力量构成了综合竞争力的文化软实力，总是润物细无声地融入经济力量、政治力量、社会力量。改革开放以来浙江经济社会持续快速健康发展的深层次原因，就在于浙江深厚的文化底蕴和文化传统与当今时代精神的有机结合。习近平总书记曾形象地将文化的力量概括为经济发展的“助推器”、政治文明的“导航灯”、社会和谐的“黏合剂”①。改革开放以来，浙江在政策并无特殊、陆域资源并不丰富的情况下，成为全国经济发展最好最快的省份之一，其深层原因，就在于文化的力量，在于浙江深厚的文化底蕴，在于浙江能够较好地适应市场经济的文化传统。

就杭州而言，建构城市形象还要围绕“诗画江南，活力浙江”目标，大力推动文化传承发展。习近平总书记主政浙江期间，对传统文化的传承保护都亲自作出重要指示批示。保护和传承文化遗产是每个人的事。只有我们每个人都关心和爱惜前人给我们留下的这些财富，我们民族的精神和独特的审美情趣、独特的传统气质，才能传承下去。杭州的灵魂在于历史文化名城，习近平总书记在浙江工作期间多次到西湖、良渚遗址和大运河调研，对快速推进的城市化进程中如何处理好城市发展与历史遗产保护提出明确要求。他特别要求，“作为省会城市，杭州应在保护文化遗存、延续城市文脉、弘扬历史文化方面，发挥带头作用，做得更好”②。2023年《杭州市历史文化名城保护条例》实施，杭州市首次以“城”为单位，为历史文化保护立法，认真贯彻落实习近平总书记对浙江的殷殷嘱托。当前在构建“诗画江南，活力浙江”的形象过程中，对于杭州来说，要充分考虑诸如“江南意向”“江南美学”“江南风光”的解读与传承。无论是开发围绕“江南”的文化产业还是其他文旅项目，要防止低俗化、

---

① 习近平：《之江新语》，浙江人民出版社 2007 年版，第 149 页。

② 习近平：《之江新语》，浙江人民出版社 2007 年版，第 19 页。

庸俗化、同质化传播，传承好“江南”这个中国古代文学中最具有浪漫诗意与中国美学表达的“金字招牌”。

五、文化传承发展视域下杭州城市形象国际传播的路径探索

就杭州而言，构建具有国际影响力传播力的城市品牌，就是要坚定文化自信，坚持创造性转化、创新性发展，不断增强城市文化的竞争力和影响力，在文明交流互鉴中推动城市形象不断走向世界。

（一）向国际社会讲好杭州故事要坚守文化自信

没有高度的文化自信，没有文化的繁荣兴盛，就没有中华民族的伟大复兴。讲好杭州故事不仅是向国际社会展示杭州的山川湖海、人文风貌，更是要讲好中国式现代化故事。无论是举办亚运盛会，打造国家宋韵文化高地，还是提升城市文化软实力，杭州要在“努力成为新时代全面展示中国特色社会主义制度优越性的重要窗口”中全方位展示“头雁风采”。具体而言，要坚定文化自信，正确认识建设城市形象的重大价值。对内而言，杭州城市形象的建设有助于推进城市建设全方位优化，对杭州投资、旅游、居住等资源进行整理、分析、开放。实现品牌的经济效益与社会效益，达到共同富裕、精神共享。在国际传播中推广城市形象，有助于提升杭州在国际视野中的文化识别度与认同，吸纳国际人才与资金，成为展示社会主义国际化大都市的重要窗口。文化自信是一个民族、一个国家以及一个城市对自身文化价值的充分肯定和积极践行，是对其文化生命力持有的坚定信心。在讲好杭州故事的过程中，坚守文化自信至关重要。只有充分认同和自信地展示杭州的文化特色，才能在国际舞台上发出独特而响亮的声音。为了向国际社会讲好杭州故事，坚守文化自信，提出以下五个建议。

第一，深入挖掘杭州文化的独特价值。杭州文化源远流长，博大精深。要讲好杭州故事，首先要深入挖掘杭州文化的独特价值。这包括西湖文化、茶文化、丝绸文化、良渚文化等多个方面。通过系统梳理和深入挖掘这些文化的历史渊源、精神内涵和现代价值，可以更加全面地展示杭州文化的独特

魅力。例如，可以通过举办西湖国际文化节等活动，邀请国际文化学者和艺术家共同参与，通过文化交流、艺术展示等形式，深入挖掘和展示西湖文化的独特魅力。同时，还可以利用现代科技手段，如虚拟现实、增强现实等技术，为国际游客提供沉浸式的文化体验，让他们更加深入地感受杭州文化的独特魅力。

第二，创新杭州故事的叙述方式。传统的文化叙述方式可能难以引起国际社会的共鸣。因此，创新杭州故事的叙述方式至关重要。可以借鉴国际流行的叙事手法和表达方式，结合杭州的文化特色和历史背景，创作出具有国际影响力的文化产品。例如，可以与国际知名导演、编剧合作，制作以杭州为背景的影视作品，通过电影、电视剧等载体，将杭州故事传播到世界各地。同时，还可以利用社交媒体、短视频平台等新兴媒体渠道，以更加生动、有趣的方式讲述杭州故事，吸引更多国际受众的关注。

第三，构建多元化的传播渠道。要讲好杭州故事，必须构建多元化的传播渠道。除了传统媒体如报纸、电视、广播等，还应充分利用互联网、移动应用、社交媒体等新兴媒体平台。这些平台具有传播速度快、覆盖范围广、互动性强等特点，是讲好杭州故事的重要阵地。例如，可以建立杭州文化的官方网站和社交媒体账号，定期发布关于杭州文化的最新动态和精彩故事。同时，还可以与国际知名媒体机构合作，共同推广杭州文化，扩大杭州故事的国际影响力。此外，还可以通过举办线上线下文化活动、文化交流研讨会等形式，为国际社会提供更多了解杭州文化的渠道和平台。

第四，培养跨文化传播的人才队伍。讲好杭州故事需要一支具备跨文化传播能力的人才队伍。这些人才不仅要有深厚的文化素养和专业知识，还要有开阔的国际视野和跨文化传播的经验。因此，应加强对文化传播人才的培养和引进，提高他们的专业素养和国际视野。例如，可以在高校开设跨文化传播相关课程，培养具备国际视野和跨文化交流能力的优秀人才。同时，还可以通过与国际文化机构、教育机构等建立合作关系，共同培养跨文化传播的人才。此外，还可以鼓励和支持文化传播人才参与国际文化交流活动，积累跨文化传播的经验和资源。

第五，注重杭州故事的国际反馈与对话。讲好杭州故事不仅要“走出去”，还要“引进来”。应注重与国际社会的反馈与对话，倾听不同文化背景下的声音和建议，及时调整和完善传播策略。通过举办国际文化论坛、文化交流研讨会等活动，搭建与国际社会对话的平台，促进杭州文化的国际交流与互鉴。例如，可以定期举办杭州国际文化论坛等活动，邀请国际文化学者和专家共同探讨杭州文化的国际传播与发展。同时，还可以通过问卷调查、访谈等形式收集国际受众对杭州故事的反馈和建议，以便更好地调整和完善传播策略。此外，还可以鼓励和支持杭州的文化机构、艺术团体等与国际同行建立长期稳定的合作关系，共同推动杭州文化的国际交流与传播。

（二）坚持对杭州历史文化的创造性转化与创新性发展

新时代杭州做好城市形象国际传播工作要坚持守正创新，主动推动杭州历史文化同当代社会相适应，遵循跨文化传播规律，避免“文化折扣”现象，打造具有中华形象亲和力与中国形象感召力的国际传播内容。在文化传承发展视域下，新时代杭州要做好世界文化遗产群、宋韵文化等高水平国际传播工作。深度挖掘杭州城市历史文化脉络。基于风俗习惯、审美情趣与历史等内在脉络，了解大众的情感需求，要结合地区资源优势、地方特色，提升文化创意与公共服务的影响力与辐射力。要深度挖掘构建新时代浙商、杭商的着力点。要积极推动优秀传统文化的信息化工作，运用数字化技术推动优秀传统文化的传承、传播，丰富时代化表达和艺术化呈现方式。

第一，在文化传承发展视域下，杭州城市形象在国际传播中要做到静态历史与活态生活的有机结合，用文化引领城市形象塑造。加强对杭州历史文脉的研究与保护，在杭州中小学生中开展假期本土历史文化资源研学活动。要进行创造性转化和创新性发展，首先需要深入挖掘杭州历史文化的精神内核。这包括对杭州的历史事件、人物故事、文化符号等进行系统梳理和研究，提炼出其中的文化精髓和价值观，为后续的创造性转化和创新性发展提供有力的支撑。教育是文化传承的重要途径。要加强杭州历史文化的教育普及工作，提高市民和游客对杭州历史文化的认知和认同，可以通过开设历史文化课程、举办历史文化讲座、组织历史文化体验活动等方式实现。同时，还可以利用现代科技手段，如虚拟现实、增强现实等技术，为公众提供更加直观、生动的历史文化体验。

第二，提升对杭州历史文脉的精神提炼与符号转化，深入挖掘杭州历史文化底蕴，打造具有地域辨识度、时间连续性、人群感知度与亲和力的杭州历史文化，让原生态的城市文化素材有效适应当下语境与市场，激发代入感与情感共鸣。在保护杭州历史文化的基础上，应积极推动其与现代元素的融合创新，可以通过将传统文化元素与现代设计理念、科技手段等相结合，创造出既具有历史文化底蕴又符合现代审美需求的文化产品和文化服务。例如，可以开发以杭州历史文化为主题的文创产品，打造具有杭州特色的文化旅游线路等。

第三，强调杭州历史文化的传承与创新，让杭州城市形象建设成为中国传统文化与社会主义先进文化融合的典范。随着科技的发展，新媒体的崛起为文化的传播提供了新的途径。杭州应积极利用新媒体平台，创新历史文化的传播方式。例如，可以通过社交媒体、短视频等新媒体渠道，以更加生动、有趣的方式讲述杭州的历史文化故事，吸引更多年轻人的注意。要提升杭州历史文化的国际影响力，还需要积极拓展国际交流与合作。可以通过举办国际文化节、国际文化论坛等活动，搭建与国际文化交流与合作的平台，展示杭州历史文化的独特魅力。同时，还可以鼓励和支持杭州的文化机构、艺术团体等与国际同行建立长期稳定的合作关系，共同推动杭州历史文化的国际传播与发展。

（三）提升杭州国际影响力要增强中外文明交流互鉴

2019年5月15日，习近平总书记在亚洲文明对话大会开幕式的主旨演讲中指出，“文明因多样而交流，因交流而互鉴，因互鉴而发展”[①]。中西方文明交流互鉴符合人类文明与历史发展规律，而良好的国家、省域、城市形象能够促进文明交流。

① 《习近平出席亚洲文明对话大会开幕式并发表主旨演讲》，新华社，2019年5月15日。

第一，建立多元化的文化交流平台。为了增强中外文明交流互鉴，杭州应建立多元化的文化交流平台，包括国际文化节、艺术展览、文化论坛等。这些平台可以吸引世界各地的艺术家、学者和游客来到杭州，展示不同文化的风采，促进文化之间的交流与碰撞。同时，杭州还可以通过这些平台与国际文化机构建立合作关系，共同推动文化的交流与发展。杭州城市形象塑造与国际传播工作要主动融入国家对外传播战略布局，统筹中国国家形象。深入挖掘具有示范效应的杭州经验，展示杭州在生态文明、数字治理、城市宜居等方面的全球示范效应。继续推进杭州亚运会的传播力、影响力，推出多种语言版本的杭州宣传片与短视频，积极借鉴2023年“回望二十年·百名外国友人看浙江”、《“良渚”中华文明全球青年分享会》等有跨文化传播力的国际传播作品，把杭州打造成融通中外的中西方经济文化交流平台。建立和完善文创人才引进培育机制，精准引进文创人才，加强与中国美术学院、杭州师范大学、浙江传媒学院、杭州市委党校（杭州中华文化学院）等机构的合作。

第二，推广杭州文化的特色与魅力。要提升杭州的国际影响力，必须推广杭州文化的特色与魅力。杭州可以通过各种渠道和方式，如影视作品、文学作品、旅游推广等，向世界展示杭州的历史文化、自然景观、民俗风情等独特魅力。同时，杭州还可以积极参与国际文化交流活动，如世界文化遗产申报、国际旅游推广等，提升杭州在国际舞台上的知名度和影响力。文化旅游是展示城市文化魅力、提升城市国际影响力的重要途径。杭州可以打造国际化的文化旅游品牌，推出具有杭州特色的文化旅游线路和产品。例如，可以开发以杭州历史文化、自然风光、民俗风情等为主题的文化旅游线路，吸引国际游客来杭州旅游观光，同时还可以借助国际旅游交易平台、社交媒体等渠道进行宣传推广，提高杭州文化旅游的知名度和美誉度。

第三，推动文化产业国际化发展。文化产业是城市文化发展的重要支撑和动力源泉。要提升杭州的国际影响力，必须推动文化产业国际化发展。杭州可以出台相关政策措施，鼓励和支持文化企业“走出去”，参与国际文化市场竞争，同时还可以引进国际先进的文化理念和技术手段，提升杭州文化产业的创新能力和国际竞争力。

作者简介

何亚虎，博士，中共杭州市委党校文化学与统战理论教研部讲师，杭州中华文化学院研究中心秘书长，主要研究方向是国际传播、舆情分析、意识形态建设等。

下篇

第九讲

中国共产党统一战线百年历程：回顾与展望

党的二十大报告发出了“为全面建设社会主义现代化国家、全面推进中华民族伟大复兴而团结奋斗”的伟大号召。习近平总书记强调，“团结就是力量，团结才能胜利”①。统一战线因团结而生，靠团结而兴，统一战线的本质要求就是大团结大联合。要牢牢把握团结奋斗的时代要求，充分发挥统一战线凝聚人心、汇聚力量的强大法宝作用，“完善大统战工作格局，坚持大团结大联合，动员全体中华儿女围绕实现中华民族伟大复兴中国梦一起来想、一起来干”②，真正把不同党派、不同民族、不同阶层、不同群体、不同信仰以及生活在不同社会制度下的全体中华儿女都团结起来，汇聚起实现中华民族伟大复兴的磅礴力量。

2022年是党的统一战线政策提出100周年，以此为时间节点向前追溯，在1922年的中共二大上，审议通过了《关于“民主的联合战线”的议决案》，由此开始了中国共产党围绕“统一战线”的探索。在百年奋斗历程中，中国共产党的工作重心不断变化，但始终把“统一战线”作为迎艰克难的重要法宝，取得了一个又一个的伟大胜利。从中国共产党的百年奋斗历程来看，统一战线是克敌制胜的重要法宝，也是执政兴国的重要法宝。在中国革命、建设、改革开

① 习近平：《高举中国特色社会主义伟大旗帜　为全面建设社会主义现代化国家而团结奋斗——在中国共产党第二十次全国代表大会上的报告》，人民出版社2022年版，第70页。
② 习近平：《高举中国特色社会主义伟大旗帜　为全面建设社会主义现代化国家而团结奋斗——在中国共产党第二十次全国代表大会上的报告》，人民出版社2022年版，第39页。

放各个历史时期，我们先后建立了国民革命联合战线、工农民主统一战线、抗日民族统一战线、人民民主统一战线和新时期爱国统一战线。尽管统一战线在不同时期担负的历史任务有所不同，团结联合的范围对象有所变化、采取的政策策略也有所区别，但大团结大联合的本质要求始终没有变，凝聚人心、汇聚力量的法宝作用始终没有变。随着中国特色社会主义进入新时代，我们党团结带领全国各族人民全面建成小康社会，开启了实现第二个百年奋斗目标新征程，统一战线发展成为新时代爱国统一战线。新时代的统战工作具有许多新的历史特点、新的任务要求，需要把握大势、承前启后、与时俱进①。

一、统一战线由来

统一战线概念最早由恩格斯提出。1840年10月17日，恩格斯第一次提出“统一战线”概念，指出要运用统一战线政治策略开展反对宗教封建势力的现实斗争。1892年3月8日，恩格斯又一次使用“统一战线”概念，指导无产阶级政党以统一战线策略战胜反动势力结成的政治联盟。马克思、恩格斯提出了“联盟”思想并加以实践，虽然此时仍称之为“联盟”，但是已经与传统意义上的联盟有了差异，其本质上是建立无产阶级统一战线，这个“统一战线”既包括无产阶级自身的联盟，也包括同其他一切可能革命的阶级的联盟。此时的统一战线，更多的是局限于阶级斗争。

无产阶级革命取得胜利特别是建立了社会主义国家政权后，如何认识和对待统一战线问题，马克思、恩格斯没有具体论述过，列宁结合时代变化和俄国具体实际，丰富和发展了统一战线概念内涵。统一战线作为一个马克思主义专用术语，是列宁和斯大林创制的，后经共产国际在全世界共产党人中流传开来。其中，列宁提出建立“两个统一战线”，即工人阶级统一战线和反对帝国主义的统一战线。此时的统一战线从外在表现来看，已经从服务阶级斗争跨越到服务于落后国家的民族独立。

---

① 中共中央统战部：《坚持以党的创新理论指导推动新时代统战工作高质量发展》，《求是》，2024 年第 2 期。

十月革命胜利以后，列宁曾设想在无产阶级专政的政权中实行多党合作的统一战线，但社会革命党、孟什维克等党派要建立所谓的联合政府。对此，1919年、1922年，列宁曾多次使用统一战线的概念，揭露社会革命党、孟什维克结成反革命的联盟，破坏社会主义革命。同时，列宁强调巩固无产阶级政权必须重视统一战线的战略和策略，必须巩固工农联盟，必须利用各国资产阶级之间以及各个国家内资产阶级各集团或各派别之间的一切利益对立，“极仔细、极留心、极谨慎、极巧妙地一方面利用敌人之间的一切‘裂痕’，哪怕是最小的‘裂痕’……要利用一切机会，哪怕是极小的机会来获得大量的同盟者，尽管这些同盟者是暂时的、动摇的、不稳定的、靠不住的、有条件的”[①]。列宁第一个提出并使用了工人阶级统一战线的概念，还把马克思、恩格斯提出的“全世界无产者，联合起来”的口号，发展为“全世界无产者和被压迫民族联合起来”的口号，亲自领导建立了共产国际，指导世界无产阶级革命和殖民地半殖民地国家的民主革命。

中国共产党在领导中国革命、建设和改革事业中，把马克思列宁主义统一战线理论同中国实际相结合，成功地发挥了统一战线在革命、建设和改革中的重要法宝作用，并在实践中进一步发展了统一战线的概念、内涵，赋予了统一战线十分丰富的中国特色。1922年4月，共产国际二大的核心文件《关于民族与殖民地问题的决议》在上海出版，这是国内最早关于民族与殖民地问题理论的翻译介绍，标志着统一战线理论正式传入中国。1922年7月召开的中共二大，正式通过了《关于“民主的联合战线”的议决案》，议决案中明确指出“我们共产党应该出来联合全国革新党派，组织民主的联合战线”，标志着中国共产党正式提出国共合作的统一战线政策。在中共二大提出统一战线政策之后，很快就在上海广泛开展了具体的实践活动。例如，支持孙中山反对陈炯明，推动国民党改组，共同创办上海大学，等等。

---

① 《列宁选集》（第四卷），人民出版社1960年版，第225页。

二、统一战线的历史演进

20世纪初，伴随马克思主义在全球传播，中国人开始逐步接触马克思主义，而统一战线作为马克思主义中的组成内容，也同样经历了中国化的过程。在回顾统一战线时，需要思考各个时期统一战线策略制定的原因、具体如何开展以及产生了什么样的效果，并在此基础上总结经验[①]。

（一）国民革命联合战线

建党初期，中国共产党自身的力量比较弱小，要推翻三座大山的压迫必须联合一切可以联合的力量，这就意味着中国共产党要寻找合作伙伴共同与封建式的军阀做斗争。在国内外时局的共同作用下，国共两党萌生了建立联合战线的想法。

1922 年6月15日，在《中国共产党对于时局的主张》中，中国共产党首次提出要建立“联合战线”的想法。1922年7月，党的二大发布《关于“民主的联合战线”的议决案》，初步提出统一战线的方针。1923年6月，党的三大决定让共产党员以个人身份加入国民党的形式实现国共合作。1924年初中国国民党第一次全国代表大会的召开，标志着国民革命联合战线正式形成。

1927年，羽翼渐丰的蒋介石及国民党右派反动势力发动震惊中外的“四一二”反革命政变，借“清党”之名大肆搜捕和屠杀共产党人和革命群众，以暴力手段撕裂国共合作，党的组织被迫转入地下活动，革命形势转入低潮，第一次国共合作宣告破裂。然而，值得肯定的是，革命联合战线的形成，凝聚了推动中国革命、取得北伐战争胜利的坚实力量。

（二）工农民主统一战线

大革命失败后，党总结了经验教训，以毛泽东为代表的中国共产党人真正认识到了农民问题的重要性，并将关于农民问题的正确观点运用于土地革命的伟大实践中：进一步深入农村，广泛发动群众，开展土地革命，打土豪、分田地，彻底改变了农村的生产关系。这使农民群众的积极性被充分调动起来，他

① 韩长代：《我党历史上的五次统一战线》，《学习时报》，2020 年 8 月 21 日。

们踊跃参加红军，为保卫土地和革命成果而战。工农红军在这一时期迅速壮大，成为党的统一战线阵营中的一支重要革命力量。与此同时，党在城市中也加强了对工人阶级的统战策略：组织罢工斗争，争取工人的合法权益，使工人阶级与农民阶级一道成为中国革命的中坚力量。党对工农联盟的统战凝聚力，为中国革命、抗日战争、解放战争的胜利奠定了坚实的群众基础。

（三）抗日民族统一战线

1931年“九一八事变”后，中日矛盾上升为中国社会的主要矛盾。党在这一时期积极倡导和推动抗日民族统一战线的建立。1935年，中共中央在瓦窑堡会议上明确提出了建立广泛的抗日民族统一战线的策略，号召全国各阶层人民团结起来，共同抗击日本侵略者。

1935年7月至8月发布的《为抗日救国告全体同胞书》，系统完整地提出建立抗日与民族统一战线的策略方针。中间党派和民主人士改变对共产党的排斥立场，开始相互靠近并合作。1935年10月，《为目前反日讨蒋的秘密指示信》强调，不管什么阶级，不管什么党，只要愿意抗日反蒋，都是统战工作对象。同时，中共中央也将抗日反蒋的统战方针转变为“逼蒋抗日”。

1937年“七七事变”后，抗日战争全面爆发，国共第二次合作的抗日民族统一战线正式形成。随着抗日战争的进程，以国共两党合作为基础的抗日民族统一战线不断发展壮大，为抗日战争的最后胜利奠定了坚实的政治基础。抗日民族统一战线比较典型的特征就是其统战对象极为丰富，哪怕在前一阶段还作为斗争对象的大地主阶级，也可以成为我们合作的对象，当然这里有一个前提，那便是要做到“共同抗日”。而这个利益出发点，无疑让统一战线在这一特殊的时期，凝聚了更多的力量。这期间，共产党党员发展到120多万人，军队发展到100多万人。

（四）人民民主统一战线

“二战”结束后民众厌战情绪高涨，人心思定，都希望国内能够真正实现和平。但后续重庆谈判以失败告终，全面内战爆发。1946年11月，国民党单方面召开“国民大会”，并且没有跟共产党和各民主党派商量，只有两个小党派参加；甚至在1947年，宣布民盟为非法组织，民盟被迫宣布解散。

1948年4月国民党颁布《动员戡乱时期临时条款》，基本上把宪法中规定的民主权利终止了，使中间党派和民主人士再无可能借助宪法保护来合法开展活动，实现自己的政治主张。对此，毛泽东提出要唱一出对台戏，以“民主”对“民主”，使全国人民分清国共两种民主的区别。面对这种状况，中国共产党做出了针锋相对的应对，尝试借此成立全国性政权机关，结束中共长期没有中央政权的历史。各民主党派也用自己的行动做出了选择，直接向中国共产党建言献策，尽快提出新的口号，成立全国政权机关，从而与国民党提出的政治路线相对抗、相比较，让人民可以找到新的出路。为了推翻蒋介石的反动政权，建立新民主主义的新中国，中国共产党领导建立起了包括工人、农民、城市小资产阶级、民族资产阶级、各民主党派、开明绅士、其他爱国分子、少数民族同胞和海外侨胞在内的广泛的人民民主统一战线。人民民主统一战线的建立，在推翻蒋介石国民党反动政权的斗争中，起到了重要的作用。

1949年10月1日，中华人民共和国成立。其后，中国共产党继续走人民民主统一战线的道路。中国人民政治协商会议，就是人民民主统一战线的新的组织形式。虽然社会主义基本制度确立以后，我国统一战线的内容、性质和任务等都发生了重大的变化，但是统一战线仍然是我国社会主义时期的一大克敌制胜的重要法宝，它为调动社会各阶层的一切积极因素，团结一切可以团结的力量，为社会主义革命和建设，发挥了不可估量的重大作用。1956年4月，毛泽东在《论十大关系》中，正式提出了中国共产党与各民主党派实行“长期共存、互相监督”的方针，标志着人民民主统一战线发展到了一个新的历史阶段。

（五）爱国统一战线

进入改革开放和社会主义现代化建设新时期，邓小平同志强调，统一战线仍然是一个重要法宝，不是可以削弱，而是应该加强；不是缩小，而是应该扩大。党的十一届三中全会后，党的统一战线重新得到落实，明确了新时期爱国统一战线的任务。党的十二大进一步提出中国共产党同民主党派“长期共存、互相监督、肝胆相照、荣辱与共”的方针。这就更加密切了中国共产党与各民主党派的关系，从而进一步完善了中国共产党领导的多党合作的政治协商制度。

党的十八大以来，以习近平同志为核心的党中央始终从全局和战略高度谋划和推进统一战线工作，统一战线作为党的总路线总政策的重要组成部分，随着党的中心任务和世情国情的发展变化，担负着更重要的使命，统一战线发展成为新时代爱国统一战线[①]。在全面建设社会主义现代化国家新征程上，新时代统一战线面临新的时和势，肩负的使命和任务发生了某些重大变化。当前，国际局势不确定不稳定因素显著增多，国内改革发展稳定任务更加繁重，社会结构发生深刻变化，利益格局深度调整，各种思想文化交流交融交锋频繁。习近平总书记在重要讲话中用“三个更加重要”深刻阐明了统一战线在新时代的重要使命，即在维护国家主权、安全、发展利益上的作用更加重要，在围绕中心、服务大局上的作用更加重要，在增强党的阶级基础、扩大党的群众基础上的作用更加重要。进入新时代，爱国统一战线被赋予了新的历史内涵。其范围扩大为：全体社会主义劳动者、社会主义事业的建设者、拥护社会主义的爱国者、拥护祖国统一和致力于中华民族伟大复兴的爱国者。

三、统战工作的宝贵经验

回顾百年统一战线的发展历程，中国共产党领导的统一战线工作取得了重大成就，积累了很多宝贵的历史经验，也留下了弥足珍贵的历史财富。新时代坚持统一战线，要在继承优良传统、把握历史规律的基础上，立足新的历史方位和使命任务，进一步增强做好统战工作的自觉性、坚定性，奋力开创统一战线事业发展新局面。

回顾百年统战，要始终坚持党对统一战线的集中统一领导。统一战线百年历史表明，领导权问题是统一战线的根本问题，也是决定党的事业兴衰成败的

① 中共中央统战部：《坚持以党的创新理论指导推动新时代统战工作高质量发展》，《求是》，2024 年第 2 期。

关键。新的征程上，必须把党的领导贯穿统一战线各领域和统战工作全过程。要确保统一战线始终沿着正确的政治方向前进，只有坚持党对统一战线的领导，才能正确处理一致性和多样性的关系，才能更好服务党和国家中心工作，才能更加强化大团结大联合，才能更好地处理好与同盟者的关系，才能更好地推动大统战工作格局。新时代党的统战工作要坚持以习近平总书记关于做好新时代党的统一战线工作的重要思想为指导，增强新时代统战工作的主动性、科学性，推动统一战线高质量发展。

回顾百年统战，要始终坚持问题导向和守正创新。始终坚持问题导向，不断总结历史经验，进而不断调整完善统一战线的思想，是中国共产党统一战线工作取得辉煌成就的重要原因。统战工作既要守正，更要创新，要根据新形势、新任务、新要求，不断调整理念思维、载体抓手、渠道网络、方式方法、体制机制，创造性地开展各项工作。百年统战的启示在于，要深入研究统一战线全局性战略性前瞻性问题、各领域重点难点热点问题以及统战工作经验规律，对工作实践中提出的重大问题进行重点攻关，为破解统一战线重大理论和实践问题提供理论支持。

回顾百年统战，要始终坚持大团结大联合的本质要求。统战工作的本质要求是大团结大联合，解决的就是人心和力量问题。我们党百年统战实践充分证明，团结一切可以团结的力量，结成最广泛的统一战线，是我们战胜一切困难、夺取事业胜利的强大力量源泉。要把握团结与斗争的辩证关系，增强团结的艺术，提高斗争的本领，在团结与斗争的相互作用和转化中实现统一战线凝心聚力的强大功能。大团结彰显了中国共产党胸怀天下的大智慧。团结一切可以团结的力量展现了中国之治的独特风貌。坚持团结和批评相结合的基本方针、坚持团结尊重维护和照顾同盟者利益、广交深交党外朋友，是我们党领导百年统战事业重要的经验。进入中国特色社会主义新时代，统一战线面临的时与势、肩负的使命和任务都发生了重大变化，这些变化需要我们既坚持和运用“又团结、又斗争”的规律，又适应新变化、体现新要求。

回顾百年统战，要始终坚持统战工作的正确方式方法。要增强联谊交友本领，为党广交深交大批诤友挚友；尊重维护照顾同盟者利益，切实解决他们最关心、最直接、最现实的利益问题；坚持原则性与灵活性相结合，善于求同存异、聚同化异。要着力加强统战干部队伍建设，统战干部要具有政治敏锐性和政治鉴别性，严格遵守党的政治纪律和政治规矩；要勇于担当作为，敢于迎难而上，在履职尽责中增强工作能力，磨炼坚强意志；要始终保持谦虚谨慎不骄不躁的作风，以真诚的态度、务实的作风赢得党外人士的尊重和信任。经常深入基层，深入党外人士之中，提高团结协作意识。①

总而言之，在百年奋斗历程中，中国共产党始终把统一战线摆在重要位置，不断巩固和发展最广泛的统一战线，团结一切可以团结的力量、调动一切可以调动的积极因素，最大限度凝聚起共同奋斗的力量。历史是最好的教科书，要始终坚持正确前进方向，始终坚持加强理论武装，始终坚持凝聚思想共识，始终坚持人民至上，始终坚持不断增强本领，这些正是中国共产党百年统战工作奋斗历程的重要启示。

四、牢牢把握新时代爱国统一战线的重要使命

中国共产党统一战线理论创新成果是统一战线不断发展壮大的旗帜和灵魂，是推动统一战线事业发展的强大动力。习近平总书记关于做好新时代党的统一战线工作的重要思想，是党的统一战线百年发展史的智慧结晶，是新时代统战工作的根本指针。

（一）巩固和发展最广泛的爱国统一战线

党的十八大以来，以习近平同志为核心的党中央高度重视统一战线工作，围绕新时代应当建设怎样的统一战线、如何创新发展党的统战思想指导实践等重大问题，把统一战线作为党执政兴国的重要法宝，召开一系列重要会议，出台一系列重要法规文件，作出一系列重大决策部署，为新时代党的统一战线工作指明新方向，描绘新蓝图。

---

① 王珊：《统一战线百年历史的现实启示》，《人民政协报》，2023 年 1 月 4 日。

2015年5月，中央统战工作会议在北京召开。习近平总书记在会上指出，“做好新形势下统战工作，必须掌握规律、坚持原则、讲究方法，最根本的是要坚持党的领导”“统战工作是全党的工作，必须全党重视，大家共同来做”①。两个月后，习近平总书记主持中央政治局会议，决定设立中央统一战线工作领导小组，主要职责是对学习贯彻落实党中央关于统一战线工作的重大理论方针政策和涉及统一战线工作的法律法规进行研究部署、协调指导和督促检查，研究统一战线重大问题，向党中央提出建议。

2017年10月18日，在中国共产党第十九次全国代表大会上，习近平总书记指出：“统一战线是党的事业取得胜利的重要法宝，必须长期坚持。要高举爱国主义、社会主义旗帜，牢牢把握大团结大联合的主题，坚持一致性和多样性统一，找到最大公约数，画出最大同心圆。”②

2020年12月，党中央印发新修订的《中国共产党统一战线工作条例》（以下简称《条例》），为做好新时代统一战线工作提供了基本遵循。《条例》把坚持中国共产党的领导作为统一战线工作的首要原则，明确规定要构建党委统一领导、统战部门牵头协调、有关方面各负其责的大统战工作格局。同时，对民主党派和无党派人士工作、党外知识分子工作、民族工作、宗教工作、非公有制经济领域统战工作、新的社会阶层人士统战工作、港澳台统战工作、海外统战工作和侨务工作等作出详细规定，推动统一战线工作进一步科学化规范化制度化，把各方面力量团结凝聚在以习近平同志为核心的党中央周围，确立并巩固了大统战工作格局的良好局面。

党的二十大报告强调，从现在起，中国共产党的中心任务就是团结带领全国各族人民全面建成社会主义现代化强国、实现第二个百年奋斗目标，以中国式现代化全面推进中华民族伟大复兴。中国式现代化是人口规模巨大的现代

① 《习近平：巩固发展最广泛的爱国统一战线　为实现中国梦提供广泛力量支持》，新华社，2015年5月20日。

② 习近平：《决胜全面建成小康社会　夺取新时代中国特色社会主义伟大胜利——在中国共产党第十九次全国代表大会上的报告》，新华社，2017年10月27日。

化，是全体人民共同富裕的现代化，这更需要发挥中国共产党统一战线的优势和作用，要巩固和发展最广泛的爱国统一战线。为此，要学习领会党的二十大关于统战工作的重要论述及全国统战工作会议精神，从历史方位和现实向度着眼，谋求最大公约数，画出最大同心圆，团结一切可以团结的力量，调动一切可以调动的积极因素，增强各单位统战意识，协调统战部门凝心聚力完善工作格局。

在党委统一领导、统战部门牵头协调、有关方面各负其责的大统战工作格局下，统战工作不只是统战部门的工作，而是全党的工作，是决胜实现第二个百年奋斗目标、实现中国式现代化的重要工作。要求各部门各单位齐抓共管，形成强大合力，须牢记团结奋斗是中国人民创造历史伟业的必由之路。从这个维度来讲，统一战线工作在新时代将发挥更加积极务实的作用。

（二）不断开创统战工作良好局面

在新时代全面建成小康社会、加快推进社会主义现代化、实现中华民族伟大复兴中国梦的语境下，统一战线的地位作用日益凸显。要深刻理解习近平总书记关于做好新时代党的统一战线工作的重要思想，牢牢把握新时代爱国统一战线的历史方位和重要使命，始终坚持党的领导，把统一战线各方面成员团结凝聚在党的周围，形成全党上下一齐动手、有关方面协同联动的工作局面；要正确处理好一致性和多样性的关系，在尊重多样性中寻求一致性，坚持求同存异，不断增进共识，处理好政党关系、民族关系、宗教关系、阶层关系和海内外同胞关系，团结好民主党派、宗教界人士、党外知识分子、非公有制经济人士、海外爱国同胞等一切可以团结的力量，调动一切可以调动的积极因素，不断巩固和发展统一战线的良好局面。结合基层统战工作实际，提出以下几点思考和建议。

一是厚植文化根基，强化思想武装。中华民族传统文化蕴含丰富，其中“和谐”“求同存异”“和而不同”等统战智慧精髓，是党中央领导集体精准把握统战工作理论方针政策、改进完善统一战线工作的主线准绳。各层级统战干部要强化理论学习，汲取中华传统文化的养分精髓，以其指导、改造实践力量，在文化认同、思想建设上自觉与党中央保持高度一致。要加强政治引领，切实增进“四个认同”，筑牢文化统战思想的政治基础。要强化沟通交流，通过联谊活动不断巩固同心同德、同心同向、同心同行的政治基础。

二是整合统战力量，增强统战向心力。第一，要着眼于基层统战岗位少、力量弱、“统一战线不统一”问题，探索基层统战力量协调机制。通过加强党的全面领导，压实各组织统战职责，进一步夯实大统战工作格局，彰显统一战线法宝的地位和作用。第二，着眼基层“统一战线不落地”问题，探索深化“党建＋统战”格局，通过基层统一战线网格统筹统战资源，实现党建工作与统战工作的深度交融。第三，针对“统一战线执行差”问题，在提质增效上着力，加强对不同群体分类施策，有针对性地创新统战工作方式方法，强化提升相关人士履职能力，推进统一战线治理体系和治理能力向现代化转化。

三是强化统战本领，寻找工作突破口。党的统战对象结构多元，界别多样，群体庞杂，基层统战工作人员结构则较为单一，较少来自民主党派、非公经济、民族宗教界、归侨侨眷等。因此，新时代党的基层统战工作必然面临许多新情况新问题新挑战，统战干部要增强补课充电的紧迫感，解决统战本领“恐慌”问题。一要持续提升理论素养，更好地团结引领各方面统战对象坚定听党话、跟党走；二要吃透把准《中国共产党统一战线工作条例》，结合地方实际创造性开展工作，提升精准施策能力，强化工作特色与创新性；三要提升联谊交友能力，经常面对面与统战成员沟通交流，广交深交挚友诤友；四要深入开展调研，掌握统战对象的底数和思想状况，有针对性地找到工作突破口。

四是构建宣传新格局，提升统战影响力。当前，为实现党的二十大对统战工作的重要战略部署，应凝聚共识，做好宣传工作，夯实巩固统一战线的精神基础，确保“同心”共筑中国梦。要充分利用微信、QQ、微博、抖音等现代化信息服务平台，向国内社会面和外媒渠道广泛宣传高质量且内容丰富翔实的统战工作思想理论、实践经验，展示统一战线工作的以往成就和最新成果，用积极、正确、正能量的内容回应某些西方媒体恶意破坏中国共产党统一战线能效的不实报道，如新疆棉事件、中国式疫情防控策略等，以此形成了解统战、支持统战、重视统战的良好氛围，增强统一战线向心力。

新时代饱含新期待，新征程呼唤新作为。全面建设社会主义国家，必须充分发挥亿万人民的创造伟力。奋进新征程，我们应不断谱写马克思主义中国化时代化的统战新篇章，探索创新真理指导实践的话语体系和战略方法，赓续党的统一战线工作的优良传统和宝贵经验，运用好新时代新形势下中国各地统战工作的经验方法，不断巩固全国各族人民大团结、海内外中华儿女大团结的良好局面，努力形成同心共圆中国梦的强大合力。

作者简介

于博洋，博士，中共杭州市委党校党史党建教研部讲师，主要研究方向是统一战线、党的宗教政策研究等。

第十讲

新时代统战工作的根本指针

进入新时代，我们党不断发展壮大爱国统一战线，汇聚起实现中华民族伟大复兴的磅礴伟力。党的十八大以来，中国特色社会主义进入新时代，我们取得了“两个确立”的重大政治成果。在以习近平同志为核心的党中央坚强领导下，在习近平新时代中国特色社会主义思想指引下，党和国家事业取得历史性成就、发生历史性变革，实现中华民族伟大复兴进入了不可逆转的历史进程。我们加强了党对统战工作的全面领导，统战工作科学化、规范化、制度化水平进一步提升；坚持和完善了我国新型政党制度，中国特色社会主义参政党建设不断加强；坚定不移走中国特色解决民族问题的正确道路，“中华民族一家亲、同心共筑中国梦”的生动局面更加巩固；坚持我国宗教中国化方向，我国宗教与社会主义社会相适应迈出新步伐；加强了对党外知识分子和新的社会阶层人士的思想政治引领，组织动员更加有力、发挥作用更加有效；促进了非公有制经济健康发展和非公有制经济人士健康成长，民营经济人士的向心力和凝聚力进一步增强；做好港澳台和海外争取人心工作，凝聚侨心侨力，海内外中华儿女大团结不断加强；构建了大统战工作格局，全党重视、大家共同来做的合力显著增强，等等。中国共产党领导的统一战线已经发展成为全体社会主义劳动者、社会主义事业的建设者、拥护社会主义的爱国者、拥护祖国统一和致力于中华民族伟大复兴的爱国者的最广泛联盟，统一战线呈现出团结、奋进、开拓、活跃的良好局面，为推进新时代中国特色社会主义伟大事业、实现中华民族伟大复兴作出了新的贡献。①

习近平总书记在中央统战工作会议上指出："关于做好新时代党的统一战线工作的重要思想，是党的统一战线百年发展史的智慧结晶，是新时代统战工作的根本指针。"②党的十八大以来，以习近平同志为核心的党中央坚持把马克思主义统一战线基本原理同中国具体实际相结合，同中华优秀传统文化相结合，深刻总结并充分运用中国共产党成立以来的历史经验，从新的实际出发，形成了习近平总书记关于做好新时代党的统一战线工作的重要思想，指导党的统一战线工作继往开来，在新时代新征程上推动统一战线的高质量发展。

一、深刻领会新时代统一战线工作的根本指针

（一）具有坚实的理论基础

新时代党的统一战线工作的根本指针，贯穿马克思主义立场、观点和方法，贯通历史、现实和未来，具有很强的政治性、理论性、指导性，闪耀着马克思主义真理光芒。中国共产党在早期的革命建设中借鉴马克思主义政党理论，确立党对革命的绝对领导权，并通过建立广泛的统一战线来实现全国各政党、各阶层、各民族的大团结、大融合。马克思、恩格斯认为："为保证社会革命获得胜利和实现革命的最高目标——消灭阶级，无产阶级这样组织成为政党是必要的。"③列宁也提出要重视承认党领导的作用，这对于革命事业非常重要。④这为中国共产党成为中国革命领导核心奠定了坚实的理论基础。马克思、恩格斯强调无产阶级政党要取得革命胜利，团结与联合非常重要。其中，马克思在1848年的《共产党宣言》中提出："全世界无产者，联合起来。""共产党人到处都努力争取全世界民主政党之间的团结和协调。"⑤这又为我国政治体制中的人民政协制

① 陈旭：《习近平总书记关于做好新时代党的统一战线工作的重要思想》，《人民政协报》，2023年6月28日。

② 习近平：《完整、准确、全面贯彻落实关于做好新时代党的统一战线工作的重要思想》，《求是》，2024年第2期。

③ 《马克思恩格斯文集》（第3卷），人民出版社2009年版，第228页。

④ 《列宁全集》（第二版增订版）（第39卷），人民出版社2017年版，第445页。

⑤ 马克思、恩格斯：《共产党宣言》，人民出版社2014年版，第65页。

度提供了理论指引。在马克思主义建党理论的指导下，中国共产党在1922年党的二大召开期间确立建立统一战线的方针，决定争取外部力量与中国共产党的联合，由此产生了国共合作战略，为我党革命力量的培育和成长留足了保护期。抗日战争时期，中国共产党在抗日根据地建立“三三制”民主政权，有效团结中间派力量和左派进步分子，进一步壮大了革命队伍，也进一步增强了中国共产党的影响力和凝聚力。事实上，“三三制”政权是协商民主的最初实践，蕴含了协商民主的基本思路、准则和方法，是中国共产党将马克思主义统一战线理论、民主政治理论与中国革命实际相结合的产物，为中国共产党夺取抗日战争胜利、凝聚人心与力量聚集了强大政治资源。抗战胜利后，中国共产党继续实施团结与联合的统一战线工作方针，团结大量民主人士，建立人民民主统一战线，取得解放战争的胜利，成功地向全世界宣告中华人民共和国的成立。新中国成立之后，中国共产党继续发挥统一战线优势与活力，不断创新体制机制，成立人民政协。人民政协自成立之日起就肩负统一战线组织的使命，确定团结与民主两大主题，开展多党合作与政治协商。团结是统一战线的基本内核，只有最大范围地团结全国各族人民，才能实现国家统一、事业兴旺、人民幸福。民主是人民政协的发展根基，民主既是共产党领导的方式与目标，也是社会主义的本质特征。只有让人民当家作主，充分表达各类意愿和诉求，充分行使民主权利，才能更加紧密地团结广大人民群众拥护党的领导和各项方针政策，实现国家大发展、大繁荣。进入中国特色社会主义新时代，习近平总书记关于党的统一战线工作从治国理政的战略高度召开一系列重要会议，出台一系列重要法规文件，作出一系列重大决策部署，形成习近平总书记关于做好新时代党的统一战线工作的重要思想，科学回答了新时代要不要统一战线、要什么样的统一战线、怎样建设统一战线等一系列重大理论和实践问题，是马克思主义统一战线理论中国化的最新成果，是习近平新时代中国特色社会主义思想的重要组成部分。

（二）具有丰富的实践基础

统一战线的百年发展历程，就是与中国革命、建设和改革实践同频共振的伟大历程，也是为党和国家事业发展作出历史性贡献的伟大历程。从革命、建设、改革各个历史时期的具体实际出发，我们党领导的统一战线历经国民革命联合战线、工农民主统一战线、抗日民族统一战线、人民民主统一战线、爱国统一战线等形态，经过长期实践积累了“坚持统一战线”的宝贵经验。毛泽东1939年在《共产党人》发刊词中指出：“统一战线、武装斗争、党的建设，是中国共产党在中国革命中战胜敌人的三个法宝。”①1956年毛泽东提出与各民主党派坚持“长期共存、互相监督”的方针。邓小平同志提出，“统一战线，范围越宽越好”，“没有统一战线工作，任何一件事情都是办不好的”②。江泽民同志推动统一战线理论与实践的新发展。胡锦涛同志将统一战线工作与中国特色社会主义建设紧密相连。进入新时代，习近平总书记科学回答新时代统一战线面临的一系列重大理论和实践问题，形成习近平总书记关于做好新时代党的统一战线工作的重要思想，对统一战线规律性认识和创造性运用达到新的高度。从实践来看，统一战线的性质、任务和范围，随着不同历史时期的历史使命而不断进行战略调整。改革开放后，党作出新时期统一战线是爱国统一战线的重要论断，统一战线的范围和规模随之扩大，形成两个范围的联盟。党的十六大之后，统一战线进一步发展成为由中国共产党领导的，由各民主党派和各人民团体参加的，包括全体社会主义劳动者、社会主义事业的建设者、拥护社会主义的爱国者、拥护祖国统一的爱国者的大联盟。党的十九大以后，又在此基础上增加了“致力于中华民族伟大复兴的爱国者”，进一步拓展统一战线的范围，扩大团结和联合的对象，实现了海内外全体中华儿女的空前团结。正如习近平总书记所指出的，“统一战线是党克敌制胜、执政兴国的重要法宝，是团结海内外全体中华儿女实现中华民族伟大复兴的重要法宝，必须长期坚持”③。

（三）具有深厚的文化土壤

中华优秀传统文化是马克思主义统一战线理论能够在中华大地落地生根的

① 《毛泽东选集》（第二卷），人民出版社1991年版，第613页。
② 《邓小平文选》（第一卷），人民出版社1994年版，第186页。
③ 习近平：《完整、准确、全面贯彻落实关于做好新时代党的统一战线工作的重要思想》，《求是》，2024年第2期。

深厚文化土壤。习近平总书记指出，要“研究阐释中华文明讲仁爱、重民本、守诚信、崇正义、尚和合、求大同的精神特质和发展形态，阐明中国道路的深厚文化底蕴”[①]。“尚和合”，“和”指的是和谐、和平、中和，“合”指的是汇合、融合、联合，和合理念主张在和而不同的前提下达成合作共赢。“和合文化”就是以理性平和、尊重包容、平等互助、将心比心、合作共赢等思维方式和行动准则来处理人与人、人与自然、民族与民族、国家与国家等关系的文化样态，它是中华优秀传统文化智慧结晶的集中体现，是最具文明属性的处理复杂社会政治关系的价值原则和行为规范。“和合”文化强调多元、和谐、开放、包容，在统战工作中以协商的方式、和气的态度、合作的关系、友好的氛围开展工作，即使统战成员对问题有不同的看法和意见，也要采取包容的态度，“不打棍子、不扣帽子、不抓辫子”，而是要通过沟通、交流、教育等方式达成共识。中华文化的内核就是“和”“合”，它本身蕴含传统文化中天人合一的宇宙观、协和万邦的天下观、和而不同的社会观、人心和善的道德观，并以统一战线的方法和策略呈现，彰显中华优秀传统文化的时代价值，深刻体现马克思主义统战理论与中华优秀传统文化的有机结合，是马克思主义中国化的具体体现。

二、深刻把握新时代统一战线工作的历史方位

党的十八大以来，中国共产党统筹中华民族伟大复兴战略全局和世界百年未有之大变局，从治国理政的战略高度对统战工作作出全面部署，推动统战工作取得历史性成就，统一战线呈现出团结、奋进、开拓、活跃的良好局面。现在，统一战线面临的时与势、肩负的使命与任务发生了某些重大变化，统战工作不是过时了、不重要了，而是更重要了。新的历史方位给统一战线的历史使命、目标任务赋予了新的时代内涵，为我们准确理解和有效落实党中央各项决策部署，提供了时代坐标和科学依据。新征程上，我们必须继承好统一战线历史经验和优良传统，发挥凝聚人心、汇聚力量的政治作用，促进政党关系、民族关系、宗教关系、

---

① 习近平：《把中国文明历史研究引向深入 增强历史自觉坚定文化自信》，《求是》，2022 年第 14 期。

阶层关系、海内外同胞关系和谐，促进海内外中华儿女团结奋斗，把统一战线进一步发展成为团结海内外全体中华儿女实现中华民族伟大复兴的重要法宝，为全面建成社会主义现代化强国、实现中华民族伟大复兴汇聚磅礴伟力。

一是统一战线风险增多、挑战加大，维护国家主权安全发展利益的任务更加繁重。当今世界百年未有之大变局加速演进，国际力量对比深刻调整，单边主义、保护主义、霸权主义、强权政治对世界和平与发展威胁上升，经济全球化遭遇逆流，世纪疫情持续蔓延，大国博弈持续升温，世界进入新的动荡变革期，我国面临着复杂严峻的国际形势和前所未有的外部风险挑战。统一战线涉及政党、民族、宗教、阶层、海外等诸多工作领域，面临的外部压力和风险挑战也空前加大，统一战线抵御渗透、防范化解风险、维护国家安全的任务更加艰巨繁重，凝聚人心、汇聚力量的工作更为重要紧迫。这就要求我们增强忧患意识和底线思维，坚决同打着所谓“民主”“自由”“人权”等幌子肆意干涉别国内政的行为作斗争，同各种围堵、打压、颠覆、分裂活动作斗争，坚定维护国家核心利益，捍卫国家政治安全。同时，要充分发挥联系广泛、润物无声的优势，深入开展各种形式的人文交流活动，对外讲好中国故事，不断壮大知华友华力量，营造有利于我国的国际环境。

二是统一战线围绕中心、服务大局，凝心聚力共谋复兴的责任更加重大。统一战线是党的总路线总政策的重要组成部分，历来都把围绕中心、服务大局作为基本任务。我国已经迈上全面建设社会主义现代化国家新征程，我们比历史上任何时期都更接近、更有信心和能力实现中华民族伟大复兴的宏伟目标。同时，全面深化改革已经步入“深水区”，发展不平衡不充分问题凸显，固有利益樊篱亟待破解，短期问题和长期问题交织叠加，改革发展任务之重、治国理政考验之大前所未有。在这样的背景下，我们党提出推进经济高质量发展、乡村振兴、促进共同富裕等一系列重大发展战略，既对统一战线服务党和国家工作大局提出了新的更高要求，又为统一战线发挥凝心聚力重要作用提供了广阔舞台。统一战线具有人才荟萃、智力密集、联系广泛等优势，要引领和支持广大统一战线成员心怀“国之大者”、责之重者，把统一战线所长与中心大局所需结合起来，最大限度地把各方面的智慧和力量凝聚起来，聚焦服务国家经济社会发展、改革发展稳定积极献计出力。

三是统一战线结构分化、思想多元，巩固共同思想政治基础的要求更加迫切。习近平总书记指出，我国社会结构发生深刻变化，统一战线在增强党的阶级基础、扩大党的群众基础上的作用更加重要。当前，工农联盟作为统一战线的基础没有变，但工人和农民的身份发生了变化，新型产业工人和农民工等大量涌现；非公有制经济规模和影响力持续扩大，对依法加强规范引导提出了新要求；知识分子大众化趋势日益明显，新的社会阶层人士队伍不断壮大，新就业群体快速增长；新华侨华人和华裔新生代逐渐成为侨社主体，但部分新生代对祖（籍）国感情代际递减现象突出。特别是互联网快速发展，不断催生大量的网络群体和网络舆情，互联网日益成为舆论生成的策源地、信息传播的集散地、思想交锋的主阵地。这些变化都给统一战线团结整合各方力量、增进政治共识提出了更高要求。统一战线必须坚持党的群众路线，进一步创新思路理念、政策举措、方法手段，不断巩固共同的思想政治基础，增强不同党派、不同民族、不同阶层、不同群体对党的向心力，更加紧密地团结在党的周围。

三、深刻理解关于做好新时代党的统一战线工作的核心要义

2022年7月，党中央召开了中央统战工作会议，习近平总书记发表了重要讲话。这次会议最重要的理论成果，就是集中阐释了习近平总书记关于做好新时代党的统一战线工作的重要思想，概括为“十二个必须”。习近平总书记关于做好新时代党的统一战线工作的重要思想，是党的统一战线百年发展史的智慧结晶，是新时代统战工作的根本指针，全党必须完整、准确、全面贯彻落实。

“十二个必须”是一个逻辑严密、内在统一的有机整体，是一个完整的理论体系，既强调了统一战线在党和国家事业全局中的重要法宝地位，又明确了统战工作解决好人心和力量问题的本质要求；既强调了正确处理一致性和多样性关系的统战工作方针，又明确了各领域统战工作的任务重点；既强调了加强党对统战工作的全面领导这个根本保证，又明确了把握统战工作规律的基本要

求。“十二个必须”是对发展壮大新时代爱国统一战线作出的顶层设计和全面部署，既着眼全局又突出重点，既指引方向又明确路径，每一条都是对统战工作长期实践经验的深刻总结和提炼升华，阐明了新时代统战工作的根本性要求、全局性任务、时代性课题，为做好新时代统战工作提供了根本指导。

坚持“十二个必须”，推动新时代党的爱国统一战线工作：①必须充分发挥统一战线的重要法宝作用；②必须解决好人心和力量问题；③必须正确处理一致性和多样性关系；④必须坚持好发展好完善好中国新型政党制度；⑤必须以铸牢中华民族共同体意识为党的民族工作主线；⑥必须坚持我国宗教中国化方向；⑦必须做好党外知识分子和新的社会阶层人士统战工作；⑧必须促进非公有制经济健康发展和非公有制经济人士健康成长；⑨必须发挥港澳台和海外统战工作争取人心的作用；⑩必须加强党外代表人士队伍建设；⑪必须把握做好统战工作的规律；⑫必须加强党对统战工作的全面领导。“十二个必须”覆盖统战工作的方方面面，形成系统化体系化的统一战线思想，推动新时代统战工作开创新局面。

做好新时代统战工作，必须坚持以习近平总书记关于做好新时代党的统一战线工作的重要思想为指导，坚决抓好党中央关于统一战线重大决策部署的贯彻落实，推动新时代统战工作不断开创新局面。结合党中央关于贯彻落实的总体部署，主要从以下几个方面把握其核心要义[①]。

（一）根本是加强党对统战工作的全面领导

习近平总书记指出，加强新时代统一战线工作，根本在于坚持党的领导，形成全党上下一齐动手、有关方面协同联动的工作局面。统一战线是党领导的统一战线，坚持党对统战工作的全面领导，是做好新时代统战工作的根本政治保证。党对统一战线的领导，主要是政治原则、政治方向、重大方针政策的领导。党对统一战线的领导主要是集体领导而不是个人领导。当前随着社会开放程度的提高、社会流动性的增强，统一战线内部多元化、社会化的趋势明显，统战成员的思想也呈现多元化的特征。党对统一战线工作的全面领导面临新挑

① 尤权：《新时代统一战线事业发展的根本指针——深入学习贯彻习近平总书记在中央统战工作会议上的重要讲话精神》，《求是》，2022年第17期。

战。如果不加强党的建设，就会出现到底谁能影响谁的问题。因此，要把党的领导贯穿统战工作全过程，确保统战工作始终沿着正确政治方向前进。一是在深化大统战工作格局中强化党的领导。构建党委统一领导的大统战格局，协同党委政府的相关部门规划部署统一战线工作，做好统战对象的服务与联谊工作。各级党委（党组）要履行主体责任，把统战工作摆上重要议事日程，定期研究统一战线重大问题、部署重要工作。各级党政领导干部要带头学习宣传和贯彻落实统一战线政策法规，参加统一战线重要活动，广交深交党外朋友。发挥各级党委统一战线工作领导小组的作用，切实履行研究部署、协调指导和督促检查职责。统战部门要着眼全局研究统一战线重大问题，发挥好参谋、组织、协调、督促等重要作用，做好党外代表人士的政治安排工作，推动大统战格局构建。二是在基层统战工作中强化党的领导。少数民族、宗教界、非公有制经济、新的社会阶层人士等统战工作对象大量分布在基层，要发挥基层党组织战斗堡垒作用，将统战工作融入基层党建和社会治理体系，确保工作有人抓、有人管，切实做好基层统战工作。

（二）关键是处理好一致性与多样性的关系

统一战线是一致性与多样性的统一体，只有一致性，没有多样性，或者只有多样性，没有一致性，都不能建立和发展统一战线。习近平总书记反复强调，做好新形势下统战工作，必须正确处理一致性和多样性关系，不断巩固共同思想政治基础，同时要充分发扬民主、尊重包容差异，尽可能通过耐心细致的工作找到最大公约数。这是对中国共产党统一战线实践经验的科学总结，是对统一战线发展规律的准确把握，明确了巩固和发展最广泛爱国统一战线的方针。在各个历史时期，统一战线都是要处理好一致性与多样性的关系。怎样处理？关键在于求同存异。一方面，要不断巩固共同思想政治基础，坚持走中国特色社会主义道路；另一方面，要充分发扬民主，包容差异，同时还要充分尊重和照顾同盟者的利益。这里强调的是要画出“最大的同心圆”，只要把政治底线固定住，多样性半径越长，画出的同心圆就越大。政治底线是什么？就是不损害党的领导，不损害社会主义制度，不损害国家政权，不损害人民群众的根本利益。只要做到这“四不损害”，其他都能包容。新时代做好促进中华儿女大团结工作，必须把握好四方面关系。这四方面关系既讲“两点论”又讲“重点论”，既讲矛盾的普遍性又讲矛盾的特殊性，体现了马克思主义认识论和方法论的有机统一，为我们把握统一战线的政治性和策略性，推动统战工作高质量发展提供了重要遵循。一是把握好固守圆心和扩大共识的关系，就是要以中国共产党领导为圆心，把团结根基铸牢，同时要不断增进共识，扩大团结范围，形成更大的同心圆。二是把握好潜绩和显绩的关系，就是要坚持正确政绩观，既要做看得见的显绩，又要做打基础、利长远的潜绩。脚踏实地、步步为营，解决好等不得的问题；持之以恒、久久为功，处理好急不得的问题。三是把握好原则性和灵活性的关系，就是要把方针政策的原则性与对策举措的灵活性结合起来，站稳立场，在原则问题上寸步不让，同时具体问题具体分析，拿捏好分寸，把握好尺度，做到宽严不误。四是把握好团结和斗争的关系，就是要把团结与斗争统一起来，既善于团结，达成有原则、负责任的团结；又善于斗争，在斗争中争取团结，努力形成牢不可破的真团结。

（三）重点是找准统一战线各领域工作的着眼点和着力点

坚持问题导向，找准着眼点和着力点，有利于通过重点难点工作的推进，带动全局工作的开展。关于民主党派和无党派人士工作，要围绕发挥我国新型政党制度效能，健全完善符合民主党派特点、系统规范的参政党建设制度机制，推动新时代多党合作更加规范有序、生动活泼。强调要坚持和完善中国共产党领导的多党合作和政治协商制度，坚持党的领导，强化政治引领，完善制度机制，推动新时代多党合作更加规范有序、生动活泼。关于党外知识分子工作和新的社会阶层人士统战工作，明确提出必须做好党外知识分子和新的社会阶层人士统战工作，要以完善党外知识分子、新的社会阶层人士组织方式为抓手，解决有成员无组织、有组织无活动、有活动无效果等突出问题。强调要以凝聚共识为根本，以爱国奋斗为目的，鼓励支持他们立足本职建功立业，积极投身改革创新一线，施展才华和抱负。关于民族工作，明确提出必须以铸牢中华民族共同体意识为党的民族工作主线，阐明了以“十二个必须”为主要内容的党关于加强和改进民族工作的新理念新思想新战略，强调要坚定不移走中国特色解决民族问题的正确道路，推动新时代党的民族工作高质量发展。关于宗教工作，明确提出必须坚持我国宗教中国化方向，阐明了以“九个必须”为主要内容的新时代党的宗教工作理论和方针政策，强调要提高宗教界自我管理水平，提高宗教事务治理法治化水平，努力开创党的宗教工作新局面。关于非公有制经济领域统战工作，明确提出必须促进非公有制经济健康发展和非公有制经济人士健康成长，要围绕坚持“两个毫不动摇”、促进“两个健康”，积极构建亲清政商关系，为促进民营经济高质量发展创造条件。同时强调要深入开展理想信念教育和社会主义核心价值观教育，帮助他们践行新发展理念，弘扬企业家精神，做合格的中国特色社会主义事业建设者。关于港澳台统战工作、海外统战工作和侨务工作，明确提出必须发挥港澳台和海外统战工作争取人心的作用，强调要加强海外爱国力量建设，涵养壮大知华友华力量，促进中外文化文明交流互鉴。此外，习近平总书记强调“要做好网络统战工作，走好网络群众路线”。要知网懂网用网，运用互联网思维开展工作，把“面对面”和“键对键”结合起来，走好网络群众路线，支持网络人士为维护意识形态安全发挥正能量。要更加注重运用新媒体平台，把线上与线下结合起来，不断创新统战工作方式方法。

（四）紧要是防范化解统战领域重大风险

维护统战领域和谐稳定，在防范化解风险隐患中站好岗放好哨，是统一战线发挥法宝作用的重要体现，也是我们党对统战工作的底线要求。要坚持底线思维，牢固树立总体国家安全观，深入排查民族、宗教、涉疆、涉藏、涉港、涉台、涉海外等统战工作重点领域的风险隐患，做好监测预警、分析研判、应急处置等工作，把风险隐患消除在萌芽状态。要一手抓思想政治引领，一手抓防范渗透破坏，严防局部风险演化为全局风险、经济社会风险演化为政治风险、国际风险倒灌演化为国内风险，牢牢守住不发生系统性风险、重大风险的底线。要健全防范机制，落实防范化解风险隐患的领导责任和工作责任，进一步增强防范化解风险隐患工作的整体性协同性有效性。要统筹兼顾网上网下，妥善应对社会热点敏感事件，坚持线下解决问题和线上有效引导回应相结合，防止风险叠加引发“黑天鹅”“灰犀牛”事件。

（五）基础是加强统一战线“两支队伍”建设

培养高素质的党外代表人士队伍和统战干部队伍，是巩固和发展新时代爱国统一战线的重要组织保证。要着眼统一战线事业长远发展，坚持政治培训为主，加大组织培养力度，引导党外代表人士坚定理想信念，增进政治认同，站稳政治立场，努力培养造就一支与党同心同德、高素质的党外代表人士队伍。要强化政治训练和业务培训，着力提升统战干部的政治判断力、政治领悟力、政治执行力，培养过硬的理论政策水平和业务能力，建设一支具有坚强党性、过硬能力、丰富学识、优良作风的高素质统战干部队伍。

习近平总书记指出：“完善大统战格局，坚持大团结大联合，动员全体中华儿女围绕实现中华民族伟大复兴中国梦一起来想、一起来干。”①统战工作是全党的工作，必须全党重视，大家共同来做，构建党委统一领导、统战部牵头协调、有关方面各负其责的大统战工作格局。新时代的统战工作具有许多新的历史特点，需要把握大势、承前启后、与时俱进，最根本的就是要深入学习贯彻习近平总书记关于做好新时代党的统一战线工作的重要思想，把党中央的各项决策部署落到实处。

作者简介　陈宇，中共杭州市委党校法学与社会学教研教授，主要研究方向是马克思主义统战理论、杭州统战历史与文化等。

① 习近平：《高举中国特色社会主义伟大旗帜　为全面建设社会主义现代化国家而团结奋斗——在中国共产党第二十次全国代表大会上的报告》，人民出版社2022年版，第39页。

第十一讲

做好新时代民营经济统战工作

做好新时代民营经济统战工作，是贯彻落实习近平总书记关于做好新时代党的统一战线工作的重要思想的内在要求和关键内容。推动新时代民营经济统战工作创新发展，正是要不断增强党对民营经济的领导力，把广大民营经济人士更加紧密地团结在党的周围，凝聚起同心共筑中国梦的磅礴力量。

一、做好新时代民营经济统战工作的意义

首先，有利于增强民营经济人士的发展信心。党的十八大以来，以习近平同志为核心的党中央充分认识到民营经济对我国经济社会发展的重要性，充分认识到民营经济存在和发展的长期性、必然性，提出了“民营经济作为我国经济制度的内在要素，始终是坚持和发展中国特色社会主义的重要经济基础”“民营经济人士作为我们自己人，始终是我们党长期执政必须团结和依靠的重要力量”①的重大论断。因此，做好新时代民营经济统战工作不仅有利于克服社会上各种不利于民营经济发展的错误思想，而且有利于提高民营经济人士的地位，进而增强民营经济人士的发展信心。

其次，促进民营经济高质量发展的重要保障。实现民营经济高质量发展，迫切需要民营企业加快转型升级和提高民营企业家队伍的整体素质。通过做好新时代民营经济统战工作，不仅有利于帮助民营企业降低成本、开拓市场，帮助民营企业提高创新能力，还能更好地促使民营企业转变发展方式，调整产业

① 中共中央办公厅印发《关于加强新时代民营经济统战工作的意见》，2020 年 9 月 15 日。

结构，转换增长动力，从而推动民营经济高质量发展。

最后，有利于完善中国特色社会主义制度。通过做好新时代民营经济统战工作，不仅有利于把广大民营经济人士更加紧密地团结在党的周围，激发民营经济人士参与国家治理的积极性和主动性，推进国家治理能力与治理水平提高，也有利于发挥市场在资源配置中的决定性作用和政府的宏观调控作用，从而充分彰显中国特色社会主义的制度优势。

二、做好新时代民营经济统战工作的有利条件与面临的形势

（一）做好新时代民营经济统战工作的有利条件

首先，党对民营经济的认识不断深化。改革开放以来，党对民营经济的认识不断深化，极大地促进了我国民营经济发展，为新时代民营经济统战工作的顺利推进带来了机遇。以邓小平同志为主要代表的中国共产党人解决了民营经济的合法化问题。为了解决“文化大革命”后我国经济发展面临的困难，邓小平同志于1979年10月4日在《关于经济工作的几点意见》中提出了支持城镇集体经济和个体经济发展，允许多种经济成分并存的主张。1982年，中国共产党第十二次全国代表大会报告进一步指出，鼓励劳动者个体经济在国家规定范围内和工商行政管理下适当发展，作为公有制经济必要的、有益的补充。为了克服社会对私营经济的发展与崛起的非议，1987年，党的十三大确立了社会主义初级阶段理论，提出我国对于非公经济要继续鼓励它们发展，这是党在社会主义经济理论方面的一次重大突破。1988年，七届全国人大通过宪法修正案，增加了以下规定：“国家允许私营经济在法律规定的范围内存在和发展”。从此民营经济发展纳入了法治轨道，进入合法化阶段。以江泽民同志为主要代表的中国共产党人确立了社会主义市场经济体制，民营经济获得了与公有制经济同等的发展地位。1992年，江泽民同志提出了“社会主义市场经济体制”的概念。在1997年召开的中共十五大上，江泽民同志指出：“以公有制为主体，多种所有制经济共同发展，是我国社会主义初级阶段的一项基本经济制度。”2002年，中共十六大提出了“两个毫不动摇”，即必须毫不动摇地巩固和发展公有制经

济，必须毫不动摇地鼓励、支持和引导非公有制经济发展。以胡锦涛同志为代表的中国共产党人于2006年提出了“充分尊重、广泛联系、加强团结、热情帮助、积极引导”的二十字方针，进一步促进民营经济发展与民营经济人士成长。进入新时代以来，以习近平同志为主要代表的中国共产党人对民营经济的认识全面深化，将民营经济统战纳入了中国特色社会主义思想体系，纳入了中国特色社会主义基本方略，为顺利推动新时代民营经济统战工作奠定了基础。

其次，民营经济在我国经济社会发展中的作用不断增强。一是民营经济对我国经济发展的贡献较大，具体表现为“56789”，即民营经济创造了50%以上的税收、贡献了60%以上的GDP、创造了70%以上的技术创新成果、提供了80%以上的城镇劳动力就业和90%以上的企业数量。二是从增长动力来看，民营经济不仅是我国最大的经济增长点，而且是我国经济的活力之源与外贸出口的重要力量。三是从区域经济发展来看，我国民营经济发展较好的地区，往往也是综合经济实力较强的地区，如我国综合经济实力较强的广东、江苏、浙江等省都是民营经济大省。民营经济在我国经济社会发展中的作用使社会各界认识到做好新时代民营经济统战工作意义重大，为统战工作的顺利开展奠定了基础。

最后，民营经济人士已成长为一个庞大的社会群体。经过改革开放后40多年的发展，民营经济人士总数超过1亿人，家属子女人口超过2亿人，与之有直接利益关系的、受他们管理的员工超过3亿人。部分民营经济人士能力较强，参政议政意愿较高，愿意为深化改革开放与促进国家发展积极奉献，这为党做好民营经济人士的统战工作提供了条件，统战部门可以吸纳这部分民营经济人士为统战工作服务，充分发挥他们的才干与能力，从而帮助党提高统战工作效率。

（二）做好新时代民营经济统战工作面临的形势

党的十八大以来，以习近平同志为核心的党中央提出一系列新理念新思想新战略，采取一系列重大举措，指导和推动民营经济统战工作取得显著成绩。同时也要看到，中国特色社会主义进入新时代，民营经济规模不断扩大，风险挑战明显增多，民营经济人士的价值观念和利益诉求日趋多样，民营经济统战工作面临新形势新任务。

首先，民营企业面临的市场困境与风险挑战明显加剧。一是国际市场需求收缩。从国际市场分析，目前国际政治经济形势给民营企业出口带来了严峻挑战。从经济上看，2020年新冠疫情暴发后，世界经济深度衰退、国际贸易和投资大幅萎缩，导致我国产品的国际市场萎缩。从政治上看，一些发达国家单边主义盛行，地缘政治风险上升，经济全球化遭遇逆流，进一步加剧了我国民营经济国际市场的困境。二是国内市场需求有待提升。我国国内市场需求较大，但由于三年疫情的时断时续封控给国内市场需求带来了较大的负面影响。2022年，中国广义货币（M2）余额增速保持在10%以上的增长，但人民币贷款、社会融资增量却显著减少，说明企业与居民投资意愿低，民众消费信心不足，使我国的国内市场需求提升面临较大困境。

其次，民营企业面临的转型发展与改革压力不断增大。一是民营企业创新意识不足。当前，我国经济呈现出新常态，增长动力正在从要素驱动、投资驱动为主转向创新驱动为主。但是大部分民营企业依旧没有意识到创新在企业长期发展中的作用，所以不愿意主动在创新方面进行资源投入。创新是一个企业发展的动力，缺乏创新的民营企业在激烈竞争中有被淘汰出局的风险。二是民营企业融资渠道不畅。企业转型需要资金支持，束缚我国民营企业转型非常重要的一个因素就是融资不足。虽然政府比较重视民营企业的融资问题，但现实中还没有彻底扭转民营企业在融资中的弱势地位，金融机构更愿意向国有企业和大型企业提供融资支持，对民营企业特别是中小民营企业融资有较多限制。三是人才缺乏。人才是企业转型不可或缺的生产要素。我国多数民营企业规模小、资金实力弱，难以吸引到目标人才，也很难留住人才，由此导致企业技术水平低，产品竞争力弱，进一步增加了转型难度。

最后，民营经济人士健康成长隐患需要消除。一是部分民营经济人士的社会责任意识不强。以食品领域的假冒伪劣为例，2021年央视的“3·15”晚会曝光了毒海参与过期面包问题，2022年曝光了瘦肉精问题，2023年则曝光了香精大米问题，屡禁不止的食品安全问题说明部分民营经济人士的社会责任感缺失。二是新生代民营经济人士的综合素质需要提升。相对于老一代企业家而言，新生代民营经济人士既有优势也有劣势。优势方面表现为新生代充满活力，学习能力强。然而，和老一代相比，新生代民营经济人士还有诸多不足和亟待提升的方面。比如，吃苦耐劳的精神和品质相对欠缺，管理公司的实践经验不够丰富，规避市场风险能力有待提升等。

三、习近平总书记关于做好新时代民营经济统战工作的重要论述

做好新时代民营经济统战工作要以习近平新时代中国特色社会主义思想为指导，全面提高党领导民营经济统战工作的能力水平，切实加强民营经济统战工作，教育引导民营经济人士增强“四个意识”、坚定“四个自信”、做到“两个维护”，坚定不移听党话、跟党走，为实现“两个一百年”奋斗目标、实现中华民族伟大复兴的中国梦作出更大贡献。习近平总书记关于做好新时代民营经济统战工作的重要论述是做好新时代民营经济统战工作的指南与依据，主要包括民营经济统战的战略地位、战略目标、工作导向以及制度建设等内容。

（一）民营经济统战的战略地位

做好民营经济统战是重大经济问题，也是重大政治问题。习近平总书记强调，民营经济是我国经济高质量发展的重要保障，公有制经济与民营经济应该相辅相成、相得益彰，而不是相互排斥、相互抵销，民营经济与公有制经济始终是坚持和发展中国特色社会主义的重要经济基础。同时应该看到，做好民营经济统战也是重大政治问题。习近平总书记指出：“人心向背、力量对比是决定党和人民事业成败的关键，是最大的政治。”[①]当我国民营经济发展到占据中国经济“半壁河山”、民营经济人士成长为一个新的社会阶层时，民营经济问题不仅是重大经济问题，也是重大政治问题。广大民营经济人士信不信社会主义、跟不跟党走，在政治上是件大事，为此要坚持“两个毫不动摇”，把团结好、引导好民营经济人士作为一项重要任务。民营经济是推进中国式现代化的

① 中共中央统一战线工作部：《习近平总书记关于做好新时代党的统一战线工作的重要思想学习读本》，人民出版社2024年版，第17页。

生力军，是推动我国全面建成社会主义现代化强国、实现第二个百年奋斗目标的重要力量；民营企业和民营企业家是我们自己人；民营经济人士始终是我们党长期执政必须团结和依靠的重要力量。

（二）民营经济统战的战略目标

新时代民营经济统战的战略目标就是实现“两个健康”。所谓“两个健康”，是指促进非公有制经济健康发展和非公有制经济人士健康成长，是由习近平总书记在2015年5月召开的中央统战工作会议上提出来的。在2022年的中央统战工作会议上，习近平总书记再次强调“必须促进非公有制经济健康发展和非公有制经济人士健康成长”，并将其纳入习近平总书记关于做好新时代党的统一战线工作的重要思想的“十二个必须”之中，明确指出，“深入开展理想信念教育和社会主义核心价值观教育，帮助他们践行新发展理念，弘扬企业家精神，做合格的中国特色社会主义事业建设者”。由此，促进非公有制经济“两个健康”，形成了一个科学完整、内涵丰富、逻辑严密的思想体系，成为做好新时代非公有制经济统战工作的根本指针①。促进非公有制经济健康发展和非公有制经济人士健康成长，要坚持团结、服务、引导、教育的方针，一手抓鼓励支持，一手抓教育引导，关注他们的思想，关注他们的困难，有针对性地进行帮助指导。习近平总书记关于“两个健康”的重要论述是民营经济统战理论的重大创新，是新时代做好民营经济统战的战略目标。

（三）民营经济统战的工作导向

1.建设高素质的民营经济人士队伍

习近平总书记特别强调要重视民营经济人士的思想政治建设，强调要以思想政治为引领，着力增强民营经济人士的爱国情怀、创新精神、诚信守法意识、社会责任、代际培养等，着力建设一支高素质、有担当的民营经济代表人士队伍。

首先，要增强民营经济人士的爱国情怀。一是培养为国担当、为国分忧的

---

① 王建均：《必须促进非公有制经济“两个健康”》，《人民政协报》，2023年8月15日。

精神。民营经济人士必须对国家、对民族怀有崇高使命感和强烈责任感，把企业发展同国家繁荣、民族兴盛、人民幸福紧密结合在一起，主动为国担当、为国分忧。二是办好企业是民营企业家爱国的重要表现。习近平总书记指出："企业家爱国有多种实现形式，但首先是办好一流企业，带领企业奋力拼搏、力争一流，实现质量更好、效益更高、竞争力更强、影响力更大的发展。"①可见，习近平总书记将民营经济人士办好企业提升到了爱国的高度。

其次，要增强民营经济人士的创新精神。创新是引领企业发展的第一动力，民营经济人士的创新精神是推动企业发展的关键。民营经济人士要善于创新，敢于创新，从而使其创新精神得到充分体现。一是强调要善于创新。企业家要做创新发展的探索者、组织者、引领者，勇于推动生产组织创新、技术创新、市场创新，重视技术研发和人力资本投入，有效调动员工创造的积极性，努力把企业打造成强大的创新主体。二是强调要勇于创新。创新就要敢于承担风险，"敢为天下先"是民营企业在创新中战胜各种风险挑战需要特别弘扬的品质。

再次，要培养民营经济人士的诚信守法和社会责任意识。法治意识、契约精神、守约观念是现代经济活动的重要意识规范，也是信用经济、法治经济的重要要求。面对一些民营企业在经营活动中还存在不少不讲诚信甚至违法违规的现象，强调应大力培养民营经济人士的诚信守法意识，提升民营经济人士对诚信守法的情感认同，从而促使全社会道德水平和文明程度的提升。企业既有经济责任、法律责任，也有社会责任，要促使民营经济人士承担社会责任。习近平总书记指出："社会是企业家施展才华的舞台。只有真诚回报社会、切实履行社会责任的企业家，才能真正得到社会认可，才是符合时代要求的企业家。"②民营经济人士可以通过多种方式承担社会责任。一是投身教育、医疗、卫生、环保等各类社会公益事业。二是促进共同富裕。民营企业家富起来以

① 习近平：《在企业家座谈会上的讲话（2020 年 7 月 21 日）》，《人民日报》，2020 年 7 月 22 日。

② 习近平：《在企业家座谈会上的讲话（2020 年 7 月 21 日）》，《人民日报》，2020 年 7 月 22 日。

后，要积极参与扶贫救困，发挥先富帮后富的作用。三是关心爱护员工。关爱员工是民营企业履行社会责任的一个重要方面，民营经济人士要努力稳定就业岗位，关心员工健康，同员工携手渡过难关。

最后，要重视新生代民营企业家的培养。随着老一代民营经济创业者年龄增大，民营经济人士年青一代逐步走上前台，如何团结和引导年青一代继承老一代光荣传统，听党话、跟党走、报党恩、接好班，在很大程度上决定着新时代民营经济的前途与命运。为此，强调应培养年青一代民营经济人士致富思源、富而思进，做到爱国、敬业、创新、守法、诚信、贡献；新一代民营企业家要继承和发扬老一辈艰苦奋斗、敢闯敢干、聚焦实业、做精主业的精神，努力把企业做强做优。

2.服务民营经济高质量发展

坚持围绕中心、服务大局，促进民营经济高质量发展，是民营经济统战工作的题中应有之义，是衡量工作成效的重要标准。习近平总书记强调，要通过统战工作促进民营经济高质量发展，要在营造良好营商环境、提升民营企业竞争力、解决民营企业融资困难等实际问题方面推进工作。

首先，要为民营经济高质量发展营造良好营商环境。一是营造公平竞争的市场环境。目前我国民营企业的市场准入限制仍然较多，政策执行中“玻璃门”“弹簧门”“旋转门”现象大量存在，使民营企业仍难以承担国家及政府主导的重大战略、难以进入部分垄断行业、难以在对等合作基础上参与混合所有制改革。为了营造公平竞争的市场环境，要在市场准入、审批许可、经营运行、招投标、军民融合等方面使民营企业与国有企业享受同等待遇；政府要推进产业政策由差异化、选择性向普惠化、功能性转变，清理违反公平、开放、透明市场规则的政策文件。二是依法保护企业产权。企业产权是市场环境建设的重点。为了保护企业产权，要实施好民法典和相关法律法规，依法平等保护国有、民营、外资等各种所有制企业产权和自主经营权，使民营企业形成长期稳定的发展预期，从而营造激励民营企业干事创业的浓厚氛围。

其次，要提升民营企业竞争力。一是民营企业应加快转型。企业转型是竞争力提升的关键。就国内市场而言，我国正处在转变发展方式、优化经济结构、转换增长动力的攻关期，经济扩张速度会放缓，但消费结构全面升级，需求结构快速调整，对企业的供给质量提出了更高要求，民营企业需要转型以满足市场需求；就国际市场而言，面对世界经济深度衰退、国际贸易和投资大幅萎缩、国际金融市场动荡、国际交往受限、经济全球化遭遇逆流、一些国家保护主义和单边主义盛行、地缘政治风险上升等不利局面，民营企业加快转型非常必要。二是帮助民营企业降低成本。企业成本降低是其竞争力得以提升的重点。随着经济社会快速发展，民营企业的劳动力成本、能源成本等上升较快，而其融资成本较高则一直未能得到妥善解决，较高的生产成本给民营企业的竞争力提升带来了较大阻力。为此，强调一方面要加大改革力度，实质性降低企业制度成本；另一方面要通过各项措施降低民营企业税费负担，从而提升民营企业竞争力。

最后，要缓解民营企业融资困境。目前我国民营企业特别是中小民营企业融资渠道狭窄，使民营企业面临融资难与融资贵的不利局面。为了化解民营企业融资困境，习近平总书记指出："要强化对市场主体的金融支持，发展普惠金融，有效缓解企业特别是中小微企业融资难融资贵问题。"[①]一是优先解决中小民营企业的融资难与融资贵问题。政府一方面要优先解决民营企业特别是中小民营企业融资难甚至融不到资的问题；另一方面应帮助民营企业逐步降低融资成本，以消除民营企业的融资贵难题。二是拓宽民营企业融资渠道。政府须支持符合条件的民营中小微企业在债券市场融资，鼓励符合条件的民营企业发行公司债券，推动民营企业债券融资专项支持计划扩大覆盖面，提升针对民营企业的增信力度，支持符合条件的民营企业上市融资和再融资等。

（四）民营经济统战的制度建设

首先，要构建亲清政商关系。领导干部与企业的关系应该是"亲""清"型政商关系。正如习近平总书记所强调的，"各级领导干部要光明磊落同企业交往，了解企业家所思所想、所困所惑，涉企政策制定要多听企业家意见和建

① 习近平：《在企业家座谈会上的讲话（2020 年 7 月 21 日）》，《人民日报》，2020 年 7 月 22 日。

议，同时要坚决防止权钱交易、商业贿赂等问题损害政商关系和营商环境”[①]。就领导干部而言，所谓“亲”，就是要坦荡真诚同民营企业接触交往，特别是在民营企业遇到困难和问题的情况下更要积极作为、靠前服务，对非公有制经济人士多关注、多谈心、多引导，帮助解决实际困难；所谓“清”，就是同民营企业家的关系要清白、纯洁，不能有贪心私心，不能以权谋私，不能搞权钱交易。就民营企业而言，所谓“亲”，就是积极主动同各级党委和政府及部门多沟通、多交流，讲真话，说实情，建诤言，满腔热情支持地方发展；所谓“清”，就是要洁身自好，走正道，做到遵纪守法办企业，光明正大搞经营。

其次，要发挥工商联的桥梁纽带作用。工商联在民营经济统战中具有独特作用，正如习近平总书记指出的，“各级统一战线工作领导小组和党委统战部要发挥牵头协调作用，工商联要发挥群团组织作用，把民营经济人士团结在党的周围，更好推动民营经济健康发展”[②]。工商联及所属商会是民营经济统战的重要组织依托，应发挥政府与民营企业之间的桥梁纽带作用，当好政府政策法规的普及者、深化改革的推动者、民营企业能力素质的提升者等角色。

最后，要加大民营企业的党组织建设力度。民营企业党组织建设非常重要，就民营企业而言，党员生活在哪里，党组织就要覆盖到哪里。为了推进民营企业的党组织建设，政府应帮助民营企业加大党组织建设力度，加强企业党组织能力建设，强化民营企业的党组织保障，从而形成高效协同的民营经济统战格局。

四、做好新时代民营经济统战工作的几点思考

做好新时代民营经济统战工作，要坚持党对民营经济统战工作的领导，始终从政治和全局高度谋划推进工作；坚持“两个毫不动摇”，进一步增强党对民营经济人士的领导力和凝聚力；坚持构建亲清政商关系，优化营商环境，促进形成良好政治生态；坚持信任、团结、服务、引导、教育方针，正确处理一

① 习近平：《在企业家座谈会上的讲话（2020 年 7 月 21 日）》，《人民日报》，2020 年 7 月 22 日。

② 《习近平对新时代民营经济统战工作作出重要指示》，新华网，2020 年 9 月 16 日。

致性和多样性关系，一手抓鼓励支持，一手抓教育引导，不断增进民营经济人士在党的领导下走中国特色社会主义道路的政治共识[①]。结合中共中央办公厅印发的《关于加强新时代民营经济统战工作的意见》，谈几点思考和体会。

（一）加大政治引领和思想引导力度

做好民营经济统战工作首先要高举爱国主义、社会主义旗帜，加大政治引领和思想引导力度，不断筑牢民营经济人士思想政治工作基础。

首先，通过政治引领巩固扩大政治共识。教育引导民营经济人士用习近平新时代中国特色社会主义思想武装头脑、指导实践，在政治立场、政治方向、政治原则、政治道路上同党中央保持高度一致，始终做政治上的明白人。进一步加强民营企业党建工作，切实发挥党组织的战斗堡垒作用和党员的先锋模范作用。大力宣传党中央关于民营经济发展的大政方针，进一步推动思想理论创新，及时回应广大民营经济人士的思想关切。要落实民营经济领域意识形态工作责任制，做到守土有责、守土负责、守土尽责。

其次，通过思想引导深化理想信念教育。引导民营经济人士不断增进对中国共产党和中国特色社会主义的政治认同、思想认同、情感认同。持续深入开展理想信念教育实践活动，创新教育形式和话语体系，不断扩大覆盖面，提升实效性。发挥党员民营企业家、民营经济代表人士在理想信念教育中的示范作用，充分调动广大民营经济人士的主观能动性，加强自我学习、自我教育、自我提升。引导民营经济人士增强自律意识，筑牢思想道德防线，严格规范自身言行，培养健康生活情趣，塑造良好公众形象。

最后，通过价值塑造倡导争做“四个典范”。强化价值观引领，引导民营经济人士树立正确的国家观、法治观、事业观、财富观，做爱国敬业、守法经营、创业创新、回报社会的典范。重点要引导民营经济人士树立家国情怀，以产业报国、实业强国为己任，脚踏实地干事，谦虚低调做人。注重发挥典型案例的警示作用，开展常态化法治宣传和警示教育，筑牢依法合规经营底线，倡

① 中共中央办公厅印发《关于加强新时代民营经济统战工作的意见》，2020 年 9 月 15 日。

导重信誉、守信用、讲信义，不断提升民营经济人士法治修养和道德水准。大力弘扬优秀企业家精神和工匠精神，充分激发创新活力和创造潜能。倡导义利兼顾、以义为先理念，坚持致富思源、富而思进，认真履行社会责任，大力构建和谐劳动关系，积极参与光彩事业、精准扶贫和公益慈善事业，克服享乐主义和奢靡之风，做到富而有德、富而有爱、富而有责。

（二）促进民营经济高质量发展

促进民营经济高质量发展是贯彻执行习近平总书记关于做好新时代民营经济统战工作重要论述的关键内容，更是做好新时代民营经济统战工作的重点与难点。

首先，帮助拓展市场范围。一是开拓国际市场。应加强与重点国家和地区的工商领域社会团体及其驻华机构的交流合作，引导民营企业积极参与“一带一路”建设，树立我国民营企业良好形象，从而带来海外市场占有率的持续增大。二是开拓国内市场。应依托统一战线组织动员民营经济人士投身创新驱动发展战略等国家重大战略，在服务国家经济建设大局中实现自身的市场范围拓展。同时，应加大国内市场的规范力度，严厉打击损害消费者权益的行为，从而为国内市场扩大奠定基础。

其次，着力优化营商环境。一是为民营经济发展创造公平竞争的市场环境。在法律层面对民营经济和民营企业家的产权保护、市场准入、公平竞争等方面作出规定和保障，使民营企业能平等、公平地获取市场准入资格，从而从制度上完善民营经济发展的市场环境。二是缓解民营企业融资困境。一方面应推进利率市场化改革，以促使银行等金融机构更好地增进民营企业融资；另一方面应加大资本市场改革力度，增强民营企业的直接融资比重。三是完善民营企业诉求反映和权益维护机制。应引导民营经济人士依法理性反映诉求、维护权益；依法维护企业正常经营秩序，尊重和保护企业家合法人身和财产权益；健全调解、仲裁、诉讼等多元化纠纷解决机制，及时有效化解民营企业民商事纠纷等。

最后，帮助民营企业提升竞争力。一是引导民营经济人士按照新发展理念谋划推进企业改革发展，充分利用政府搭建的各类产学研用对接平台，发挥民营企业在科技创新和成果转化中的积极作用。二是引导民营经济人士坚持稳中求进，坚守实业、做强主业，强化底线思维，增强风险意识，有效防范化解企业面临的各类风险。三是帮助民营企业找到创新解决方案，并让优秀人才到民营企业就业，帮助民营企业实现转型升级。四是大力帮助民营企业降低融资成本、能源成本以及其他成本，为民营企业竞争力提升提供实质性的帮助。

（三）加强民营经济人士的队伍建设

加强民营经济人士的队伍建设，是促进民营经济人士健康成长的保障。

首先，提升民营经济人士地位。一是提升民营经济人士政治待遇，提升其政治地位与政治向心力。应把优秀的民营经济代表人士吸纳为各级人大代表和政协委员；推荐部分人士为行业监督员、特约评论人员；选派部分优秀代表到政府机关挂职锻炼；适度、有序发展民营经济人士加入民主党派和其他社会团体。二是给予民营经济人士各种荣誉，提升其社会地位。三是为专业能力突出的民营经济人士评定职称，提升其专业影响力等。

其次，健全选人机制。扩大选人视野，兼顾不同地区和行业、大中型企业和小微企业，建立民营经济代表人士数据库和人才库。拓宽人才发现渠道，发挥人才主管部门、统战部门、行业主管部门的作用，构建与民营经济人士健康成长相适应的人才工作体系。优化代表人士队伍结构，适当向战略性新兴产业、高技术产业、先进制造业、现代服务业、现代农业等领域倾斜，培养壮大坚定不移跟党走、一心一意谋发展的民营经济人士队伍。

再次，规范政治安排。坚持思想政治强、行业代表性强、参政议政能力强、社会信誉好的选人用人标准，严把人选政治关和遵纪守法关，并按规定事先征求企业党组织和各有关方面的意见。完善民营经济代表人士综合评价体系，确保选人用人质量。

最后，加大新生代民营经济人士的培养力度。一是制订实施新生代民营经济人士健康成长促进计划，加大教育培养力度。二是发挥老一代民营企业家的传帮带作用，大力弘扬中华民族传统美德，注重家风和家教建设，引导新生代民营经济人士继承发扬听党话、跟党走的光荣传统，努力实现事业的新老交接与有序传承。

（四）完善统战部门的协同促进机制

发挥统战部门的协同促进作用主要体现在发挥人民政协作用、完善统战部门的服务机制和不断健全工商联的服务职能。

首先，发挥人民政协的作用。人民政协的成员构成极为广泛，既有党政领导，也有专家、学者；既有民营经济人士，也有港澳台同胞与海外侨胞，涵盖了政治、经济、文化、教育、宗教等各个行业的所有领域，是做好新时代民营经济统战工作的重要平台。政府和民营经济人士可以充分利用人民政协所构建的交流渠道来互相表达心声、表明态度，政府可以借此机会宣传习近平总书记关于做好新时代民营经济统战工作重要论述的内容与贯彻执行的方式方法，不仅有利于增强政府与民营经济人士之间的联系与沟通，也有利于提升民营经济统战的工作效率。

其次，完善统战部门的服务机制。一是完善统战部门与民营企业的沟通机制。统战部门应创新沟通协商形式，通过与民营企业和行业协会、商会代表座谈恳谈等方式，沟通有关情况，聚焦发展难题，共商解决办法；建立民营经济代表人士专题调研制度，每年开展重点考察调研，统战部门要认真听取调研提出的意见建议。同时，应规范统战部门与民营企业的联系制度，制定正面和负面清单，既要激励统战部门人士主动作为、靠前服务，又要督促其守住交往底线、防范廉政风险，从而做到“亲”而有度、“清”而有为。二是健全基层统战工作服务机制。要做好新时代民营经济统战工作，健全基层统战工作服务机制非常重要。为此，应构建囊括多部门的统战联合工作机制。统战部门有必要与民政、公安、商务、发改、经信、侨办以及其他部门共同组建联合工作机制。政府要对联合工作机制的职能、工作方法、服务对象进行定位，做到有效地为民营经济人士提供服务；要根据实际情况定期对各部门的工作职能进行部署与调整，分析各部门的工作压力并找到对应措施；应定期举办联合工作会议，通过交流工作经验，总结工作方法，听取各部门的合理建议与诉求等，从而提升各部门做好民营经济统战的工作效率。

最后，健全工商联的统战职能。工商联及其所属商会是政府对民营经济进行统战管理的重要平台，提升工商联的统战工作效率是做好新时代民营经济统战工作的基础。然而，目前我国工商联依然部分存在管理职能不清、定位不明等问题，不利于工商联做好新时代民营经济统战工作的效率提升。为此，一是让商会承接政府部分职能转移。凡是政府不该管，但从企业和社会的需要来看又需要有人管的事务，都应该交给行业协会去做；凡是政府需要管，但是单靠政府难以管好或者政府管理效率较低的事务，可以由政府委托给行业协会去做；凡是成员企业有需要，但单个企业难以做好的事务，一般也应该由行业协会去做，从而提升商会与行业协会做好民营经济统战工作的热情。二是加强和改进商会组织规范建设。国家层面：给予行业协会和商会地位、性质和职能合法性保障，使行业协会和商会的各项活动完全纳入法治的轨道；地方政府层面：应根据本地区经济社会特点，制定相应的地方条例与地方标准，实现行业协会商会制度、管理运作模式、职能定位考核的标准化、规范化、科学化；行业协会与商会层面：要加强自身规范化建设，努力成为市场、民营企业和政府的有效沟通主体与服务主体，从而提升商会与行业协会做好民营经济统战工作的质量。

（五）提升民营企业党组织的统战功能

民营企业党组织是党做好新时代民营经济统战工作的重要依靠力量，提升民营企业党组织的统战功能非常重要。

首先，理顺民营企业党组织与企业经营管理的关系。为了提升民营企业党组织的统战工作效率，应规范民营企业党组织的功能，理顺党组织与企业经营管理的关系，以促进民营企业经营管理与民营企业党组织的和谐运行。一是民营企业党组织参与企业的重要会议与决策过程，通过更好地发挥党组织的监督、维权、协调与引导作用，为民营企业党组织做好统战工作提供制度保障。二是民营企业党组织通过协调社会、政府、职工等关系，帮助民营企业搞好生产经营、提升职工素质，从而促使民营经济健康发展、民营经济人士健康成长，使民营企业成为贯彻执行新时代民营经济统战工作“两个健康”要求的坚强阵地。

其次，完善民营企业党组织的统战内容。一是保障企业发展与党和国家政策同频共振。民营企业党组织应保障企业发展与党和国家政策同频共振，实现党的建设与企业发展相互融合、相互促进，企业党组织应将习近平等党和国家领导人有关民营经济统战重要论述的贯彻与党组织工作任务对标对表，牢固确立对民营企业的全面引领。二是引导企业践行社会责任。民营企业党组织应引导企业积极参与社会治理项目，助力环境保护、脱贫攻坚、共同富裕工程，设置爱心基金，引领民营企业承担更多社会责任，走出一条基层共治、成员共富和事业共进的企业发展之路。

最后，建立一支高素质的党员队伍。党员队伍的整体素质对于民营企业党组织的统战功能提升有决定性影响。一是大力吸纳民营企业优秀人物成为中共党员。民营企业中不乏先进分子，他们拥有一定的学识与涵养，吸纳这些人员成为中共党员从而进入企业党组织之中，一方面能为企业管理层与统战部门提供后备力量，另一方面能为提升企业党组织的统战功能提供关键保障。二是要加强对企业党员的培训。企业党组织应加大对企业党员的培训，培训内容主要包括统一战线理论知识、新时代民营经济统战工作精神、与统战相关的法律知识和现代管理知识以及其他相关知识等，从而提升党员的政治素养与业务能力，进而提升民营企业党组织的统战工作效能。

作者简介　　张乐才，博士，中共杭州市委党校文化学与统战理论教研部教授，主要研究方向是民营经济统战、金融学、环境经济学等。

第十二讲

铸牢中华民族共同体意识

党的二十大报告指出，从现在起，中国共产党的中心任务就是团结带领全国各族人民全面建成社会主义现代化强国、实现第二个百年奋斗目标，以中国式现代化全面推进中华民族伟大复兴①。民族工作是中国式现代化道路上的重要组成部分。这种重要性既表现为其是新时代治国理政的重要领域之一，还体现在民族工作回应了伟大复兴的主体究竟为何，以及如何进一步巩固的关键问题。中国共产党自成立以来，高度重视民族工作，我国民族团结进步事业在党的领导下取得了丰硕成果，民族理论与政策也形成了一套完整体系。在2021年8月举办的第五次中央民族工作会议上，我党对于民族工作既往经验进行梳理，对于未来工作方针展开部署，最终形成了习近平总书记关于加强和改进民族工作的重要思想。该思想明确强调，新时代民族工作就是团结各民族群众，以铸牢中华民族共同体意识为主线。之所以把铸牢中华民族共同体意识称为“主线”，是因为其贯穿于民族工作的始终。既阐明了民族工作“是什么”，也揭示了民族工作“做什么”以及“如何做”。因此把握住铸牢中华民族共同体意识的深刻内涵，我们也就能深刻认识新时代民族工作的开展方向。

一、铸牢中华民族共同体意识彰显了民族工作的“道路之选”

在2021年中央民族工作会议上，习近平总书记特别指出，回顾党的百年历

① 习近平：《高举中国特色社会主义伟大旗帜　为全面建设社会主义现代化国家而团结奋斗——在中国共产党第二十次全国代表大会上的报告》，人民出版社2022年版，第21页。

程，党的民族工作取得的最大成就，就是走出了一条中国特色解决民族问题的正确道路[①]。这一重要论述阐明了党的民族工作的本质属性，即民族工作“是什么”的问题。通过中央民族工作会议的相关精神可以发现，党的民族工作本质上就是引导各民族铸牢中华民族共同体意识。那么究竟什么是中华民族共同体意识？要解释清楚这个问题，首先要明白民族作为一种人集聚而成的共同体，普遍需要处理好一对关系，那就是维系民族整体的共同性以及这个民族内部的种种差异性之间的辩证关系。不同民族在面对这对关系时都会形成符合自身特点的处理方法，中华民族也不例外。中华民族共同体意识这个概念背后所折射的，就是历史上各民族通过交往交流交融逐渐走在一起，最终成为一个民族实体的独特意蕴。把握中华民族共同体意识的内涵，就能够帮助我们了解民族工作的本质。

（一）中华民族是兼具多元与一体特点的民族共同体

综观世界各民族，可能没有哪个民族像中华民族这样既有鲜明差异性，也具有强大的共同纽带。一方面，中华民族是个大家庭，在她的内部有着在语言、风俗乃至于信仰上的显著差异，这种差异赋予我们中华民族缤纷丰富的文化色彩。另一方面，我们应该看到这种差异并没有带来隔绝与对立，各民族在相互交往中形成了牢不可破的认同纽带。大家最终汇聚在一处，共同谱写了一曲华美壮丽的交响乐章。所以中华民族是一个由内部各民族共同凝聚而形成的“民族共同体”，这种差异性与共同性的有机结合来源于中华文明的悠久历史与近现代的不懈奋斗，这为我们民族工作奠定了基调。

历史上中华各民族共同塑造出以“多元一体”为特点的交往格局，实现了差异性与共同性的有机结合。习近平总书记曾对这种“多元一体”交往格局的意蕴做了极为精练的概括，那就是“以炎黄华夏为凝聚核心、‘五方之民’共天下”[②]。所谓“以炎黄华夏为凝聚核心”，是指中原地区很早形成了一套“以文化人”的观念，即无论哪个民族，只要认可炎黄华夏的文化要义和典章制度，

① 《习近平出席中央民族工作会议并发表重要讲话》，新华社，2021 年 8 月 28 日。
② 习近平：《在全国民族团结进步表彰大会上的讲话》，新华社，2019 年 9 月 27 日。

那就是“华夏”的一部分。这一理念让中华大地上的各民族形成了一种文化正统观念，使无论哪个民族入主中原，都以统一天下为己任，以中华文化的正统自居。在历史上，像辽道宗这样的少数民族统治者就提出过“吾修文物彬彬，不异于中华”的论调。在这一观念的影响下，一种“‘五方之民’共天下”的交融格局开始形成。各民族既保持着自身鲜明特色，又以中华文化建设者、维护者自居。中华文化就是在各民族的共同维护下得以传承发扬，并获得了强大的凝聚力与包容性。

但在传统社会，中华民族还处于“自在”状态，各民族联系已十分紧密，但对自身作为中华民族一部分的整体认同还处于较为朦胧的状态。直到近代中国社会发展环境出现剧变后，中华民族共同体才开始从“自在”走向“自觉”。一方面，西方列强打开中国国门后，屡屡尝试挑拨民族矛盾以分化瓦解中国，中华民族整体意识在民族危机的刺激下开始觉醒，整合各民族成为一坚实共同体的呼声不断高涨。例如，顾颉刚便曾呼吁“我们对内没有什么民族之分，对外只有一个中华民族”[①]。另一方面，随着中国被卷入全球化进程，如“天下观”“华夷之辨”等传统民族认同观念失去了生存土壤，西方的民族主义思潮在此时进入国内，对中华民族认同的塑造产生重大影响。西方民族主义认为国家的合法性不在于君权，而是由民众所赋予的。为了能治理国家，国家疆域内的民众应保持高度的同质性，成为“民族”（nationality）。因此西方民族主义设想的民族国家就是一个“同种族、同语言、同宗教、同习俗之人相视如同胞，务独立自治，组织完备之政府，以谋公益而御他族”[②]的政治实体。在内忧外患的时代背景下，这一观念为中国社会所接受。推动中华民族转变为现代民族国家实体，进而屹立于世界民族之林逐渐成为国人共识。

中华民族从“自在”走向“自觉”的这段历史奠定了民族工作的基调，那就是中华民族在现代化转型过程中所面临的主体性建构问题。一方面，中华民

① 顾颉刚：《中华民族是一个》，《益世报·边疆周刊》，1939 年第 9 期。
② 转引自石硕：《从中国历史脉络认识“中华民族”概念——“中华民族”概念百年发展史的启示》，《清华大学学报》（哲学社会科学版），2021 年第 3 期。

族这个古老民族在现代化大潮中急需完成民族国家转型，而这意味着要进一步加强自身的共同性。然而，中华民族拥有独特而悠久的“多元一体”历史传统，其内部存在不可忽视的文化多元性，若片面地强调共同性很容易激发民族矛盾。如何在现代化背景下协调共同性与差异性的关系就成为近现代开展民族工作的核心问题。

（二）推动各民族共同实现现代化是民族工作的主要任务

从历史方位出发可以看到，民族工作要破解的核心问题就是中华民族向现代民族国家转型的问题。要解决这一问题，一方面要正视我国各民族的文化多元性，并传承好“多元一体”的历史传统；另一方面要不断增进共同性，让各民族进一步凝聚成为一个现代意义上的民族共同体。中国共产党通过百年奋斗历程，最终摸索出一套解决这一时代任务的认同构建路径。概言之，这条道路是一条以保障各民族平等为基础，尊重各民族差异，推动各族人民大团结，进而铸牢中华民族共同体意识的道路。

党的民族工作之所以能够成功，关键在于马克思主义理论同中华民族具体实际有机结合。马克思主义强调，世界各个民族是完全平等的关系，相互间不应存在剥削压迫。在这一思想引领下，中国共产党提出各民族只有在完全平等的基础上才能实现团结凝聚，中华民族认同基础才能真正夯实。为了保障各民族的平等地位，中国共产党正视汉族与少数民族间客观的发展差距，把推动少数民族发展作为民族工作的重要内容。这一理念具体到实践层面上，就是被称为“差别化政策”的一系列重要举措。这些政策有民族身份识别、民族区域自治等确立少数民族身份与权益的制度设计，也有高考加分、对口帮扶等一系列旨在帮助少数民族加快发展的优惠政策。在落实这一系列政策后，我党迅速赢得了各民族群众的认可，中华各民族形成了“平等团结互助和谐”的新型社会主义民族关系，民族团结进步事业取得了突破性进展。

在2018年新修正版《中华人民共和国宪法》中对于中华各民族关系使用了“平等团结互助和谐”这一表述，这八个字正是中国共产党构建现代中华民族认同的宝贵智慧的浓缩提炼。在这一思路下所培育的中华民族共同性并非同质化，而是一种“共同感”，即各民族围绕在党的领导下，在平等的基础上团结一致，共同为社会主义现代化事业不懈奋斗。这种“共同感”既充分尊重了各民族的多元性，也保证了中华民族整体的凝聚力，实现了在现代化背景下中华民族内部多元性与共同性的有机统一。所以党的民族工作是中国式现代化道路的重要成果，其为中华民族勾勒出一条各民族共同参与建设、共享发展成果、共同铸牢中华民族共同体意识的现代化发展道路。这一道路既承接了中华民族“多元一体”的历史传统，也回应了现代民族国家对共同体建设的要求，是马克思主义民族理论与中国具体实际相结合的重要成果。

（三）铸牢中华民族共同体意识是党的民族工作的高度凝练

铸牢中华民族共同体意识既是对党在民族理论创新上的最新成果，也是新时代民族工作实践的核心主线。一方面，铸牢中华民族共同体意识是对党的民族工作智慧的高度总结。习近平总书记用“四个与共”，即“休戚与共、荣辱与共、生死与共、命运与共”①阐释了中华民族共同体意识的内涵。“四个与共”所凸显的便是中国共产党一直强调的各民族共同参与国家建设、共同维护民族认同的“共同感”。而且这“四个与共”聚焦于理念、意识层面，既彰显了中华文明伦理的情感温度，也体现了中华民族共同体意识作为团结各民族精神纽带的根本属性，是党的民族理论在新时代的重大创新。

另一方面，铸牢中华民族共同体意识明确了新时代民族工作的实践方针。习近平总书记指出，铸牢中华民族共同体意识关键就是要把握好“四对关系”，即共同性与差异性的关系、中华民族共同体意识与各民族意识的关系、中华文化与各民族文化的关系、物质与精神的关系②。其中共同性和差异性关系最为关键，起到了“管总”的作用。在新时代做好民族工作，关键在于要增进共同性，尊重差异性。共同性和差异性并非二元对立关系，两者可以并行不悖。各民族多元文化是滋养中华民族的重要土壤，所以不仅不能否定民族内部多元性，还要尽可能地尊重各民族在语言文字、风俗习惯等方面的差异。但是共同

① 《习近平出席中央民族工作会议并发表重要讲话》，新华社，2021 年 8 月 28 日。
② 《习近平出席中央民族工作会议并发表重要讲话》，新华社，2021 年 8 月 28 日。

性与差异性仍有主次之分，前者的重要性凌驾于后者之上。没有共同性，民族共同体的凝聚力也就无从谈起，因此民族工作要更加注重增进共同性的工作。需要说明的是，增进共同性不是搞民族同化，而是要推动各民族培育好“五个认同”，即对“伟大祖国、中华民族、中华文化、中国共产党、中国特色社会主义”[①]高度认同。换言之，就是要引导各个民族认识到在本民族认同之上，还存在一个更高层次的共同体意识。

因此，铸牢中华民族共同体意识用“四个与共”“四对关系”“五个认同”阐明了新时代民族工作的核心主线。它不仅是党的民族理论的高度概括，也是审视新时代民族工作实践成效的根本标准。要解答民族工作做得好不好、该不该调整、要调整哪里等问题，就必须依循铸牢中华民族共同体意识这一主线进行审视，增进共同性，尊重差异性。

二、铸牢中华民族共同体意识阐明了民族工作的“践行之道”

随着第二个百年新征程的开启，中华民族进入实现伟大复兴的关键阶段。民族工作领域也呈现出一些阶段性特征，比如，“民族地区发展迈上新台阶，但发展不平衡不充分问题仍然相对突出；各民族人口大流动大融居趋势不断增强，如何顺应形势构建互嵌式社会结构仍需加强探索；中华民族共同体的思想基础不断巩固，但局部地区反分裂形势依然严峻，国际势力干扰破坏我国民族团结的风险不容小觑”[②]。而且，随着一系列涉民族因素公共事件的发生，社会各界对民族工作的关注度显著提升。习近平总书记提出铸牢中华民族共同体意识这一重要论断，起到了一锤定音、统一思想的重要作用。从铸牢中华民族共同体意识出发，新时代民族工作实践呈现出三个层次的主要内容：其一，要立足思想高度，为各民族培育正确的中华民族历史观。其二，对于民族平等、民族团结、民族区域自治等民族工作的基础性制度与政策要毫不动摇地继续坚

① 《习近平出席中央民族工作会议并发表重要讲话》，新华社，2021 年 8 月 28 日。

② 尤权：《做好新时代党的民族工作的科学指引：学习贯彻习近平总书记在中央民族工作会议上的重要讲话精神》，《求是》，2021 年第 21 期。

持，但是具体表述需要结合时代环境的变化进行调整。其三，在坚持基本政策的基础上，要根据新形势不断与时俱进，引领民族工作具体抓手不断创新发展。

（一）厚植理念，树立正确的中华民族历史观

中华民族共同体意识本质上是一种存在于观念中的认同。所以做好思想工作是新时代民族工作的重要内容，树立正确的中华民族历史观则是这项工作的核心。之所以会把树立中华民族历史观放在如此高度，是因为中国历史是一部各民族相互交融、共同缔造中华民族的历史，只有把这段历史对各族群众讲清楚，民族关系才能真正和睦，民族工作才能深化开展。

什么叫正确的中华民族历史观？习近平总书记曾对中华民族发展史作了诸多论述。他在2024年全国民族团结进步表彰大会上就指出："中华民族是有着五千多年文明史的伟大民族。我国各民族共同开拓了祖国的辽阔疆域，共同缔造了统一的多民族国家，共同书写了辉煌的中国历史，共同创造了灿烂的中华文化，共同培育了伟大的民族精神。"[①]。所谓正确的中华民族历史观就是能凸显出这种各民族共同缔造中华民族的历史观。这并非意味着要去否定各民族自身特色，因为没有各民族不同文化的交织碰撞，中华民族不可能拥有如此灿烂辉煌的文化。这种历史观真正强调的是各民族相互交融、共同铸牢中华民族共同体意识的基本站位。要讲好中华民族历史，既要充分发掘各民族历史文化特色，还需要进一步彰显各民族享有同一认同，共同参与历史书写的基本事实。

在中华民族的漫长历史当中，有着无数各民族相互交融、共同奋斗的史料供今人弘扬。一方面，中华民族内部大量文化元素都是各民族共同创造的。譬如，今天的"国潮风"文创产品深受市场欢迎，如二胡、青花瓷"国潮"文化元素，被很多人视为内地汉族文化代表。但二胡源于我国北方少数民族，而青花瓷则是元朝之后汉族工匠融合了北方游牧民族审美意趣的创造。另一方面，

① 习近平：《在全国民族团结进步表彰大会上的讲话》，新华社，2024年9月27日。

各民族为中华民族整体利益前仆后继的例子更是数不胜数。譬如，在汶川县南部三江乡有一座非常奇特的“辫子坟”，坟墓中埋葬了2000多条辫子，它们的主人是第一次鸦片战争期间远赴浙江前线抗击英军，最终牺牲在那里的藏族、羌族战士。这些战士可能从未离开过自己的家乡，但是他们在各民族休戚与共的命运感召下奔赴千里之外的抗英前线，并献出自己的生命。树立正确的中华民族历史观就是要更好地把这样的历史故事呈现给各民族群众。

（二）铸牢根基，坚持民族工作基本制度体系

目前我国民族政策主要由两部分组成：一是民族区域自治制度；二是针对少数民族群众的各类优惠政策，如高考加分等。一种看法认为这些政策固化了民族差异，应予以废除。对此“十二个必须”明确指出，我国现行民族政策依然要坚持下去。这是因为民族区域自治制度以及各类少数民族优惠政策是保障各族群众平等团结的基础，如果贸然将其取消，势必会对民族团结、社会稳定乃至国家安全产生不利影响，因此现行民族政策依然是铸牢中华民族共同体意识的重要保障。但需要注意，坚持民族工作基本政策不是因循守旧，而是要结合时代背景对这些政策的具体内涵进行优化完善。党的十八大以来，党中央对民族区域自治以及少数民族优惠政策形成了很多新的提法，这都是在坚持民族政策时需要深入把握的重要内容。

一方面，民族区域自治是实现中华各民族平等团结的重要政策保障。但同时党中央也强调，实施民族区域自治的根本目的在于实现和维护国家统一和民族安全。民族区域自治不是某个民族独享的自治，民族自治的地方更不是某个民族固有的地方。自治区戴了某个民族的帽子，是要这个民族担负起维护国家统一、民族团结更大责任，而不是赋予这个民族特权。另一方面，对于当前社会各界普遍关注的少数民族优惠政策，党中央明确指出在落实过程中要进一步突出精准性的原则，即各类帮扶优惠不能“大水漫灌”，而是要精准地用在真正需要帮扶的群体。近年来，很多中东部地区政府结合实际情况对少数民族中高考加分政策进行了调整。譬如，杭州市就提出，将在2026年取消少数民族中考考生的加分政策。这是因为设置加分政策的本意是为了帮助那些教育资源相对匮乏的少数民族学生，但随着社会不断发展，生活在浙江、江苏等经济发达地区的少数民族群众已基本享受到与汉族一样的教育资源。若继续对当地少数民族考生加分，不仅无助于增进各民族的共同性，反而可能会制造出更多差异性。从这一案例可以看到，在未来，各类民族优惠政策依然要坚持下去，但也必然会依循增进共同性、尊重差异性的原则进一步提升政策的精准度。

（三）深化发展，推动民族工作不断创新优化

党的十八大以来，习近平总书记针对民族工作面临的新环境提出了很多新理念，这些都是推动新时代民族工作深化发展的重要方向。具体而言，主要有四方面内容，即构筑中华民族共有精神家园，促进各民族广泛交往交流交融，坚持依法治理民族事务，坚决维护国家主权、安全、发展利益。

其一，新时代做好民族工作必须为各民族培育好共有精神家园。为什么要特别强调"共有"？这是因为只有做到精神共有才能统一思想，凝聚共识，为推动中华民族伟大复兴贡献力量。如果一个民族没有共同理想，没有共同目标，没有共同价值观，那什么事也办不成。但是构建共有精神家园不是搞文化同化，而是各民族在社会主义核心价值观层面上要保持一致，对各民族的风俗习惯则应予以尊重。当前构筑各民族共有精神家园主要有两方面工作：首先是要强化文化共识教育，尤其是要注意加强社会主义核心价值观、中华民族共同文化符号以及国家通用语言文字教育。其次是要注意推动各民族文化相互借鉴交融，培育好民族文化大花园。中华民族文化有着缤纷丰富的文化色彩，铸牢中华民族共同体意识，就是要进一步促进各民族优秀文化的相互融通。譬如，可以用好各民族节庆，通过文化会演等形式加速民族文化的沟通交流。

其二，新时代做好民族工作还要促进各民族广泛交往交流交融。因为随着近年来各民族跨区域流动空前活跃，民族地区与散居地区的界线越发模糊。据统计，居住在城市和散居地区的少数民族人口已经超过少数民族总人口的1/3，少数民族流动人口已增长至3000多万人，各民族间的政治、经济、文化、社会联系比以往任何时候都更加紧密[①]。如何引导少数民族流动人口与流入地更好地相互适应，便成为新时代民族工作的一个重要内容。目前很多少数民族流动人口往往在社会资本上比较缺乏，导致他们在流入地很难建立起稳定的社会关系。要促进各民族交往交流交融，就要为这些民族同胞搭建好各种载体，避免在当地形成民族区隔或者民族文化“孤岛”现象。当前如浙江省义乌市这样有大量少数民族流动人口集聚的城市就推出了一些创新举措来解决这一问题。相关部门引导少数民族群众组成如志愿服务队这样的公益组织，让他们积极投身疫情防控、送文化下基层以及各类公益慈善事业，在为市民提供帮助的同时拉近了他们和城市之间的距离，进而形成了社会交往、文化认同上的相互嵌入式格局。

其三，新时代做好民族工作还必须做到依法治理民族事务。特别是在各民族交往交流交融不断深入的时代背景下，提升民族工作法治化水平是做好民族工作的重要内容。首先，要依法保障少数民族合法权益，认真贯彻法律赋予少数民族群众的各项权利。其次，要坚持依法处置涉及民族因素的矛盾和纠纷，坚持法律面前人民一视同仁、一道依法，是什么问题就按什么问题处理，对违法犯罪的人，无论什么民族出身都要坚决依法打击。再次，要教育引导各族群众树立法律意识，引导他们善用法律手段保护自己的合法权益，坚决杜绝以非法聚集、抱团示威、群扎群殴等方式表达自己诉求。最后，要坚持是什么问题就按什么问题处理，不能把涉及少数民族群众的民事刑事问题简单地归结为民族问题，不能把发生在民族地区的一般的矛盾纠纷简单地归结为民族矛盾。

其四，新时代做好民族工作必须维护国家主权安全发展利益，坚决防范民族领域重大风险隐患。民族工作在这方面面临的挑战有四个：一是与反华势力、民族分裂势力作斗争的任务仍然繁重，尤其是边疆民族地区很多地方依然面临着长期而复杂的斗争形势。二是西方部分敌对势力抹黑我国民族政策，试

① 尤权：《做好新时代党的民族工作的科学指引：学习贯彻习近平总书记在中央民族工作会议上的重要讲话精神》，《求是》，2021 年第 21 期。

图以民族问题为突破口破坏我国繁荣发展大局。三是意识形态领域还存在一些错误思潮和极端思想，容易引起人们思想上的误解。四是互联网阵地上涉民族因素的负面信息和误导性言论时有出现，对群众思想认识造成一定不利影响，在面对敌对势力对我国民族团结大局的恶意攻击时，除了要明确坚决回击的态度，还需要注意回应的策略方法。譬如，要善于应用“外嘴外脑”宣传当前民族工作所取得的成就，推动中华民族团结进步故事走向海外，让更多人了解中国民族工作的真实情况。

三、铸牢中华民族共同体意识强化了民族工作的“保障之基”

新时代民族工作面临的局势越发复杂，责任也越发重大，这就对民族工作的保障能力提出了更高要求。铸牢中华民族共同体意识作为新时代民族工作的主线，很好地回应了新时代民族工作的“保障之基”，也就是“民族工作如何做好”的问题。在2021年中央民族工作会议上，习近平总书记特别提出“把党的领导贯穿民族工作全过程，形成党委统一领导、政府依法管理、统战部门牵头协调、民族工作部门履职尽责、各部门通力合作、全社会共同参与的新时代党的民族工作格局”[①]。从这一表述中可以看到，习近平总书记提出了一个系统而严密的新时代工作框架，对于当前民族工作能力建设具有重要意义。

（一）深化民族工作认知

首先要把党的领导贯穿于民族工作全过程。民族工作是中华民族伟大复兴进程不可或缺的重要组成部分，是全域、全体、全员、全面、全程都要抓实的“国之大者”。要贯彻这一精神，全党上下以及各族群众要深入把握新时代民族工作的重大意义，特别是要注意消除当前对民族工作的部分刻板印象。

其一，民族工作不是“少数民族工作”，而是五十六个民族共同参与，以铸牢中华民族共同体意识为目标的伟大事业。因此汉族既是新时代民族工作不可或缺的参与者，也是重要受众。当前有部分基层单位认为自己辖区内没有少

① 《习近平出席中央民族工作会议并发表重要讲话》，新华社，2021年8月28日。

数民族，所以民族工作没必要做，这一认识无疑是亟待纠正的。其二，民族工作不是“民族地区的工作”。特别是在各民族交往交流交融的当下，中东部地区尤其是沿海经济发达地区城市集聚了大量少数民族群众，如浙江近年来成为少数民族重要流入地，生活在这里的少数民族群众总数已经突破300万人。因此，浙江省民族工作会议提出要打造“铸牢中华民族共同体意识示范省”，并提出了打造各民族共同富裕示范区、各民族交往交流交融示范区、民族事务治理现代化示范区、中华民族共有精神家园示范区的具体目标。这反映出铸牢中华民族共同体意识无论从理论还是实践上都不仅局限在民族地区，而是全国各地共同参与，每个地方都有义不容辞责任的重大事业。其三，民族工作不是片面强调民族差异性的工作。在民族工作实践中经常存在一种做法，就是把展现少数民族文化特色作为民族工作的全部内容。从铸牢中华民族共同体意识的要求来看，这一做法更多体现了各民族间的差异性，但对各民族内在共同性表达不足。在新时代做好民族工作，就要在尊重各民族差异的基础上，充分地彰显中华民族的内在共同性。近年来，不少地方在春节、中秋、端午等中华民族传统节庆中尝试邀请不同民族群众宣传推广本民族相关民俗，这一做法有效推动了各民族文化相互交融，有力地凸显了各民族的共同性与凝聚力，值得其他地方借鉴。

（二）拓展民族工作路径

2021年中央民族工作会议强调了“党委统一领导、政府依法管理、统战部门牵头协调、民族工作部门履职尽责、各部门通力合作”。这意味着民族工作不是一个部门的事务，而是各个条块共同参与的系统化工程。具体到实践层面上，新时代民族工作的具体实施路径也应不断拓展。

其一，民族工作应该积极拓展受众，形成全社会各民族共同参与铸牢中华民族共同体意识事业的良好氛围。这就要求我们进一步加强对汉族群众的铸牢中华民族共同体意识教育。譬如，在民族工作战线上有很多来自汉族的优秀代表，他们在脱贫攻坚、对口帮扶、文化交流等各条战线上都作出了巨大贡献，是民族团结进步事业中不可或缺的重要力量。在开展宣传教育工作时应讲好这些优秀代表人物的先进事迹，以他们的故事引导更多群众参与到铸牢中华民族共同体事业当中。其二，民族工作要积极拓展工作范围。新时代民族工作已成为一项多部门、跨条块协作的系统工程。所以在具体实践中应积极拓展工作范围，实现民族工作与经济工作、法治工作、宣传文化工作不同条块的有机结合。譬如，近年来杭州市尝试将民族工作融入公共文化服务体系，把民族文化教育作为公共文化服务产品投放到城市书房、农村文化礼堂等文化阵地当中，让市民既享受到了高品质文化服务，同时又“润物细无声”地接受了中华民族文化教育。其三，民族工作应积极下沉到基层。基层是人民群众现实利益和诸多矛盾交织的层面，各民族交融不断深入让民族工作成为全国各地基层工作的重要任务。相应的新时代民族工作的基点、重点也已下沉到社区、乡村等节点，加强基层民族工作体系建设已成为当前工作的重要任务。譬如，浙江省近年来聚焦于基层民族工作阵地建设，打造“之江同心·石榴籽家园”的基层阵地品牌矩阵，以基层民族团结进步协会为组织保障，以读书会、联谊会、文化讲堂等群众喜闻乐见的活动为内容，实现基层民族工作的可持续、常态化。

（三）创新民族工作抓手

2021年中央民族工作会议指出，要形成全社会共同参与的格局，这一点对于推动民族工作创新发展尤为关键。一项工作参与面越广，创新动力也就越强。在民族工作环境日新月异的时代背景下，激发社会参与热情已成为推动民族工作与时俱进、创新完善的重要保障。近年来的实践表明，引导社会力量深度介入将有助于民族工作的优化创新。譬如，杭州市近年来积极引入社会力量，打造出“转塘·石榴籽家园”“贤聚堂”等一系列民族团结进步创建典型单位。这些单位都是在政府支持下有关企业、各民族优秀代表等民间力量参与创建的成果。譬如，“转塘·石榴籽家园”便是由本地茶叶公司与大学文化创意团队合力打造的工作品牌。双方在合作过程中巧妙地以茶这个既代表杭州本地文化，又在各民族文化中留下深刻印记的元素为载体，推出了“茶是多元体，亦是共同体”的民族团结进步教育体验课。在此基础上，“转塘·石榴籽家园”还引入了文创团队，将茶叶与新疆馕饼相结合，推出了别具风味的“茶馕”作为对口帮扶的创意项目。从这些别开生面的创意项目中可以发现，社会各界的积极参与既可以让民族工作更接地气、更符合群众需求，还可以通过更多“大脑”的参与为民族工作灌注更多创新力量，让民族工作呈现出多元化、时代化、在地化的良性发展格局。

作者简介

袁本罡，博士，中共杭州市委党校文化学与统战理论教研部副教授，主要研究方向是党的民族政策、铸牢中华民族共同体意识等。

第十三讲

坚持我国宗教中国化方向

党的十八大以来，以习近平同志为核心的党中央从党和国家事业发展全局的战略高度，以宽广的政治视野、深邃的历史眼光，发表了一系列关于宗教工作的重要论述，深刻论述了宗教工作在党和国家工作全局中的特殊重要性，明确提出了要坚持我国宗教的中国化方向，推动了中国特色社会主义宗教理论创新发展，体现了我们党对宗教问题和宗教工作认识的新高度新境界，标志着中国特色社会主义宗教理论的正式确立。

2015年召开的中央统战工作会议上，习近平总书记提出“积极引导宗教与社会主义社会相适应，必须坚持中国化方向，必须提高宗教工作法治化水平，必须辩证看待宗教的社会作用，必须重视发挥宗教界人士作用”[①]。2016年召开的全国宗教工作会议上，习近平总书记强调，“宗教问题始终是我们党治国理政必须处理好的重大问题，宗教工作在党和国家工作全局中具有特殊重要性，关系中国特色社会主义事业发展，关系党同人民群众的血肉联系，关系社会和谐、民族团结、关系国家安全和祖国统一”[②]。2021年召开的全国宗教工作会议上，习近平总书记再次强调，“必须深刻认识做好宗教工作在党和国家工作全局中的重要性，必须建立健全强有力的领导机制，必须坚持和发展中国特色社会主义宗教理论，必须坚持党的宗教工作基本方针，必须坚持我国宗教中国化

① 《习近平：巩固发展最广泛的爱国统一战线　为实现中国梦提供广泛力量支持》，新华网，2015年5月20日。

② 《习近平出席全国宗教工作会议并发表重要讲话》，新华社，2016年4月23日。

方向，必须坚持把广大信教群众团结在党和政府周围，必须构建积极健康的宗教关系，必须支持宗教团体加强自身建设，必须提高宗教工作法治化水平”[①]。

习近平总书记关于宗教工作的重要论述是解决当前中国宗教问题、指导新时代宗教工作而形成的重要思想理论，具有鲜明且重大的现实意义。深入学习习近平总书记关于宗教工作的重要论述，体悟其关于宗教问题的细微分析、高远洞见，是做好新形势下宗教工作的行动指南。同时，结合学习、体悟，弄清习近平总书记关于宗教工作的系列论述，有助于我们系统把握、全面领会习近平新时代中国特色社会主义思想的全貌和理论建树。

一、正确认识和对待宗教问题

（一）大变局下全球宗教新态势

第一，宗教在全球范围内分布广泛，信仰人数众多。当今全球72.8亿人口中，有2500多个民族，分布在200多个国家和地区，超过80%的人口有宗教信仰。基督教、伊斯兰教与佛教是全球范围内的三大宗教，其中，基督教的信仰人数约为23亿人，伊斯兰教信仰人数约为18亿人，佛教信仰人数约为5亿人。第二，宗教是影响全球格局演变的重要因素之一。据有关部门统计，第二次世界大战以来，全球共发生332起比较大的纠纷、冲突和战争，其中因民族宗教原因引发的就有278起，占总数的84%。例如，在巴以冲突、伊拉克战争、叙利亚内战乃至当下正在进行的俄乌冲突中，我们都可以找寻到宗教的身影。习近平总书记提出，“宗教在全世界都是同社会政治斗争相联系的。当今世界因宗教问题引起的重大冲突，背后都是经济、政治、民族利益的冲突”[②]。第三，互联网宗教问题带来诸多领域的深刻变化。电子媒体之于21世纪的宗教变革有如古腾堡的活字印刷术之于16—17世纪的宗教改革。早在16世纪，马丁·路德借助活字印刷术痛批教会腐败，将自己的神学主张传播到整个德语

① 《习近平出席全国宗教工作会议并发表重要讲话》，新华社，2021年12月4日。

② 习近平：《干在实处 走在前列——推进浙江新发展的思考与实践》，中共中央党校出版社2006年版，第262页。

区，直接引发了宗教变革，基督新教从天主教中分裂出来。至于当下，网络“世界性”与宗教的“普世性”相结合，一方面，提升了宗教组织直接传教的能力，也提高了宗教组织社会基层动员能力；另一方面，也给宗教管理带来了难度，使发生在世界任何角落的宗教问题都迅速透明化、国际化和政治化。

（二）我国宗教现状与发展趋势

我国是中国共产党领导的社会主义性质的国家，始终坚持从本国国情和宗教实际出发，实行宗教信仰自由政策，保障公民宗教信仰自由权利，构建积极健康的宗教关系，维护宗教和睦与社会和谐。据2018年《中国保障宗教信仰自由的政策和实践》白皮书记载，我国主要有佛教、道教、伊斯兰教、天主教、基督教等宗教，信教公民近2亿人，宗教教职人员38万余人。佛教和道教信徒众多，但普通信徒没有严格的入教程序，人数难以精确统计。佛教教职人员约22.2万人。道教教职人员4万余人。信仰伊斯兰教的少数民族总人口2000多万人，伊斯兰教教职人员5.7万余人；天主教信徒约600万人，天主教教职人员约0.8万人；基督教信徒3800多万人，基督教教职人员约5.7万人。中国的宗教团体约5500个，其中全国性宗教团体7个，分别为中国佛教协会、中国道教协会、中国伊斯兰教协会、中国天主教爱国会、中国天主教主教团、中国基督教三自爱国运动委员会、中国基督教协会。目前依法登记的宗教活动场所14.4万处。佛教寺院约3.35万座，其中，汉传佛教2.8万余座，藏传佛教3800余座，南传佛教1700余座。道教宫观9000余座。伊斯兰教清真寺3.5万余处。天主教教区98个，教堂和活动堂点6000余处。基督教教堂和聚会点约6万处。

近年来，我国宗教领域出现了一些新情况和新动向。宗教信仰需求出现分化，大中城市特别是知识分子、工商业者、海归人员、演艺明星等群体中信教人数有所增加，不少信教群众从农村向城市流动，城市宗教问题越来越突出。网上宗教聚集越来越多，宗教活动出现小型化、分散化、隐秘化动向，增加了宗教事务管理难度。也就是说，国内的宗教领域呈现出三个方面的新动向：

信仰需求出现分化、城市宗教问题越来越突出、网上宗教聚集越来越多。从传统上来说，我国宗教信仰群体具有“五多”的特征，即老人多、妇女多、农村人口多、低收入者多、文化层次低者多。但是，当前我国宗教信仰人口变化的突出现象是，大中城市特别是知识分子、工商业者、海归人员、演艺明星等群体中信教人数有所增加。这极大地改变了人们对宗教信仰群体的刻板印象，也对党的宗教工作提出了新的要求。

习近平总书记高度关注全球宗教新态势对我国的风险与挑战，并多次在讲话中谈到这一话题。当前，宗教极端主义对我国安全构成重大威胁，敌对势力利用宗教对我国进行渗透，个别国家利用宗教问题干涉我国内政。应当看到，我国宪法法律保障公民信仰宗教的权利，但必须警惕宗教渗透的危险，警惕带有政治意图的宗教诉求。要坚决抵御境外利用宗教进行渗透，防范宗教极端思想侵害的活动。要充分发挥爱国宗教人士的作用，加强对信教群众的正面引导，既满足他们正常的宗教需求，又有效抵御宗教极端思想的渗透。

（三）马克思主义关于宗教的基本理论

做好新形势下宗教工作，就要坚持用马克思主义立场、观点、方法，认识和对待宗教，遵循宗教和宗教工作规律，深入研究和妥善处理宗教领域的各种问题，结合我国宗教发展变化和宗教工作实际，不断丰富和发展中国特色社会主义宗教理论，用以更好地指导我国宗教工作实践。

第一，关于宗教本质的理论。“宗教的本质”是近代以来哲学家们普遍关注的一个问题，围绕这个问题形成了一些不同的观点。黑格尔认为宗教的本质是纯粹精神。费尔巴哈认为宗教的本质是人的本质的异化。马克思继承和发展了费尔巴哈的理论，认为宗教作为一种意识形态，是对社会存在的反映，这种反映采取了幻想的方式。宗教是以超自然、超人间力量的形式反映支配着人们日常生活的外部力量，并把这种力量神圣化，使之成为主宰人们日常生活的异己力量，这是宗教之为宗教的根本，是一切宗教的基本特征和本质规定。关于“宗教的本质”这一问题，习近平总书记继承了马克思主义宗教观，他指出：“宗教不仅是一种意识形态，而且还是一种社会实体。宗教作为一种社会意识形态，是社会政治、经济矛盾的反映。”①

第二，关于宗教存在根源和消亡的观点。马克思主义主张要在社会历史中探寻宗教的起源，认为宗教是在原始社会人们从关于他们自身和周围的外部自然的原始观念中产生的。宗教就是在原始人关于灵魂和神等原始观念的基础上产生的。马克思主义认为宗教的发展由社会发展所决定，宗教的发展规律取决于社会历史形态的发展演变。马克思主义认为，与其他任何社会历史现象一样，宗教也有其产生、发展和消亡的规律。宗教存在有其自然根源、社会根源和认识根源，即自然异己力量和社会异己力量对人们日常生活的支配以及人们对这种支配力量的不理解。当宗教存在的这些根源不存在时，宗教的消亡也就必然发生。所以宗教是否消亡，不取决于宗教自身，不以人的意志为转移。可以说，宗教存在根源的长期性决定了宗教存在的长期性。宗教是人类社会的客观存在，不仅过去长期存在，将来也还会长期存在，不可能强制地消灭它。历史和现实都说明，宗教存在的根源在于现实社会，而现实社会的矛盾斗争和不平衡发展的长期性，决定了宗教根源存在的长期性，又决定了宗教存在的长期性。

第三，关于宗教价值的理论。宗教价值具有两重性，既有消极性，也有积极性。马克思主义认为，宗教具有积极作用和消极作用两重性，是一种积极性和消极性共生共存的社会现象，很难用好与坏、是与非进行简单概括。宗教既有心理调节、道德制约的作用，也有对人们思想意识麻醉和控制的作用；既可以成为增进社会和谐的力量，又可能成为引发社会仇恨和冲突的诱因，是一把“双刃剑”。对宗教价值必须历史地、辩证地看待。宗教的价值不是一成不变的，要看宗教所处的社会是什么性质的社会，宗教同社会是什么样的关系。在阶级社会，统治阶级把宗教作为统治人民的精神工具，这是在当时的历史条件下宗教价值的主要方面。新中国成立后，我国宗教作为统治阶级压迫人民的工具的作用已经被消除，广大信教群众爱国爱教、团结

① 习近平：《干在实处 走在前列——推进浙江新发展的思考与实践》，中共中央党校出版社2006年版，第262页。

进步，拥护党的领导和社会主义制度，已经成为建设中国特色社会主义的积极力量。宗教与社会主义社会相适应的过程，应该是调动积极因素、抑制消极因素的过程。既不能只注重抑制消极因素，忽视调动积极因素，也不能只注重调动积极因素，忽视抑制消极因素。因为看到了宗教的积极作用就放任自流，看到了宗教消极因素就如临大敌，这些都是不正确的认识和做法。正确的认识和做法是“导”，通过保护、管理、引导、服务等，最大限度发挥宗教的积极作用，最大限度抑制宗教的消极作用。宗教与社会主义社会相适应的过程，应该是调动积极因素、抑制消极因素的过程。发挥宗教的积极作用，不是把宗教当作济世良方，而是要因势利导，趋利避害，引导宗教努力为促进经济发展、社会和谐、文化繁荣、民族团结、祖国统一服务。

（四）坚持“导”的正确态度

新中国成立之后，我国对宗教采取过不同的态度，也走过了一些弯路。比如，一是主张“放”，认为宗教是个人信仰，党和政府不该管，不必管；二是主张“收”，认为宗教完全是迷信，是愚昧落后的代表，应该对宗教严格管制。实际上，对待宗教问题，既不能采取简单的“放”的态度，片面夸大宗教的积极作用，放任自流，忽视宗教问题背后复杂的政治、经济、社会因素；也不能采取简单的“收”的态度，片面夸大宗教的消极作用，甚至用行政力量、用斗争方法去消灭宗教。正如习近平总书记指出的，对待宗教要采取“导”的正确态度。做好“导”的工作，要求我们客观、辩证地认识和看待宗教的社会作用，尊重宗教和宗教工作规律，把宗教事务管理纳入国家治理体系，把握好工作尺度，根据实践的不断发展变化调整具体政策和工作策略，始终坚持正确的工作方向，在“导”上想得深、看得透、把得准，做到“导”之有方、“导”之有力、“导”之有效，牢牢掌握宗教工作主动权。

二、坚持我国宗教中国化方向的内涵要义及基本逻辑

2015年召开的中央统战工作会议上，习近平总书记首次提出积极引导宗教

与社会主义社会相适应，必须坚持中国化方向[①]。2016年召开的全国宗教工作会议上，习近平总书记再次强调，“积极引导宗教与社会主义社会相适应，一个重要的任务就是支持我国宗教坚持中国化方向”[②]。2021年召开的全国宗教工作会议上，习近平总书记进一步强调，“要深入推进我国宗教中国化”[③]。

（一）坚持我国宗教中国化方向的内涵要义

在党和政府的支持引导下，宗教界根据当代中国发展进步要求进行自我调整，在保持自身信仰核心的前提下，自觉与中国文化和国情特点相融合，表现出不断适应中国社会发展的趋势和倾向，呈现出明显的中国特色，呈现出不同时代的特征，这样一个过程可以称为宗教中国化。

“我国宗教”既包括产生于中国本土的宗教，也包括传入中国社会、得到国家认可并且在遵守宪法以及相关法规前提下开展正常活动的宗教。“中国化”的落脚点是“化”。这个“化”是在中国特定空间区域、特定社会环境下发生的，符合中国的特殊国情，体现了一种历史趋势和文化发展的必然走向。“中国”既是一个文化概念，也是一个政治概念。一方面，中国有着悠久的文化传统；另一方面，中国有着独特的政治制度。因此，我国宗教“中国化”最根本的就是拥护中国共产党领导和社会主义制度，融入中华文化之中，并且积极参与中华民族伟大复兴的建设事业。“坚持”意味着我国宗教的“中国化”不是新生现象，而是有着长期的历史实践。单就理论层面而言，宗教界从自身传播角度一直提倡本土化、本色化、在地化、处境化。“坚持”既是对已经形成的“中国化”历史事实的肯定，也是对未来中国宗教走向的一种引导。

在坚持我国宗教中国化方向上，需要有正确的认识，还要纠正一些错误的理解。比如，第一，宗教中国化不是中国独有，也不是今天才有。实际上，在习近平总书记提出坚持我国宗教中国化之前，我国宗教历史上一直有中国化方

---

① 《习近平：巩固发展最广泛的爱国统一战线　为实现中国梦提供广泛力量支持》，新华网，2015年5月20日。

② 《习近平：全面提高新形势下宗教工作水平》，新华社，2016年4月23日。

③ 《习近平出席全国宗教工作会议并发表重要讲话》，新华社，2021年12月4日。

面的探索和实践。当然，宗教中国化也不是中国独有的，各种宗教在传入不同国家和地区之后，都有一个适应和演变的过程，有宗教中国化，也有宗教美国化、宗教欧洲化、宗教非洲化等。第二，宗教中国化的目的不是要淡化宗教信仰，更不是要改变宗教、消灭宗教，而是让宗教更好地与社会主义社会相适应，更好地融入社会主义中国。第三，宗教中国化不是要割断宗教与国际的联系，也不是要割断宗教与民族的联系。中国宗教本着独立自主的原则，积极与其他国家和地区相互交往。第四，宗教中国化不是要将宗教政治化，进而控制宗教。中国始终坚持从本国国情和宗教实际出发，实行宗教信仰自由政策，保障公民宗教信仰自由权利，构建积极健康的宗教关系，维护宗教和睦与社会和谐。第五，宗教中国化不是多此一举，无事生非，而是因为在宗教发展过程中出现了一些“逆中国化”的倾向，需要引起足够的重视。第六，宗教中国化中的“中国”不是单单指传统中国，更重要的是指当代中国。这可以很好地解释“道教中国化”这一论题，今天的道教如果还是保持几百年前的样子，还只是在强调内丹、外丹、羽化成仙，就很难同当今时代相适应。因此，道教中国化就是指道教要顺应时代发展，更好地与社会主义中国相适应。

（二）坚持我国宗教中国化方向的基本逻辑

一是坚持我国宗教中国化方向的理论逻辑。首先，坚持我国宗教中国化方向，符合经济基础与上层建筑的辩证关系。马克思认为，宗教作为一种意识形态，是对社会存在的反映，这种反映采取了幻想的方式。对宗教的认识和分析不能仅从宗教本身出发，不能单纯用精神性的因素去解释宗教现象，要到宗教赖以生存的社会经济基础中去寻找宗教的根源和本质，要从社会生活的现实基础来认识和说明宗教。其次，坚持我国宗教中国化方向，反映宗教的基本属性。宗教是一种与现实紧密相关的有神论的社会文化现象，这是宗教的基本属性。宗教也是一种群众性的社会现象，有人需要、有人信奉是宗教得以存在的前提。最后，坚持我国宗教中国化方向，符合宗教社会作用的两重性规律。宗教具有积极作用和消极作用两重性，是一种积极性和消极性共生共存的社会现象。宗教既有心理调节、道德制约的作用，也有对人们思想意识麻醉和控制的作用；既可以成为增进社会和谐的力量，又可能成为引发社会仇恨和冲突的诱因，是一把“双刃剑”。

二是坚持我国宗教中国化方向的历史逻辑。我们可以结合一些历史史料来分析坚持中国化方向对于不同宗教发展的重大意义。谈到宗教中国化，大家首先想到的是佛教的中国化，认为佛教在中国化方面做了很多积极性的探索。因此有人提出，佛教能够中国化的原因是佛教文化同中国文化有很高的契合度。但实际上，佛教在传入中国的早期，与中华文化和中国社会之间有很多冲突。在政治方面，早期佛教典籍《梵网经》载：“出家人法：不向国王礼拜，不向父母礼拜。六亲不敬，鬼神不礼。”在文化方面，佛教与儒、道之纷争不断，初步形成三教鼎立的局面。在社会方面，僧尼不入编户，不纳赋税；寺观广占田地，侵损百姓利益。不过，佛教并没有刻板坚持自己的教义，而是积极融入中国社会。在政治方面，大慧宗杲提出：“予虽学佛者，然爱君忧国之心与忠义士大夫等。”在文化方面，契嵩谈道：“儒佛者，圣人之教也，其所出虽不同，而同归于治。儒者，圣人之大有为者也；佛者，圣人之大无为者也。有为者以治世，无为者以治心。”在社会方面，《百丈清规》有载：“丛林以无事为兴盛”，“长幼以慈和为进德”，“待客以至诚为供养”，“处众以谦恭为有礼”。佛教为我们提供了一个积极融入中国社会，进而取得持续发展的例子。另外，也有一些天主教传教士刻板坚持自己的教义，用外国的规矩来要求中国信众，从而与中国民众乃至封建王朝爆发巨大冲突的历史。明朝以来，进入中国的天主教传教士可以分为耶稣会一支，方济各会、多明我会、巴黎外方传教会一支。以利玛窦为代表的耶稣会传教士大多接受过高等层次的教育，他们对于中华文化有着比较深入的了解。例如，教宗若望·保禄二世在《利玛窦到北京四百周年国际学术研讨会致词》中对利玛窦的评价是：“利玛窦神父最大的贡献是在‘文化交融’的领域上。他以中文精编了一套天主教神学和礼仪术语，由于利玛窦神父如此道地的‘做中国人中间的中国人’，使他成为大‘汉学家’，这是以文化和精神上最深邃的意义来说的，因为他在自己身上把司铎与学者，天主教徒与东方学家，意大利人和中国人的身份，令人惊叹地融合在一起。”他们认为中国人祭祖是尊重祖先的世俗活动，而祀孔是对教化的认同，习惯于使用“天”“天主”“上帝”来翻译天主教的神“DEUS”。但是，在耶稣会后面进入中国的方济各会、多明我会、巴黎外方传教会的传教士们不满耶稣会在华的传教工作，并提出中国人祭祖是迷信活动，是灵魂崇拜；中国人祀孔是宗教活动，是偶像崇拜；不能用中国传统概念“上帝”“天”来称呼天主教的“天主”。天主教内部的教义之争，后面演变成为罗马教廷与清王朝的冲突。教皇发布通谕，禁止中国教徒参加祭孔与祭祖的礼仪。作为回应，从1724年到1844年，清王朝禁止天主教在中国传播，将传教士们赶出中国大陆，史称“百年禁教”。实际上，“百年禁教”对清王朝与罗马教廷都带来了损失，清王朝错失了向西方学习的机会，天主教则损失了良好的传教时机。

三是坚持我国宗教中国化方向的实践逻辑。坚持我国宗教中国化方向，是推动解决宗教领域突出问题的战略举措。改革开放以来，在党的宗教工作基本方针指引下，我国宗教的面貌发生了积极变化，在与社会主义社会相适应的进程中取得了重要进展。同时应当看到，随着国内国际形势发生深刻变化，宗教领域也出现了许多新情况、新问题，而且很多问题是呈增长态势的。佛教和道教存在商业化倾向，借教敛财现象屡禁不止；基督教与地方社会的张力越来越大，基督教私设的聚会点四处蔓延，一些“家庭教会”挟“洋”自重，对社会带来极大的不稳定；境外利用宗教进行渗透活动加剧，宗教极端主义在一些地方蔓延，甚至引发暴力恐怖事件。

三、坚持我国宗教中国化方向的实现路径

坚持我国宗教中国化方向需要建立在各大宗教中国化历史实践经验的基础之上，结合当前宗教中国化过程中存在的突出问题，不断完善理论和政策，探索出一条切实可行的实现路径。

（一）坚持党的领导，建立宗教工作协调机制

中国共产党的领导是中国特色社会主义最本质的特征。加强和改进党对宗教工作的集中统一领导，是做好宗教工作的根本保证。要充分发挥党总揽全

局、协调各方的领导核心作用，必须建立协同工作机制。第一，各级党委和政府要高度重视宗教工作。在2018年党和国家机构改革中，国家宗教事务局并入中央统战部，这是加强党对宗教工作的集中统一领导，全面贯彻党的宗教工作基本方针，统筹统战和宗教等资源力量，积极引导宗教与社会主义社会相适应的重大举措。第二，加强基层宗教工作。大部分宗教事务产生在基层，宗教方面的问题和矛盾主要萌芽在基层，宗教工作的任务主要落在基层，宗教工作能否取得成效也取决于基层。习近平总书记强调："党的基层组织特别是宗教工作任务重的地方基层组织，要切实做好宗教工作，加强对信教群众的工作。"[①]第三，处理好五个方面的关系。把握好当前与长远的关系，把握好指标与治本的关系，把握好对抗性与非对抗性的关系，把握好抵御渗透与对外交往的关系，把握好宗教信仰自由与意识形态斗争的关系。

（二）坚守中华文化传统，营造和谐宗教环境

中国是一个拥有上下5000多年文明和14亿人口的东方大国，我们有其他国家无可比拟的文化底蕴。然而近代以来，中国一度处于落后挨打的局面。被动的政治、经济、军事形势使很多国人对自己的文化也丧失了信心，将落后的原因归结为文化的失败，各种形式的"全盘西化论"甚嚣尘上。现今，我们要支持宗教坚持中国化的方向，首先要在社会上为中华优秀传统文化"正名"，不断增强人民群众的文化自信。

中华文化蕴含"和而不同""中道宽容"的精神，具有跨时代的文明价值，可以消除因宗教排他性而导致的宗教冲突和宗教战争，这是中华文化对全球化时代的巨大贡献。那种"天上地下，唯我独尊"的态度，只能导致人类走进"文明冲突论"的怪圈。儒家的中庸之道主张"不偏不倚""无过不及"，正好是宗教极端主义的解毒良药。费孝通先生多次阐释"各美其美，美人之美，美美与共，天下大同"的中华文化精神，这是当代思想家对儒家和而不同、天下大同思想的继承与发挥。这一思想不但有助于处理国内各民族、宗教之间的关

① 《习近平：全面提高新形势下宗教工作水平》，新华社，2016年4月23日。

系，也有助于处理世界各种文化体系之间的关系，成为构建人类命运共同体的精神助力。

（三）保障信仰自由权利，构建积极健康宗教关系

在我国，宗教关系包括党和政府与宗教、社会与宗教、国内不同宗教、我国宗教与外国宗教、信教群众与不信教群众的关系。促进宗教关系和谐，这些关系都要处理好。习近平总书记关于宗教工作的重要论述，为我们全面正确处理涉及宗教关系的重大问题，构建积极健康的宗教关系奠定了坚定的理论基础，提供了根本遵循。构建积极健康的宗教关系，也是时代提出的要求，宗教工作的重要目标，需要党和政府、社会相关方面、宗教界共同努力。

第一，处理好党和政府与宗教的关系。在宗教关系中，政教关系居于核心地位，影响和制约着其他宗教关系。我国建立社会主义制度后，政教关系主要表现为党和政府与宗教的关系。处理好党和政府与宗教的关系，是构建积极健康宗教关系的基本前提和根本保证。第二，处理好宗教与社会的关系。宗教是社会的一部分，与社会生活的各个层面有着紧密的关联。处理好宗教与社会的关系，既是当代社会发展对宗教的要求，也是宗教自身发展的内在诉求；既关系到宗教自身的健康发展，也关系到社会的和谐稳定。处理好宗教与社会的关系，也是构建积极健康宗教关系的根本。第三，处理好国内不同宗教的关系。我国是多宗教国家，多元共存是我国宗教的历史传统和重要特点，处理好国内不同宗教的关系，是构建积极健康宗教关系的重要方面。第四，处理好我国宗教与外国宗教的关系。处理好我国宗教与外国宗教的关系，不但是宗教对外友好交流的现实需要，而且关系到国内宗教关系的健康和谐、关系到国家安全，是构建积极健康宗教关系的题中应有之义。第五，处理好信教群众与不信教群众的关系。凝聚信教群众和不信教群众的力量，共同致力于实现中华民族伟大复兴的中国梦，是构建积极健康宗教关系的出发点和落脚点。

（四）推动宗教组织建设，激发宗教团体积极性

宗教团体是党和政府联系、团结、教育宗教界人士和信教群众的桥梁。目前，全国各省、自治区和直辖市以及一些县结合自身的实际情况，都建立了相应的宗教组织和团体。各级宗教组织的基本任务是协助党和政府贯彻执行宗教信仰自由政策，帮助广大信教群众和宗教界人士不断提高爱国主义和社会主义觉悟，维护宗教界的合法权益，组织正常的宗教活动，办好教务。

开展宗教组织建设，就是要求宗教组织的设立和管理必须符合中国社会的特点，使宗教组织逐步由封闭的内部管理机构转化成为联结宗教与社会的中介，推动宗教认识社会、社会了解宗教，改善宗教生存的社会环境，拓展宗教发展空间。同时，要发挥宗教组织在宗教内部事务中的积极作用，鼓励他们在坚持我国宗教中国化方向中发挥主体作用。坚持我国宗教的中国化方向，必须重视宗教人才培养，确保可持续的人才保障。要按照“政治上靠得住、宗教上有造诣、品德上能服众、关键时起作用”的标准，加强宗教教职人员队伍建设。对宗教界人士不仅要重视宗教教育，还要重视法治教育、政治教育、文化教育，全面提升他们的综合素质。支持宗教团体办好宗教院校，探索现代宗教教育与传统宗教教育相结合的培养模式，走出具有中国特色的宗教办学之路。

作者简介　　魏泽吉，博士，中共杭州市委党校党史党建教研部副教授，主要研究方向是党的宗教政策、宗教中国化问题等。

第十四讲

党外知识分子和新的社会阶层人士统战工作

党的十八大以来，以习近平同志为核心的党中央高度重视统一战线，召开一系列重要会议，出台一系列重要文件，作出一系列重大决策部署，修订出台《中国共产党统一战线工作条例》，制定颁布《社会主义学院工作条例》和关于多党合作、民族、宗教、涉疆、涉藏、党外知识分子、民营经济、新的社会阶层人士、侨务工作等重要法规文件，指明了新时代统一战线的发展方向，形成了主旨鲜明、系统完备、逻辑严密的科学理论体系。

党外知识分子和新的社会阶层人士是党的重要群众基础和阶级基础，是党和社会主义事业的重要力量。党的十九大报告指出，“加强党外知识分子工作，做好新的社会阶层人士工作，发挥他们在中国特色社会主义事业中的重要作用”①。重点强调党外知识分子和新的社会阶层要全方位地参与到国家治理中，这既是统战工作凝心聚力、画好最大同心圆的必要之举，也是落实多党合作和政治协商制度的应有之义，更是走中国特色社会主义政治发展道路的应然要求。党的二十大报告提出：“从现在起，中国共产党的中心任务就是团结带领全国各族人民全面建成社会主义现代化强国、实现第二个百年奋斗目标，以中国式现代化全面推进中华民族伟大复兴。”②重申要“团结带领全国各族人民全面建成社会主义现代化强国”，进一步强调了要“加强党外知识分子思想政治

① 中共中央党史和文献研究院编：《十九大以来重要文献选编》（上），中央文献出版社2019年版，第28页。

② 习近平：《高举中国特色社会主义伟大旗帜 为全面建设社会主义现代化国家而团结奋斗——在中国共产党第二十次全国代表大会上的报告》，人民出版社2022年版，第21页。

工作，做好新的社会阶层人士工作，强化共同奋斗的政治引领”[①]。全面建成社会主义现代化强国，推进中华民族伟大复兴，是一项光荣而艰巨的任务，在凝聚共识中鼓励党外知识分子和新的社会阶层人士建功立业，为实现我国第二个百年奋斗目标凝聚最广泛的智慧和力量。

一、准确把握新时代党外知识分子和新的社会阶层人士统战工作的战略地位

党外知识分子是知识分子的主体。新的社会阶层人士是中国特色社会主义事业的建设者，主体是党外知识分子。党外知识分子工作是统一战线的基础性、战略性工作，也是深入实施新时代人才强国战略的重要工作。党外知识分子作为我国知识分子中的特殊群体，既是各领域的知识精英和专业人才，又是统一战线代表人士的重要源头，在党和国家事业发展中发挥着重要作用，深刻影响着社会舆论和价值观念。为此，习近平总书记在2015年中央统战工作会议上指出，“党外知识分子工作，是统一战线的基础性、战略性工作”[②]。强调“基础性”表示筑牢根底，基础不牢，地动山摇；强调“战略性”表示谋长远，战略决定着事物的持久发展。从“战略性工作”定位加强党外知识分子和新的社会阶层人士统战工作，大大提升了新时代统战工作的价值意蕴。我们要深刻理解和把握统战工作的特殊重要性和现实紧迫性。如何团结一切能够团结的力量来共同完成这一任务，是新时代统战工作的重要着力点。

（一）战略性：事关实现中华民族伟大复兴

当今世界正经历百年未有之大变局，不确定不稳定因素显著增多。2022年7月召开的中央统战工作会议指出：“现在，统一战线面临的时和势、肩负

① 习近平：《高举中国特色社会主义伟大旗帜　为全面建设社会主义现代化国家而团结奋斗——在中国共产党第二十次全国代表大会上的报告》，人民出版社2022年版，第40页。

② 《习近平：巩固发展最广泛的爱国统一战线　为实现中国梦提供广泛力量支持》，新华网，2015年5月20日。

的使命和任务发生了某些重大变化。”[①] 从国内看，我国已进入全面建设社会主义现代化国家、向第二个百年奋斗目标进军的新发展阶段，先发优势明显，但也面临不少结构性、体制性、周期性问题相互交织带来的困难和挑战。从国际看，民族、宗教、涉港、涉台等统一战线相关领域已成为西方反华势力进行干扰破坏的重点和焦点，统战工作面临着更复杂的环境和更繁重的任务。

党外知识分子和新的社会阶层人士始终是统一战线的重要成员。党外知识分子作为生产力的开拓者、文化的创造者、知识的传播者，广泛分布在经济、科技、教育、文化、卫生等行业和领域，处于创新、创造、创业的第一线，产生了很多专家、名家。党的十八大以来，党中央高度重视人才工作，强调要把人才工作抓好，让人才事业兴旺起来，国家发展靠人才，民族振兴靠人才。特别强调要大力引进海外优秀人才特别是顶尖人才，支持归国留学人员创新创业。可以说，留学人员工作是党和国家实施科教兴国和人才强国战略的重要任务，要竭力创造条件鼓励和支持留学归国人员为国服务。作为科技创新的开拓者，他们是中国经济社会发展影响较大的特定群体。随着回国求职的海归人数持续增长，国内生物医药、装备制造等新兴产业对海归人才的需求不断扩大，海外归国人才在专业技能、提升国际化视野等方面具有明显的就业倾向，海外归国留学人才已经成为建设创新型国家的一支重要力量。

2015年中央统战工作会议和《中国共产党统一战线工作条例（试行）》将统一战线工作范围与对象进行了扩充，拓宽团结联合的覆盖面，把新的社会阶层聚拢到党的周围，强调对为祖国富强贡献力量的社会各阶层人们都要团结，对他们的创业精神都要鼓励，对他们的合法权益都要保护，对他们中的优秀分子都要表彰。这些统一战线汇聚起来的专家学者、专业人士和新的社会阶层人士，是实施科教兴国、人才强国、创新驱动发展战略不可替代的重要力量，是我们党全面建设社会主义现代化国家的强大力量源泉。

---

① 《习近平出席中央统战工作会议并发表重要讲话》，新华社，2022年7月30日。

（二）基础性：事关巩固党的执政基础

综观我党推行的统一战线工作条例和相关政策意见，党外知识分子一直是统战工作对象之一，亦即联合对象、照顾对象、依靠对象和帮助对象。同过去相比，党内汇聚的各方面人才很集中、很庞大，但依然有大量人才在党外。在现阶段的党外知识分子工作实践中，党外知识分子通常被界定为具有大专以上学历，在其领域和所联系的群众中具有一定代表性的无党无派的知识分子。据不完全统计，目前我国具有大专及以上文化程度的人口已超过2.18亿人，约1.7亿人在党外，占知识分子总数的四分之三，今后党外知识分子数量还会以每年几百万人的幅度持续增长，做好党外知识分子的工作关系是巩固党执政的阶级基础。

着眼于第二个百年奋斗目标，必须在大统战工作格局中彰显统战工作的法宝作用，进而切实推动国家高质量发展建设。高等学校、科研院所、国有企业及“两新组织”等汇集了大量党外知识分子，各经济业态中汇集着大量的新的社会阶层人士，他们分散在各个领域，联结着政府、社会与群众，既涉及国家机关和国有企事业单位，又涉及海外留学人员；既涉及民族宗教界，又涉及港澳台同胞，这种独特的人员构成优势联结着各个治理主体。党外知识分子统战的工作内容就是要协调好这些社会关系，在巩固执政党地位、促进民族团结、构建健康宗教关系、促进阶层关系和谐、维护祖国统一等方面发挥作用。面对历史虚无主义、文化虚无主义以及西方国家所谓“普世价值”等错误思潮的冲击，要在党外知识分子群体中开展爱国主义与理想信念教育实践活动，加强思想引导和理论辨析，引导广大党外知识分子知史爱国、知史爱党，充分发挥其联系广泛、人才荟萃、智力密集的优势，成为意识形态渗透与反渗透斗争的前沿阵地，为社会和谐稳定、国家繁荣发展奠定坚实的群众基础。

（三）开创性：事关党的建设新的伟大工程

党的十八大以来，党中央立足世情、国情和党情的新变化，把统一战线工作摆在治国理政的重要位置，对巩固和发展最广泛的爱国统一战线提出新的更高的要求，“人心是最大的政治，统一战线是凝聚人心、汇聚力量的强大法宝”①，这是中央对新时代统战工作作出的新判断，并从根本上回答了新时代为什么需要统一战线的重大问题。

改革开放以来特别是新世纪以来，党外知识分子规模和种类不断增长，工作范围从传统的“一外”（党外）扩展为“三外”（党外、体制外、海外归国留学人员）。特别是随着经济社会转型加剧和深化，体制外新的社会阶层人士不断出现新的职业、新的群体，已成为新时代党外知识分子中的多数，凝聚共识、凝聚人心的工作并非减轻了，而是更重了。相较于党内知识分子而言，新时代党外知识分子和新的社会阶层人士在理想信念、利益诉求等方面都呈现出新的趋势和特征，其思想更活跃、管理更难、成分更复杂，呈现出多元化特点。与此同时，伴随经济和社会发展带来的新的社会阶层的成长，其中自由职业者、新媒体从业者等，他们的价值追求和利益诉求多元，对中国的政治体制也有相对独立的价值判断。这些统战对象往往由于对党的政治理论学习不足，导致部分党外人士对国家方针政策认知不清晰，价值取向功利化，价值目标短期化，造成了其理想与现实、政治与业务、个人与集体等关系处理不得当。这些都会对党的执政基础、国家的政权稳定、意识形态安全等重大问题造成不确定性风险，使统战工作面临许多新情况新问题，为统战事业发展带来严峻挑战。如何做好党外代表人士和新的社会阶层人士统战工作，使“变量”成为“增量”，关系到中国共产党领导的多党合作和政治协商制度的坚持和完善，关系到统一战线工作的持续健康发展。

二、新时代党外知识分子和新的社会阶层人士统战工作的方针政策和着力重点

人才是实现民族复兴、国家发展的战略资源，是全面建设社会主义现代化强国的重要力量。习近平总书记在庆祝中国共产党成立95周年大会上的讲话

① 习近平：《高举中国特色社会主义伟大旗帜　为全面建设社会主义现代化国家而团结奋斗——在中国共产党第二十次全国代表大会上的报告》，人民出版社2022年版，第39页。

中指出："党和人民事业要不断发展，就要把各方面人才更好使用起来，聚天下英才而用之。要以识才的慧眼、爱才的诚意、用才的胆识、容才的雅量、聚才的良方，广开进贤之路，把党内和党外、国内和国外等各方面优秀人才吸引过来、凝聚起来，努力形成人人渴望成才、人人努力成才、人人皆可成才、人人尽展其才的良好局面。"[①]统一战线只有致力于加强党外知识分子和新的社会阶层人士工作，才能"聚天下英才而用之"。这也为新时代做好党外知识分子、新的社会阶层人士统战工作明确了方向。学习领会相关的重要论述，主要包括以下三个方面。

（一）求同存异，尊重包容

回顾中国共产党波澜壮阔的百年历程，爱国统一战线在不同阶段都支持着党领导中国各项事业的蓬勃发展。尊重和包容是做好党外知识分子工作的政治优势和优良传统。毛泽东同志曾强调："没有知识分子的参加，革命的胜利是不可能的。"[②]新中国成立初期的党外知识分子有着鲜明的个性和特点。基于巩固新生人民政权和提高新制度认同的角度考虑，根据知识分子不同的身份、背景和思想状况，对党外知识分子开展社会主义思想教育，激发他们参与建设新家园的热情和动力，引导他们摒弃封建主义和资产阶级消极、腐朽的意识形态，逐步接受并形成社会主义世界观、人生观、价值观，采取了团结、教育、改造的方针，这项政策坚持尊重客观规律与发挥主观能动性相结合，为做好党外知识分子统战工作积累了宝贵的经验。

党的十八大以来，党中央从国家战略高度重视知识分子特别是党外知识分子的方针政策工作。迈进全面建设社会主义现代化国家的新征程，推进中华民族伟大复兴，需要凝聚一切力量，调动一切积极因素。一是高度肯定了党外知识分子引领创新、担当道义、进思尽忠的重要作用。在我们党领导革命、建设、改革的100多年的历程中，广大知识分子为党和人民建立了彪炳史册的功勋，广大知识分子是社会的精英、国家的栋梁、人民的骄傲，是国家的宝贵财

① 习近平：《在庆祝中国共产党成立95周年大会上的讲话》，《求是》，2021年第8期。
② 《毛泽东选集》（第二卷），人民出版社1991年版，第618页。

富。二是强调要坚决贯彻“尊重劳动、尊重知识、尊重人才、尊重创造”的重大方针，并作为党和国家的一项长期方针。这些方针政策，是激发民族创新活力的需要，也积极引导了党外知识分子将个人价值的实现与祖国的现代化建设紧密结合起来。三是强调对知识分子要“政治上充分信任、思想上主动引导、工作上创造条件、生活上关心照顾”。信任是做好知识分子工作的前提，必须坚持政治上充分信任，工作上大力支持，敢于把知识分子放在重要岗位上，真正使他们有用武之地。为知识分子营造良好的学习、工作和生活环境，使他们成长有机会、干事有舞台、发展有空间，是党和政府的重要职责。同时党中央要求干部要率先垂范、身体力行，带头参加统一战线重要活动，带头广交深交党外朋友，对党外代表人士关心关爱，这对推动建设一支与党长期亲密合作、德才兼备的党外代表人士队伍非常重要。四是强调“以政策留人、以感情留人、以事业留人”。党中央强调要解决好知识分子的工作和生活中的实际问题，落实好相关政策，激发他们的创新创业积极性。这些好的制度、好的做法对各级领导干部重视统战工作起到了示范作用，丰富和发展了党的统战工作理论。

妥善处理好与知识分子的关系，是我们党近百年来奋斗历程取得伟大成就的重要保证。中华人民共和国成立之初，就召开了关于知识分子问题的会议，首次提出知识分子是工人阶级一部分的重要论断。为了充分发挥知识分子的积极性，党中央又提出“百花齐放，百家争鸣”的方针。这些政策受到了知识分子的拥护，他们积极投身于新中国的各种建设事业。中共十一届三中全会召开前后，邓小平在多次讲话中重新明确，知识分子是工人阶级的一部分，是劳动人民的一部分，恢复了党对知识分子阶级属性的正确定位。以此为基础，新时期的知识分子工作逐渐恢复和发展，“科学技术是第一生产力”的论断，是对科学技术的掌握者——知识分子的充分肯定和高度重视，具有重要的理论意义和现实意义。随着经济社会的快速发展，面对社会结构、利益格局和思想观念变化调整的新形势，党中央提出将新的社会阶层人士“组织起来”，把新的社会阶层人士作为社会治理共同体的重要力量，并将对其的统战工作纳入国家治理的顶层设计。这些提法和方针政策逐渐使知识分子的政治、工作和社会地位得到了根本提高。中国特色社会主义事业进入新时代，党外知识分子和新的社会阶层人士数量庞大，职业种类繁多，思想差异性大。新时代统战工作的范围和对象共有十二类，这十二类统战工作对象中都不同程度地包含着知识分子，不管是党内还是党外，体制内还是体制外，回国服务还是为国服务，党外知识分子工作要注重“和而不同”，提倡“和衷共济”，要将传承弘扬和合文化与丰富发展中国特色社会主义统一战线理论紧密联系起来，其都是党执政的重要依靠力量和团结力量，并强调要正确处理一致性与多样性的关系，把握原则性和灵活性的统一，提出“充分尊重、广泛联系、加强团结、热情帮助、积极引导”的方针，这里排在第一位的就是“充分尊重”，在挖掘共同价值的基础上承认差异、汇聚力量。

（二）注重引领，广泛凝聚

习近平总书记指出：“统一战线因团结而生，靠团结而兴。”[①]个人的力量是有限的，但只要万众一心、众志成城，就没有克服不了的困难。让党外代表人士自觉自愿地团结到党的周围，跟着党一起想、一起干。对党外知识分子和新的社会阶层人士，要加强思想引领，凝聚政治共识，汇集智慧力量，引导、支持和鼓励他们为全面建成小康社会、共同推动经济高质量发展、实现共同富裕和民族复兴服务，实现中华民族伟大复兴贡献聪明才智。

在加强政治思想引领方面，新时代做好党外知识分子和新的社会阶层人士的统战工作必须坚持旗帜鲜明地讲政治这一根本政治原则。引导他们深刻理解中国特色社会主义制度的优越性和中国特色政治发展道路的正确性，把牢政治方向，坚定政治立场，强化理论武装，切实落实党中央关于统战工作的决策部署，牢牢把握统战工作正确政治方向，特别在大是大非面前，要提高政治敏锐性和鉴别力，经常同各类党外知识分子广泛开展谈心交流，敢于旗帜鲜明讲政治。引导党外知识分子和新的社会阶层人士通过讲坛论坛、学术交流、著书立

---

① 《习近平出席中央统战工作会议并发表重要讲话》，新华社，2022 年 7 月 30 日。

说、文艺创作、媒体发声等多种形式，讲好中国故事、传递中国声音，在意识形态和文化建设中发挥积极作用。

在加强事业引导方面，强调要心有大我、至诚报国，把爱国之情、报国之志融入祖国改革发展的伟大事业之中，融入人民创造历史的伟大奋斗之中。要用中国梦引领人才梦，用人才梦托起中国梦，引导广大党外知识分子坚持把个人理想和事业融入国家发展战略中。长期以来，他们具有人才荟萃、智力密集等特点，不少人都在地域经济社会发展中献计出力，其中的代表人士多数担任政协委员或人大代表等职务。集合各自专长，依托人大、政协、网络议政等平台和渠道参政议政，围绕党和国家关注的重要问题持续调研，通过参加协商座谈会、征求意见会等方式为政府部门的决策提出建议，促进地方经济社会发展。

在加强价值引导方面，强调要引导党外知识分子和新的社会阶层人士带头践行社会主义核心价值观并传递正能量，做良好社会风尚的示范引领者。引导党外知识分子和新的社会阶层人士树立正确的历史观、民族观、国家观、文化观，主动融入知识传播、文艺创作、科技创新、生产创造之中。要弘扬爱国奋斗精神特别是老一辈知识分子和新时代优秀知识分子的崇高精神和感人事迹，引导支持广大党外知识分子；崇尚社会主义法治精神，遵守法律规章、公序良俗，做尊法学法、守法用法的模范践行者；彰显至诚报国的时代担当，激发创新创造热情，做建设社会主义现代化强国的不懈奋斗者。

（三）各展所长，发挥作用

中华人民共和国成立初期，以毛泽东同志为核心的党中央对统战工作非常重视，并一再指示和提醒有关部门，要真心实意尊重和重用党外知识分子，注意吸收他们参加国家经济文化建设。一方面全部“包下来”，绝大多数人继续从事原来的职业，使他们能够发挥对国家有益的专长；另一方面对于所使用的知识分子有充分的了解，给他们以应得的信任和支持，并给予必要的工作条件和适当的待遇。对于党外知识分子和新的社会阶层人士，习近平总书记指出：“要高度重视和做好新经济组织、新社会组织中的知识分子工作，引导他们发挥积极作用。”[①]要真正把各方面的知识分子凝聚起来、作用发挥出来。各级党委和政府要积极为党外知识分子建功立业创造条件、激发活力，把党外知识分子和各方面人才的优势充分发挥出来。

一是搭建党外知识分子建言献策的平台。鼓励党外知识分子关注时事民生，聚焦发展热点，围绕中心工作，听民声、汇民意、达民情。及时向党外知识分子通报情况、解读政策、回应问题，支持他们发挥专业优势，深入调查研究，建诤言、献良策、出妙招，为国家发展和社会进步贡献才智。二是优化党外知识分子创新创业环境。引导广大党外知识分子和新的社会阶层人士紧紧围绕增强经济竞争力的核心关键、社会发展的“瓶颈”制约、国家安全的重大挑战，创造更多引领世界潮流的科技成果。随着大量海归人才回国就业和创业，要在制度顶层设计及法律落实保障方面，加强对“海归企业”的培育扶持，营造平等竞争的学术环境和积极向上的工作环境，采取“政府扶持，企业主导”的模式，通过落实政策、整合资源、完善服务等方式助力海归人士完成创业梦想。发挥以智引智酵母作用，逐步形成以才引才、项目用才、创业留才的生动局面。三是发挥党外知识分子和新的社会阶层人士服务社会的优势。围绕中心工作协力脱贫攻坚，围绕智力优势开展专业服务，围绕社会责任实施公益帮困。通过组织党外院士服务团、律师服务团、海归人才服务等形式，引导党外知识分子和新的社会阶层人士为革命老区、民族地区、贫困山区提供决策咨询、法律援助、技术培训、医疗卫生等社会服务。支持党外知识分子和新的社会阶层人士在“请进来”“走出去”工作中发挥桥梁纽带作用，广泛开展对港澳台和对外教育、科技、文化、旅游等领域合作，为促进政策沟通、贸易畅通、资金融通、民心相通献计出力，助推“共同富裕”和“一带一路”建设。

---

① 《习近平：巩固发展最广泛的爱国统一战线　为实现中国梦提供广泛力量支持》，新华网，2015 年 5 月 20 日。

三、加强党外知识分子和新的社会阶层人士的实践路径思考

理论界、学术界围绕党外知识分子和新的社会阶层人士统战工作现状及存在的问题进行了大量的研究，当前无论党外知识分子还是新的社会阶层人士统战工作都面临新的形势与要求。从成长规律来看，党外知识分子和新的社会阶层人士思想比较活跃，利益诉求差异多元，且因其职业流动性较大，总体上呈现变动性和成长性的特点。做好新时代党外知识分子和新的社会阶层人士统战工作，应根据统一战线的性质和内部构成发生新变化、统一战线的工作范围和对象实现新拓展这种新趋势，必须以坚持中国共产党的领导为根本，必须坚持以习近平新时代中国特色社会主义思想为指导，凝聚党外知识分子的政治共识，充分发挥社会主义协商民主的作用，特别是深入践行习近平总书记关于加强和改进统一战线工作的重要思想，讲求方式方法，了解党外知识分子的思想需求和利益要求，努力寻求最大公约数。

（一）完善协调机制，整合工作资源

第一，树立大统战意识，扩展统战资源。中央统战工作会议上明确提出，各级党委要把统战工作摆在重要位置，党政领导干部要带头宣传和贯彻落实统一战线政策法规，带头参加统一战线重要活动，带头广交深交党外朋友。一是整合统战、宣传、组织、司法、财政、民政、工商、税务等诸多部门，各成员单位要对照《中国共产党统一战线工作条例（试行）》，健全各部门之间的联席会议机制，对联席会议的具体职能、相关单位的工作职责做出明确规定。弄清自身肩负的统战工作职责和使命，多思考如何用统战工作理念和方式与本单位职能工作有机结合，增强各部门的工作合力，密切协调配合。既避免统战工作“一家来做”，又防止多个行业主管部门“齐抓共管”而陷入“无人去管”或“大家都争管”，共同做好党外知识分子和新的社会阶层人士统一战线工作。二是整合工会、共青团、妇联、文联、作协、科协、工商联、欧美同学会等群众团体和统战社团，扩充针对党外知识分子和新的社会阶层人士的统战资源，如完善新阶联组织架构，促进组织化稳步发

展。知联会、新联会、网联会、留联会、欧美同学会、中华职教社等社团，是我们党开展各类党外知识分子和新的社会阶层人士统战工作的重要平台载体，要不断优化和完善组织架构、体制机制和功能作用，强化这些组织的主体作用。三是增加基层统战部门的工作经费，夯实基层统战资源，提升统战成效。

第二，完善党外知识分子和新的社会阶层人士的成才机制。引导党外知识分子和新的阶层人士发挥在经济建设、建言资政、服务社会等方面的优势作用，为社会做出贡献，不仅能够引导他们积极投身社会建设，参与社会治理，也能够提高新的社会阶层人士在社会的认同度、知名度和影响力，增强他们的成就感。近年来，尽管总体安排人数不断增加，但绝对数并不大，特别是新生职业群体在人大政协中甚至没有自己的代表。应把优秀的党外人士和新的社会阶层人士吸纳为各级人大代表和政协委员；推荐部分人士为行业监督员、特约评论员；选派部分优秀代表到政府机关挂职锻炼；适度、有序发展新的社会阶层人士加入民主党派，根据中国社会结构的变化予以合理配置，从而促使整体素质提升。

（二）加大学习力度，增强责任意识

第一，加大学习力度。一是加强培训。重点发挥社会主义学院在党外知识分子和新的社会阶层代表人士中的教培主阵地作用。应定期推荐党外知识分子和新的社会阶层人士参加党校、社会主义学院以及知名高校举办的各类培训班，通过学习习近平新时代中国特色社会主义思想、中央与省市系列重要讲话精神，提高党外知识分子和新的社会阶层人士的政治与思想站位。二是开展主题教育活动。以实践为重点，不断创新教育培训的形式和内容。应定期举办系列主题教育活动，大力宣扬社会主义核心价值观，帮助党外知识分子和新的社会阶层人士领悟包括经济政策在内的党的工作方针与政策，促使其形成健康的经济发展价值观。

第二，加强沟通交流。各级领导干部要经常深入知识分子中去，同知识分子广交朋友，要带头做好党外知识分子和新的社会阶层人士统战工作，多关心、多交流、多鼓励，做他们的挚友诤友。一是定期召开党外知识分子、新的社会阶层人士座谈会，掌握其思想动态，充分认识党外知识分子思想政治教育过程的长期性和复杂性，降低因思想认知的偏差和经济状况带来的压力感。二要鉴于新的社会阶层人士多集中于新业态、新经济行业，要尽可能不断增进统战对象对经济政策的理解，及时举办经济形势、经济政策报告会，以增进党外知识分子，尤其是新的社会阶层人士对政府经济政策的理解，提高其对政府经济管理的满意度。

（三）提升营造良好环境，满足多元需求

第一，在公共资源运用上平等开放。应制定并完善党外知识分子和新的社会阶层人士的人才流动、职称评定、社会保障、住房、人才培养等一系列政策。在人才流动方面，要完善各类人才在不同所有制单位之间的流动机制，结合事业需要使党外知识分子和新的社会阶层人士有更多元化的流通渠道；在职称评定方面，将新的社会阶层人士纳入专业技术职称经常化评审范围；在社会保障方面，将党外知识分子和新的社会阶层人士纳入养老、失业、工伤、医疗、生育保险等各类保障体系之中，并研究制定相应的富有特色的社会保障产品；在住房方面，为收入水平较低的新的社会阶层人士提供租金较低的廉租房与社会保障住房，降低其住房支出负担；在人才培养方面，将党外知识分子和新的社会阶层人士纳入政府人才培养的总体规划，实现政府对党外知识分子和新的社会阶层人士培养的持续投入。

第二，建立健全有利于党外知识分子和新的社会阶层人士创业创新的服务体系。一是提供创业创新载体，包括打造好高新技术产业开发区、新媒体创新创意园，延伸社会组织服务链等，抓好新的社会阶层人士统战工作的实践创新基地建设，总结推广各地在基层治理、创业创新、社会服务、舆论引导等方面发挥作用的经典案例，进一步提升实践创新基地影响力。二是降低创业创新成本，包括设立创业创新投资引领基金、提供场地租赁、税收减免以及其他政策扶持等。深化“放管服”改革，全面落实放宽私营企业市场准入的政策措施，在要素获取、准入许可等方面对各类所有制企业平等对待。健全银行业金融机构服务非公有制经济体系，进一步提高金融结构与经济结构匹配度，支持发展以中小微民营企业为主要服务对象的中小金融机构，切实解决中小微民营企业融资难与融资贵难题。

（四）优化引导方式，提升工作实效

第一，注重差异化引导。要针对不同类型的党外知识分子群体，深入调研，摸清底数，切实掌握党外知识分子所思所需，真正把思想政治工作、服务保障工作做到位，做出成效。对党外知识分子要注重建立长效工作机制。通过行政机关、企事业单位发现人才，通过团体组织推荐人才，通过各类活动物色人才。对私营与外资企业管理人员和技术人员，坚持以促进职业发展为导向，为其提供系列培训学习，以提升企业文化质量为载体来促使其形成健康的经济发展态度。针对社会组织从业人员，坚持以扩大有序政治参与为导向，安排代表人士参加市委民主协商会、情况通报会等高层政治协商，通过增加决策参与经历来促使其形成健康的经济发展态度。对新媒体从业人员，应规范他们的行为，达到求同存异、聚同化异的效果，重点打造新媒体人、党外网络评论、网络宣传三支队伍。对自由职业人员，应尊重他们的自由性和独立性，培养他们的大局意识，激发他们的价值认同。对党外归国留学人员要引导其熟悉国情，融入社会，自觉履行社会主义核心价值观，做行业和单位的先进，在专业领域和工作生活中发挥带头、引领和示范作用。

第二，注重针对性引导。一是用联谊、沙龙、论坛、讲堂等多样化的方式开展引导活动，避免引导工作的生硬和仪式化。二是统战部门要做到线上线下相结合开展思想引领工作。着眼新时代统战工作任务要求和网络人士特点，适应互联网发展规律，创新工作理念、机制载体、话语体系和方式方法。应善于使用移动互联网、社交平台等手段，把网上的舆论引导和网下的思想教育结合起来，做到网上有声音、网下有举措，既会“键对键”，又能“面对面”，切实增强工作实效，以轻量、便捷、快乐的方式来引导党外知识分子和新的社会阶层人士形成健康的成长态势。

作者简介　李艳，中共杭州市委党校文化学与统战理论教研部副教授，主要研究方向是党的统战理论与实践等。

第十五讲

深化文明交流互鉴，推动中华文明走出去

习近平总书记曾深刻阐述："文明因多样而交流，因交流而互鉴，因互鉴而发展。"[①]这一论述揭示了文明发展的内在逻辑和必然路径。中华文明，作为世界上唯一未曾中断的古老文明，其10000余年的文化史和5000多年的文明史，不仅见证了自身内在的不断变革与进步，更描绘了与世界各国文明交流互鉴的壮丽画卷。在漫长的历史长河中，中华文明以其博大精深的内涵和突出的包容性，展现了独特的魅力。这种包容性，从根本上塑造了中华民族多元一体、团结和谐的民族格局，也铸就了中国各宗教信仰和谐共存的社会风貌。更重要的是，中华文明的包容性赋予了中华文化对世界文明兼收并蓄的开放态度，使其能够在不断吸收外来文明优秀成果的过程中，实现自我更新和发展。

一、历史上中华文明对外传播的四次高峰

（一）汉朝时期中华文明对外传播

汉代出现了中华文化海外传播与中外文明交流互鉴的第一次高潮。中华文化从东、南、西三个方向与世界建立了广泛交流，初步确立了在世界文化格局中的重要位置。汉朝时期其文化互动不仅推动了国内文化的多样性与繁荣，更在国际舞台上赋予了中华文明独特的魅力和广泛的影响力。

公元前138年，汉武帝派遣张骞开启了前往西域的征程。这次出使被后世

① 习近平《深化文明文流互鉴　共建亚洲命运共同体——在亚洲文明对话大会开幕式上的主旨演讲》，新华社，2019年5月15日。

誉为“凿空之旅”，不仅因为张骞成功地打通了中原与西域的地理通道，更因为它象征着东西方文化交流的重要通道——“丝绸之路”正式开辟。丝绸之路的开通使中华的丝绸、茶叶、瓷器等珍贵物产以及当时领先的农业和手工业技术传播到中亚、西亚甚至更远的欧洲地区。这条历史悠久的贸易路线，起始于长安，穿越整个亚洲大陆，延伸至遥远的欧洲和非洲，成为一座连接东西方文明的桥梁。此外，佛教在汉代的传入也是文化交流史上的重要事件。佛教通过西域和东南亚进入中国后，并未与本土的儒教和道教发生冲突，而是在长期的交流互鉴中实现了和谐共存。中国佛教经过不断的发展和创新，逐渐形成了独具特色的体系，为中国宗教文化注入了新的活力，并对东亚与东南亚地区的宗教和文化产生了深远的影响。

（二）唐朝时期中华文明对外传播

唐朝迎来了其海外传播与文明互鉴的第二个璀璨时代。作为文化交流的中心，见证了这一时代的繁荣与开放。唐朝的贸易繁荣、留学教育以及“东亚文化圈”的形成，共同推动了中华文化的广泛传播与深远影响[①]。作为唐朝的都城，长安是政治和经济的中心，吸引着四面八方的使节和商贾。长安的繁荣不仅体现在政治稳定、经济昌盛，更在于其作为文化交流盛地的独特地位。与洛阳等城市一同，长安成为国际贸易的重要枢纽，胡商云集，异域商品琳琅满目。然而，更为重要的是，这些胡商带来的不仅是商品，更有丰富多彩的文化元素。他们的到来，促进了不同文化间的交流与融合，为唐朝注入了新的活力。同时，长安的学府也声名远扬，吸引了大量外国留学生前来学习。他们在这里深入研究中国的典籍和学术文化，不仅增进了对中华文化的了解，更成为中华文化海外传播的重要桥梁。这些留学生的到来，为唐朝的文化交流注入了新的动力，推动了中华文化的广泛传播。

在这一时期，唐朝还形成了一个独特的“东亚文化圈”。以中国为核心，涵盖朝鲜、日本、越南等国家，这一文化圈在文化上相互交融、相互影响。汉

① 武斌：《中华文化海外传播的历史规律》，《光明日报》，2008年8月21日。

字、儒学、佛教等中国文化的元素在这些国家中广泛传播，深受欢迎，形成了独特的文化景观。这种文化秩序的建立，不仅促进了东亚地区的文化繁荣与发展，更为后世的文化交流与传播奠定了坚实的基础。“万国衣冠拜冕旒”的盛况生动描绘了唐朝在国际舞台上的显赫地位。各国使节纷纷来华，向唐朝表示敬意，展现了唐朝在政治、经济、文化等各方面的卓越成就。这一时期的唐朝，真正成为世界瞩目的中心。

（三）宋元时期中华文明对外传播

在中华文明的历史长河中，宋元时期无疑是一个对外传播与交流的高峰期。这一时期，中华文化与世界各文明之间的互鉴达到了前所未有的深度与广度，为后世留下了宝贵的经验。

宋朝的海上贸易繁盛与元朝的广阔版图，共同促进了中华文明与世界文明的交流与互鉴，为后世展示了文明传播的多元路径与深远影响。宋朝海上丝绸之路的繁荣不仅带来了经济的繁荣，更成为中华文化对外传播的重要渠道。商船远渡重洋，抵达波斯湾、非洲东海岸等地，不仅带去了丝绸、瓷器等中国特产，更传播了火药、火器技术、雕版印刷术及指南针等先进科技。这些技术的西传对当地文明产生了深远的影响，如雕版印刷术推动了西方印刷业的发展，指南针则成为航海探险的重要工具。这些传播不仅彰显了中华文明在科技创新方面的卓越成就，更证明了文化传播对于文明发展的巨大推动力。元朝时期，横跨亚欧的广阔版图使中华文化得以在更广泛的区域内传播。元朝的驿站制度极大便利了东西方交通，为文化传播提供了有力保障。这一时期，中华文化与中亚、西亚乃至欧洲的文化发生了深度交融，同时其他文明的文化技术也传入中国，如阿拉伯的天文、医学知识等。这种文化的双向交流丰富了中华文化的内涵，也为其注入了新的活力。

（四）明清时期中华文明对外传播

在明末清初的“西学东渐”直至清朝中期的“西学东源”这一时期，中华文明与西方文明之间发生了一场前所未有的交流与对话。在这历史长河中，近千名西方传教士来华传播宗教与科学，深入中国，被中华文明的博大精深所吸引，成为中华文明向西方传播的重要媒介。这一时期不仅见证了西方文化在中国的传播，也为中华文明的对外传播留下了深远的历史经验。在这段时期，传教士不仅带来了西方的宗教与科学，更在深入中国的过程中，被中华文明的博大精深所吸引，成为中华文明向西方传播的重要媒介。这些传教士通过翻译中国的学术典籍，撰写专著和书信，详细介绍了中国的社会生活、政治制度、文学艺术等方方面面。传教士将中国的700多部作品介绍到西方，对西方的思想启蒙运动产生了巨大影响。中华文明对外传播的深远影响不仅体现在思想启蒙上，更渗透于西方社会的日常生活之中。

在17世纪明末清初时期，中华文明展现出了对外部世界的强烈好奇与开放态度。徐光启等知识分子与西方传教士展开广泛合作，引入了大量西方科学技术，包括数学、军事技术、机械技术，以及天文、测地等。这些西方科技的引入不仅丰富了中华文明的科技内涵，也推动了科技进步与社会发展。然而，到了18世纪清朝中期，中华文明的对外传播态度发生了显著变化。在政治体制、思想观念日趋保守的背景下，清朝加强了封建专制中央集权，并在经济、科学文化等方面表现出自我封闭的趋势。这一时期，康熙皇帝与罗马教廷关于传教“礼仪之争”的开端，进一步加剧了中西方之间的文化隔阂。以乾嘉学派为代表的清朝知识分子，根据康熙皇帝的论断，对西方技术进行了考古阐释，并得出了西方科技文化源自东方的“西学东源”结论。这一结论暴露了清朝在对外传播中的封闭性与自我中心主义。

二、中华文明对外传播的主要经验启示

习近平总书记在《文明交流互鉴是推动人类文明进步和世界和平发展的重要动力》一文中，深刻阐述了文明交流与互鉴对于推动人类文明进步和丰富多样性的重要意义[①]。他强调“和而不同”“求同存异”“开放包容”“互学互鉴”的理念和主张，认为这些是推动文明交流互鉴的重要原则。同时，习近平总书

① 习近平：《文明交流互鉴是推动人类文明进步和世界和平发展的重要动力》，《求是》，2019年第9期。

记也指出，历史是一本最好的教科书，它不仅忠实记录了每个国家的发展历程，而且为每个国家的未来提供了深刻的启示，使我们能够从中汲取经验，更好地面向未来。

汉代中华文化首次大规模地走向世界，与各方文明产生了深远的交流与互鉴，这为我们今天思考中国文化对外传播提供了宝贵的经验。首先，汉代通过“丝绸之路”实现了与世界的广泛联结。这告诉我们，我们应继续拓展多元化的国际交流平台，推动中国文化在全球范围内的高效传播。其次，汉代在文化传播中注重物品的流通与技术的交流。丝绸、茶叶、瓷器等成为中华文化的载体，农业和手工业技术则展现了中华民族的智慧。这启示我们，在对外传播中国文化时，应重视文化产品的开发与推广，让更多的人通过具体的物品感受到中国文化的魅力。再次，汉代佛教的传入与本土化为我们提供了文明互鉴的范例。这告诉我们，在文化传播过程中，应尊重不同文化的独特性，寻求共同点，推动不同文明之间的和谐共存与相互借鉴。最后，汉代文化的国际影响力得益于其内在的多样性与包容性。这提醒我们，要增强中国文化的国际话语权，必须保持文化的创新活力，同时积极吸纳世界各国的优秀文化元素，丰富和发展自身文化内涵。

唐朝的繁荣不仅仅是经济的昌盛，更在于文化的交流与融合。长安作为国际贸易的枢纽，吸引了来自世界各地的商人和使节。首先，他们带来的不仅是商品，更是文化的交流与碰撞，这种跨文化的交流为唐朝注入了新的活力，也推动了中华文化的海外传播。其次，唐朝的学府名声远扬，吸引了大量外国留学生。这些留学生在长安学习中国的典籍和学术文化，成为中华文化海外传播的重要力量。这启示我们，教育是文化传播的重要途径，通过培养外国留学生，可以增进他们对中华文化的了解，进而推动中华文化的国际传播。再次，唐朝形成的“东亚文化圈”展现了中华文化在东亚地区的广泛影响。汉字、儒学、佛教等文化元素在这些国家中传播，形成了共同的文化基础。这告诉我们，通过文化交流与合作，可以建立广泛的文化认同，促进地区文化的繁荣与发展。最后，唐朝在国际舞台上的显赫地位得益于其开放包容的文化态度和卓越的文化成就。这启示我们，要推动中国文化的对外传播，必须保持开放包容的心态，积极展示中华文化的独特魅力，同时注重文化创新，提升中华文化的国际影响力。

宋朝与元朝时期中华文化的对外传播展现了多元路径与深远影响。首先，宋朝海上丝绸之路的繁荣证明了经济贸易是文化传播的有力推手。这启示我们，在现代全球化的背景下，应更加重视经济与文化的双重输出，通过贸易往来推动中华文化的国际传播。其次，元朝的广阔版图展现了文化传播的地理优势。这提示我们，要充分利用地理邻近与文化亲缘的优势，加强与周边国家的文化交流与合作，共同促进文明的繁荣与发展。最后，宋朝与元朝时期的文化传播注重双向交流。在吸收外来文化的同时，也积极传播本土文化，这种互动与交流丰富了中华文化的内涵。这启示我们，在对外传播中华文化时，应保持开放包容的心态，既展示自身文化的独特魅力，也积极吸纳世界各国的优秀文化元素。

明末清初的“西学东渐”到清朝中期的“西学东源”阶段，中华文明与西方文明进行了深刻的交流与对话，留下了宝贵的历史经验。中华文明对外传播的历史经验表明，文明的传播需要开放的心态。在明末清初时期，中华文明展现出对外部世界的强烈好奇与开放态度，知识分子与西方传教士进行广泛合作，引入大量西方科学技术。这种开放心态使西方文化得以传播并融入中国社会，对中华文明的发展产生了积极影响。然而，历史也告诉我们，文明传播需要谨慎对待封闭与开放的平衡。在18世纪清朝中期，随着政治体制和思想观念的保守，清朝加强了封建专制中央集权，呈现出自我封闭的趋势。这一时期的文化隔阂表明，封闭与自我中心主义会阻碍文明传播的深入与融合。因此，在对外传播中，既要开放接纳外来文化，又要保持文化独特性，寻找平衡点，使文明传播更加有益于双方的发展①。

① 武斌：《中华文化海外传播的历史规律》，《光明日报》，2008 年 8 月 21 日。

三、深刻领会习近平总书记关于促进文明交流互鉴的重要论述

（一）时代背景

随着世界格局的快速演变，国际力量对比发生深刻变化，全球性问题层出不穷，人类社会正步入一个充满变革与挑战的新时期。在这一背景下，文明间的交流呈现出双重态势：一方面，随着科技的进步和生产力的发展，不同文明间的交流越发紧密，融合程度达到前所未有的高度；另一方面，文明交流中的不平等、不公正现象依然存在，单边主义、保护主义、霸权主义等逆流思潮对人类文明进步构成威胁。

全球化进程虽然以西方为主导，但其内部的不平衡与动荡不断加剧。有学者指出，全球化过程中的人类文明呈现出一种层级分明的格局，这种固有的观念差异有可能导致文明交流的断裂。同时，全球化进程中的国际组织往往为西方国家利益服务，资本的全球流动削弱了民族国家的职能，加剧了社会内部的贫富分化。正如亨廷顿所言，“文明的冲突”可能是最危险的冲突形式。而当前西方话语霸权下的资本全球化正在加剧世界的不平等。针对这一情况，习近平总书记强调，中华文明具有开放包容的传统，历史上多次与其他文明交流互鉴，如佛教的传入、伊斯兰文化与儒家的交融、西学东渐与东学西传等，都为中华文明的发展注入了新的活力。“中华文明的包容性，从根本上决定了中华民族交往交流交融的历史取向，决定了中国各宗教信仰多元并存的和谐格局，决定了中华文化对世界文明兼收并蓄的开放胸怀。”[①]在全球化遭遇逆流的背景下，中国积极承担国际责任，提出构建人类命运共同体和地球生命共同体的理念，通过“一带一路”等国际合作项目，深化与不同文明的交流互鉴，共同推动人类文明的进步与发展。

（二）理论渊源

1.马克思历史唯物主义中的文明互鉴思想

唯物史观深刻揭示了人类社会内在规律的理论巨构，宛如一座宏伟的灯

① 习近平：《在文化传承发展座谈会上的讲话》，《求是》，2023年第17期。

塔，照亮了我们探索人类历史进程的道路。它不仅以宏大的叙事展现了人类历史的波澜壮阔，更在其中精妙地阐述了世界历史的科学逻辑。透过其深邃的洞察，我们可以看到民族历史是如何在历史的洪流中逐渐融入世界历史的大潮的，以及其背后所蕴含的基本内涵、鲜明特征和未来趋势。

在马克思的深刻见解中，民族历史向世界历史的转变并非历史的偶然，而是生产力不断发展的必然结果。资本主义生产力的迅猛崛起，如同一股强大的力量，将原本孤立、封闭的民族和区域逐渐卷入一个更加广阔、更加紧密的全球体系之中。大工业时代的到来，更是使世界各地的生产和消费变得息息相关、紧密相连。这种生产力的普遍提升，不仅促进了世界性交往的频繁和全球市场的形成，更让不同文明在全球舞台上交相辉映、相互交融[①]。

马克思还从社会交往的实践角度，对生产与交往的相互促进关系进行了深入剖析。他认为，生产活动不仅为交往提供了坚实的物质基础和源源不断的动力，而且在交往的不断扩展和深化中获得了新的发展空间和更强劲的动力。这种生产与交往之间的良性互动，形成了推动人类文明不断进步的强大合力。在这样的互动中，各民族在日益频繁的交往中逐渐形成了紧密相依、命运与共的共同体。

然而，马克思的思考并未止步于揭示民族历史向世界历史的转变过程。他进一步探寻了这一转变的归宿，即人类文明的未来走向。在他看来，“真正共同体”是人类社会的理想形态，是相对于原始共同体和虚假共同体而言的更高境界。我们必须打破政治、经济、文化等各方面的壁垒和阻碍，以真正的交流互鉴为桥梁，构建起“真正共同体”的坚实基石。这意味着我们不仅要积极推动不同文明间的对话和交流，更要在此基础上努力寻求共识、化解矛盾、促进合作。只有这样，我们才能共同推动人类社会的繁荣与进步，实现人类文明的更高发展。在这个共同体中，人们通过广泛的联合和深入的交流互鉴，实现了真正的自由和平等。他们在相互理解和尊重的基础上共同推动人类文明的进步，共同书写着人类历史的辉煌篇章。

① 张洪亮等:《文明交流互鉴的历史唯物主义基础》,《思想政法教育研究》,2021年第2期。

综上所述，唯物史观为我们揭示了人类社会发展的深层规律和历史趋势。在民族历史向世界历史转变的大背景下，我们应该深刻把握交流与互鉴的重要性，积极推动不同文明间的对话与合作。只有这样，我们才能共同构建人类命运共同体，为实现人类社会的持久和平与共同繁荣贡献智慧和力量。

2. 中国共产党百年奋斗中的文明交往思想

通过百年的不懈奋斗和文明交往的深入实践，中国共产党不仅积累了丰富的交往经验，而且不断推动这些经验与时俱进、创新发展。百年来，中国共产党人的交往理念既一脉相承又不断开拓创新，展现了中国共产党作为马克思主义政党的坚定立场和时代担当。

回溯历史，新中国成立伊始，以毛泽东同志为主要代表的中国共产党人便以前瞻性的眼光，探索并确立了诸如“另起炉灶”“打扫干净屋子再请客”及“和平共处五项原则”等一系列独立自主的外交准则。这些准则为新中国赢得了国际社会的广泛尊重和崇高地位。随着历史车轮的滚滚向前，以邓小平同志为代表的中国共产党人，精准捕捉到了和平与发展的时代脉搏，毅然作出了改革开放的伟大战略决策。此举不仅有力推动了中国的经济社会腾飞，也为中国的对外交往开辟了崭新的天地。走进新的历史时期，以江泽民同志为主要代表的中国共产党人，继续秉持独立自主的和平外交政策，旗帜鲜明地反对霸权主义，并强调不同文明有历史长短之分，无优劣高下之别。重点强调了文明多样性的宝贵价值，为不同文明之间的平等对话和交流互鉴奠定了基石。跨入新世纪，以胡锦涛同志为代表的中国共产党人，进一步阐释了文明交流借鉴在推动人类历史进步中的关键作用，深刻指出人类历史的发展进程就是各种文明不断交流、融合、创新的过程，并积极倡导维护世界多样性，推动不同文明间的对话交融与相互借鉴，以增进人类的和谐幸福和世界的绚丽多彩。

党的十八大以来，习近平总书记站在人类文明发展的新高度，深刻洞察人类文明发展的内在规律，紧密结合中国的具体实践和优秀传统文化，创造性地提出了文明交流互鉴的重要理论。这一理论既是对历代中国共产党人和平交往思想的传承和发扬，也是对新时代中国特色大国外交理论的重大创新。在这一理论的指引下，中国积极促进与世界各国的文明交流互鉴，致力于构建人类命运共同体，为世界和平与发展贡献了中国智慧和中国力量[①]。

3. 中华优秀传统文化中的交往智慧

众多学者的研究证实了中华民族在促进文化交融方面的悠久历史和深厚传统。无论是汉族文化与少数民族文化之间的交流与融合，还是中华文化与世界其他文化之间的对话与互动，都展现了中华民族开放包容的文化心态和博大精深的文明底蕴。在这种文化心态的引领下，“和而不同”成为文明交流互鉴的核心理念，倡导在保持各文明特色的基础上寻求共识、实现和谐共处。在深入研究和积极传承中华传统文化精髓的过程中，习近平总书记明确而坚定地提出了推动中华优秀传统文化创造性转化与创新性发展的战略任务。这一重要思想的提出，既彰显了对传统文化深厚底蕴的深刻理解和高度尊重，也为当前世界文明交流互鉴贡献了独特的中国视角和智慧。

正如习近平总书记所指出的那样，中华文明是在同其他文明不断交流互鉴中形成的开放体系。从历史上的佛教东传、“伊儒会通”，到近代以来的“西学东渐”、新文化运动、马克思主义和社会主义思想传入中国，再到改革开放以来全方位对外开放，中华文明始终在兼收并蓄中历久弥新。“亲仁善邻、协和万邦是中华文明一贯的处世之道，惠民利民、安民富民是中华文明鲜明的价值导向，革故鼎新、与时俱进是中华文明永恒的精神气质，道法自然、天人合一是中华文明内在的生存理念”[②]。

在阐述文明多样性时，习近平总书记还注重巧妙运用经典古籍中的名句，来揭示其背后的深远道理。他引述《孟子·滕文公上》中的“物之不齐，物之情也”，以此强调文明间存在的差异是自然而客观的。这些差异，根植于各文明独特的历史轨迹、地理环境与文化传承之中，共同构筑了世界文明的绚烂画卷。当论及文明的包容性时，他援引《礼记·中庸》中的“万物并育而不相

① 万秀丽等：《习近平关于文明交流互鉴重要论述研究》，《社科纵横》，2022 年第 3 期。

② 习近平《深化文明文编互鉴 共建亚洲命运共同体——在亚洲文明对话大会开幕式上的主旨演讲》，新华社，2019 年 5 月 15 日。

害，道并行而不相悖”，强调各文明应和谐共存、相互尊重。这种包容性的文明观念，有助于消解文明间的冲突与对抗，增进各国人民之间的相互理解与友谊。在谈论文明平等时，则引用了孔子的名言“己所不欲，勿施于人”。这一儒家伦理的核心理念，强调了尊重他人、平等相待的重要性，在国际关系中也被奉为圭臬。它提醒我们，在文明交往中应秉持平等与尊重的原则，避免强加于人。而对于文明的发展性，则引用了《礼记·学记》中的“独学而无友，则孤陋而寡闻”，强调了文明在交流中发展、在互鉴中提升的重要性。这意味着任何文明都无法孤立存在与发展，必须借助与其他文明的交流与互鉴来不断丰富和完善自身。

（三）内涵特质

党的十八大以来，习近平总书记先后在联合国教科文组织总部、布鲁日欧洲学院、联合国日内瓦总部等重要国际场合以及纪念孔子诞辰2565周年国际学术研讨会、“一带一路”国际合作高峰论坛、亚洲文明对话大会等重要国际论坛发表了一系列关于推进人类文明交流互鉴的重要论述。2014年3月27日习近平总书记在联合国教科文组织总部发表演讲，指出文明交流互鉴是推动人类文明进步和世界和平发展的重要动力。在党的二十大报告中，习近平总书记强调：“以文明交流超越文明隔阂、文明互鉴超越文明冲突、文明共存超越文明优越。”①

习近平总书记的文明交流互鉴观科学诠释了人类多元文明的发展方向，提倡以“文明交流”“文明互鉴”“文明共存”“文明交融”超越“文明隔阂”“文明冲突”“文明优越”“文明偏见”。习近平总书记关于文明交流互鉴的重要论述是习近平新时代中国特色社会主义思想的重要组成部分，继承了中华文明与马克思主义文明观的理论内核，厘清了中华文明的时代方位，为世界各国开展

① 习近平：《高举中国特色社会主义伟大旗帜　为全面建设社会主义现代化国家而团结奋斗——在中国共产党第二十次全国代表大会上的报告》，人民出版社2022年版，第63页。

文明交流互鉴提供了切实可行的原则与方法论[①]。

1. 从文明的本质来看，“文明是多彩、平等、包容的”

文明是多彩的，指的是文明间的差异性和多样性。人类在漫长的历史长河中，创造和发展了多姿多彩的文明。从茹毛饮血到田园农耕，从工业革命到信息社会，构成了波澜壮阔的文明图谱，人类文明因多样才有交流互鉴的价值。“一花独放不是春，百花齐放春满园。”文明交流互鉴不应该以独尊某一种文明或者贬损某一种文明为前提。中国人在2000多年前就认识到了“物之不齐，物之情也”的道理，多姿多彩的世界文明图景不应该被误认为是“民族冲突的根源”，而应该被认为是“文明发展的源泉”和“文明进步的动力”。

文明是平等的，指的是文明间的地位平等、权利相同。在纪念中华人民共和国恢复联合国合法席位50周年的讲话中，习近平总书记重申，“文明没有高下、优劣之分”[②]。各个文明的历史传统、价值观念、宗教信仰、社会制度、发展模式必然不同，由此也构成了多样独特的文明样态，但是世界上的文明平等。在同一时间，各个国家都有独特的文明发展道路。不能唯我独尊、贬低其他文明和民族。人类历史告诉我们，企图建立单一文明的一统天下，只是一种不切实际的幻想。

文明是包容的，指文明之间不能相互排斥，而应求同存异、取长补短。在历史上，中华文明通过与世界其他文明的交流互鉴，不仅从中汲取了有益成分，也为推动人类文明发展做出了卓越贡献。比如，2000多年来佛教、伊斯兰教、基督教等先后传入中国，中国音乐、绘画、文学等也不断吸纳外来文明的优点。中华民族历来是爱好和平的民族。中华文化崇尚和谐，中国的和文化源远流长，蕴含着天人合一的宇宙观、协和万邦的国际观、和而不同的社会观、人心和善的道德观，如“天人合一”“和而不同”“以和为贵”“和衷共济”“协

---

① 孔凡星：《生成逻辑、本质内涵与价值意蕴：习近平文明交流互鉴观探析》，《昆明理工大学学报》（社会科学版），2023年第2期。

② 《习近平在中华人民共和国恢复联合国合法席位50周年纪念会议上的讲话》，新华社，2021年10月25日。

和万邦”“合则强，孤则弱”“己所不欲，勿施于人”“一花独放不是春，百花齐放春满园”等。

2. 从文明的动力来看，“文明交流互鉴推动人类文明进步”

推进人类各种文明交流交融、互学互鉴，是让世界变得更加美丽、各国人民生活得更加美好的必由之路。在博鳌亚洲论坛2018年年会开幕式的重要讲话中，习近平总书记进一步阐释了“推动文明互鉴”的深远意义，将其定位为增进国际友谊、推动社会进步、维护地区和平的重要纽带。这一阐述不仅凸显了文明交流互鉴在全球治理中的战略地位，也为我们指明了在实践中推动文明互鉴的具体方向和战略目标。文明交流互鉴也是构建人类命运共同体的基石。每一种文明都有其独特的价值，通过交流与互鉴，我们可以汲取不同文明中的精华，共同为人类的进步与繁荣注入新的活力。这种跨文明的融合与创新，是实现世界和平与共同发展的重要途径。在人类历史的长河中，各种文明的发展始终是一个相互交织、充满活力的过程。每种文明都像一个鲜活的生命体，通过与外界不断地交流与互动，汲取着成长的养分，实现着自身的蜕变与升华。没有任何一种文明能够孤立地存在、独自走向辉煌与繁荣，因为正是文明的多样性与相互之间的借鉴融合，才使各种文明在交流中焕发出新的活力，从彼此的优秀成果中汲取智慧与启示，进而共同推动着人类社会的进步与发展。

回顾历史，我们可以清晰地看到，任何一种文明的繁荣都不是孤立的，都离不开与其他文明的交流与碰撞。这种交流不仅促进了文明的自我更新，也丰富了全球文化的内涵。因此，我们应该深刻认识到，文明交流互鉴不仅是一种历史的选择，更是一种时代的召唤。佛教自印度东传至中国，在与中华文化的深度融合中，形成了独具特色的中国佛教，不仅对中国社会产生了深远影响，更对全球的佛教文化产生了广泛而深远的影响。同样地，儒家思想作为中华文化的精髓，其博大精深的哲学理念也引起了西方思想界的广泛关注和深入研究，为东西方文明的交流与融合架起了桥梁。这些跨越文明界限的交流与互鉴，不仅极大地丰富了各自文化的内涵，也为人类文明的多样性增添了绚丽的色彩。阿拉伯世界的伊斯兰文明沿着古丝绸之路的蜿蜒路径与中国文明发生了广泛而深刻的交流。阿拉伯的天文学、历法学、医药学等知识传入中国，为中国文化的繁荣发展注入了新的活力。与此同时，中国的伟大发明如造纸术、火药等，以及精湛的农耕技术和手工艺也通过丝绸之路传播到世界各地，对全球文明的发展产生了不可估量的影响。这种文明的交流与互鉴不仅促进了各自文明的繁荣与发展，更推动了人类社会的进步和全球治理体系的完善。

在全球化的浪潮下，不同文明间的交流互鉴显得越发关键。面对世界范围内的挑战以及日趋复杂的国际关系，我们更应保持开放与包容的心态，珍视每一种文明背后的传统与智慧。推动文明间的交流互鉴，不仅是对各自文化的尊重，更是对全球文化多样性的贡献。教育与文化作为文明的载体，科技的进步作为文明的驱动力，它们在全球范围内的交流与合作，无疑能够加深各国人民之间的了解与友谊。这种了解与友谊是跨越国界的，是超越种族与信仰的，它们能够助力我们共同面对全球性的挑战，如气候变化、公共卫生危机等。习近平总书记关于促进文明交流互鉴的重要论述，为我们指明了前进的方向。在全球化的今天，我们更应该以开放的心态、务实的行动，积极促进不同文明间的对话与合作。这不仅是对历史的尊重，更是对未来的负责。

3.从文明的交往来看，“以文明交流超越文明隔阂”

习近平总书记强调了对待不同文明的包容互鉴态度：“不要看到别人的文明与自己的文明有不同，就感到不顺眼，就要千方百计去改造、去同化、甚至企图以自己的文明取而代之。”[①] 在《文明交流互鉴是推动人类文明进步和世界和平发展的重要动力》一文中，习近平总书记指出，历史告诉我们，只有交流互鉴，一种文明才能充满生命力。只要秉持包容精神，就不存在什么“文明冲

① 《习近平主席妙语论文明》，新华网，2014 年 9 月 24 日。

突”，就可以实现文明和谐[①]。

西方通过实力优势和话语霸权人为制造了“文明隔阂”和“文明冲突论”，这充分体现了“西方中心论”“文明优越论”以及“文化霸权”。正如很多学者提出的，客观事实一再证明，“文明冲突论”最终冲突了，“历史终结论”最后终结了，“中国崩溃论”的结果崩溃了。文明交流互鉴是人类文明不断向前发展的动力。对待人类社会创造的不同文明，应该接受其差异与特点，并以辩证的眼光看待其历史与未来。在文明交流互鉴观的指引下，我们可以实现“现实国情相契合”“当代文化相适应”和“现代社会相协调”。在全球化日益深入的今天，中国更加注重与世界各国的文明对话与合作，致力于构建人类命运共同体。通过举办文化年、艺术节、智库交流等多种形式的活动，中国正与世界共享文明成果，共同推动人类文明的进步与繁荣。中华文明必将在与世界文明的交流互鉴中绽放更加璀璨的光芒，为人类文明的多样性与共同发展贡献中国智慧和中国力量。

总而言之，习近平总书记提出的“以文明交流超越文明隔阂、文明互鉴超越文明冲突、文明共存超越文明优越”[②]，有利于推动中西方文明的交流，有利于推动人类命运共同体理念的全球践行，有利于我国向国际社会讲清楚历史上中华民族推动世界各民族经济社会与文化繁荣起到的重要作用，也有利于阐释中国人民选择中国特色社会主义道路的必然性，打破“现代化等于西方化”的迷思。

中华民族伟大复兴进入不可逆转的历史进程，中国正在逐渐回归世界舞台的中央。在百年未有之大变局中，以习近平同志为核心的党中央在不断推进中国式现代化中努力创造人类文明新形态。一个国家走向现代化，既要遵循现代化一般规律，更要符合本国实际，具有本国特色。中国式现代化既有世界各国

① 习近平：《文明交流互鉴是推动人类文明进步和世界和平发展的重要动力》，《求是》，2019 年第 9 期。

② 习近平：《高举中国特色社会主义伟大旗帜　为全面建设社会主义现代化国家而团结奋斗——在中国共产党第二十次全国代表大会上的报告》，人民出版社2022年版，第63页。

现代化的共同特征，更有基于自己国情的中国特色。中国现代化需要坚持文明交流互鉴，一方面，中国式现代化要不断吸收世界文明最新的成果。另一方面，中国式现代化创造的人类文明新形态能向其他文明提供新的发展思路与借鉴。

深化文明交流互鉴和传播人类文明新形态是一个长期的、世界性的历史过程，更是一项艰巨的、探索性的伟大事业，绝非一蹴而就、轻而易举就能完成的。在建设中华文化强国、传播人类文明新形态的过程中，要坚守文化自信自强，找到中华文明的历史方位，坚持文明交流互鉴，向世界文明汲取最新的发展成果，同时要努力讲好中国故事，向世界提供更多中国智慧与中国方案。

作者简介

何亚虎，博士，中共杭州市委党校文化学与统战理论教研部讲师，杭州中华文化学院研究中心秘书长，主要研究方向是国际传播、舆情分析、意识形态建设等。

第十六讲

杭州统一战线的历史与文化

统一战线是中国共产党夺取革命胜利、推进改革开放事业、建设中国特色社会主义的重要法宝。中国共产党的百年奋斗历史，也是一部统一战线的历史。中国共产党通过不断巩固和发展广泛的统一战线，团结一切可以团结的力量、调动一切可以调用的积极因素，最大限度凝聚起共同奋斗的力量。杭州是浙江省的省会城市，长三角南翼的中心城市，具有悠久的统战历史与传统。杭州统一战线经历了新民主主义革命时期、社会主义革命和建设时期、改革开放时期以及新时代中国特色社会主义建设四个历史时期，经过一百年的发展，统一战线成为凝聚人心、增进共识的重要法宝，为杭州加快打造世界一流的社会主义现代化国际大都市、打造中国式现代化城市范例广泛汇聚人心、汇聚力量。

一、新中国成立之前杭州统一战线的历史与文化

杭州具有悠久的统战传统和辉煌的统战历史，统战资源丰富，统战成员众多。早在新民主主义革命时期，在杭州发生了极具影响力的三件重大历史事件：西湖会议、杭州谈判、周恩来浙西之行，为推进国共合作、建立抗日民族统一战线、取得新民主主义革命胜利发挥重要作用。

（一）西湖会议

1922年8月29日至30日，中国共产党中央执行委员会在杭州西湖召开会议，陈独秀、李大钊、蔡和森、张国焘、高君宇及共产国际代表马林、翻译张

太雷出席会议，陈独秀主持会议，这次会议史称“西湖会议”。这是中国共产党成立之后最高领导人的第一次杭州之行，会议讨论了中国共产党同中国国民党建立革命统一战线的问题，确定与国民党进行“党内合作”的政策策略，开启国共合作的先河。西湖会议标志着中共政治主张的重大改变，同国民党合作形式由“党外联合”转变为“党内合作”，即共产党员以个人身份加入国民党，把国民党改造成为各革命阶级的联盟。这次会议围绕共产党员是否可以个人名义加入国民党的问题展开激烈讨论，并形成三种意见：一是反对“党内合作”，二是基本同意“党内合作”，三是“有条件地推动党内合作”。经过充分讨论，会议最后决定，在孙中山改组国民党的条件下，由共产党少数负责人先加入国民党，同时劝说共产党员以个人名义加入国民党。西湖会议之后，李大钊、陈独秀、蔡和森、张太雷、张国焘、俞秀松等首先以个人身份加入国民党，克服了党内普遍存在不愿意与国民党实行“党内合作”的观点的困难，为党的三大确定全体党员加入国民党，建立国共合作统一战线策略方针奠定了基础。

（二）杭州谈判

“西安事变”时，蒋介石亲口向周恩来许下联共抗日的诺言，并邀他赴南京谈判。可当张学良亲自送蒋介石回南京后，反而遭到蒋介石的软禁与关押。于是开始担心周恩来赴南京是否安全。但面对日军的步步紧逼，周恩来为了抗战大局，仍决定深入虎穴，与蒋介石直接会面商谈国共合作，以促进抗日民族统一战线的形成。1937年春天，蒋介石正好在西湖边疗养，住在澄庐。于是国共合作的谈判地点也迁到杭州。当时，除了周恩来，中共还派了潘汉年一同前往。这次“杭州谈判”极度机密，范围很小，甚至几次更改会谈地址，地点包括满觉陇的烟霞洞、德清莫干山的白云会馆等。在杭州的数日，周恩来、潘汉年与国民党代表张冲你来我往，几经交锋，谈判终于达成初步共识。会后，周恩来起草了《中共中央关于与蒋介石谈判经过和我党对各方面策略方针向共产国际的报告》。国共杭州谈判是第二次国共合作直接谈判的良好开端，初步融洽了两党关系，为全面停止内战、一致对外铺平了道路，具有推动历史转变的划时代意义。

（三）周恩来浙西之行

为宣传党的六届六中全会精神，争取国民党中坚力量，巩固浙江抗日民族统一战线，1939年春天，时任中共中央革命军事委员会副主席、中共中央南方局书记的周恩来，以国民政府军事委员会政治部副部长的公开身份，从重庆经皖南新四军军部来到东南抗日前哨的浙江，视察浙江抗战，并指导浙江党的工作。3月21日至24日，周恩来在临安天目山浙江省政府浙西专员行署，会晤国民党浙江省主席兼第五战区司令黄绍竑，共商团结抗战、巩固和发展抗日民族统一战线问题，并与各界人士会晤，宣传党的抗日民族统一战线政策，抓住一切机会进行广泛的抗日宣传，极大地鼓舞了群众的抗战斗志。24日上午，周恩来来到禅源寺百子堂，参加浙西临时中学开学典礼，在此向浙西临时中学全体师生、浙西行署成员、行署干部训练班学员、政治工作队队员、民族日报社部分工作人员共1500余人作了长篇抗战演讲。周恩来肯定浙江在东南战场的先锋作用，分析取得进步的原因，并从军事、经济、政治、文化四个方面阐述浙江抗战方针，号召广大人民“共同向政治进攻的前途迈进，共同负起政治进攻的责任来，收复我们的杭嘉湖，保卫我们的大浙江，争取我们的最后胜利，完成这历史上的伟业”[①]。演讲铿锵有力，极大鼓舞士气与人心。25日，周恩来一行下到马浦，乘船通过封锁线，转富阳、萧山，前往绍兴。周恩来的浙江之行，对于加强浙江党的工作，向浙江各界宣传中共的主张，巩固与发展抗日民族统一战线，团结一切可以团结的力量共同抗日，起到了积极的推动作用，产生了深远的影响。

二、新中国成立之后至改革开放以前的杭州统战历史与文化

新中国成立之后，杭州市认真贯彻中国共产党的统一战线方针政策，建立和恢复统战组织，组织各界人士开展抗美援朝志愿活动，帮助工商业者恢复生产，发展经济，开展“五反”运动，为稳定人心，巩固人民政权发挥重要作用。

---

① 《周恩来同志西天目山之行背后的故事》，浙江党史和文献网，2021年10月9日。

（一）建立和恢复组织

1949年5月3日，杭州市解放。1949年5月7日，杭州军事管制委员会成立。6月，杭州军管会设立交际处，负责全市统战工作和内外宾接待工作。8月，中共杭州市委设立统战部，负责全市统战工作，吴宪兼任部长。为进一步加强全市统战工作，各县委在20世纪50年代相继建立统战部。杭州市各城区的区委也在20世纪50年代初先后建立统战科，归属区委宣传部领导。杭州市各民主党派、工商联、爱国宗教团体等也在中共杭州市委和统战部门协助下，建立和发展了组织。一批知识分子、民族工商业者以及原国民党内的爱国进步人士参加民主党派，成为民主党派地方组织的社会基础。到1951年11月，市各民主党派成员发展到430余人。

（二）对一批民主人士进行政治安排

中国共产党历来重视与民主党派和无党派人士的团结与合作。在人民政权建设中，杭州市委根据中共中央、浙江省委的指示，按照“统筹兼顾、适当安排”的原则，推荐民主党派和无党派人士担任各界人民会议代表、协商委员会委员。同时根据社会主义革命和建设事业的发展需要，推荐一批影响大、声望高的代表人物和有业务技术专长的专家担任政府部门领导职务，直接参加国家事务管理。1949年8月参加杭州市第一届各界人民代表会议的代表共291人，其中民主党派、工商、文教科技、宗教慈善团体人士119人。1951年7月杭州市第二届各界人民会议第一次会议召开，选举产生第二届协商委员会，选举主席、副主席和委员共51人，其中民主党派和无党派人士28人，占54.9%。1951年至1955年间，安排民主党派成员刘开渠（民盟）、陈礼节（民革）、胡海秋（民建）、陈端（九三）等25人担任副市级以上职务。

（三）团结教育工商业者走社会主义道路

杭州市工商业集中，私营企业众多，经济实力比较雄厚，为了更好地团结小资产阶级和民族资产阶级，团结进步的工商界人士，1949年10月，市政府邀请工商界和热心公益事业的代表人士21人座谈，研究建立新工商业联合会的工作。1951年11月1日，市工商联第一次会员代表大会召开，正式成立杭州市第一届工商业联合会，汤元炳任执委会主任委员。市工商联成立后，积极推动工商企业由分散走向联合。在全市151个行业中组成联营、合营组织70个，业务上采取联购方式的38个，联销方式的34个，参加者4700多户，投入资金570万元，有57个行业实行同业议价制度。1953年10月29日，中共杭州市委邀请民主党派、工商联代表32人座谈，协商实行公私合营问题。同年12月，杭州市第一批五个工厂实行公私合营（民生药厂、第一纱厂、长安纱厂、都锦生织锦厂、六上针织厂）。

1957年初至1966年5月，是我国全面建设社会主义时期。这10年中，经历了整风运动、“反右派”斗争、“大跃进”、“反右倾”和社会主义教育运动，其间还经历了三年国民经济困难时期。党的统一战线工作也出现多次反复和曲折。1959年起，中共中央对统战政策及时作出调整，对于团结全国人民一起克服20世纪60年代的国民经济困难发挥重大作用。1966年5月，“文化大革命”开始，极“左”思潮被推到极端，杭州市统一战线经历一场空前浩劫。广大知识分子、民主党派成员、爱国民主人士遭到打击和迫害，市政协、市委统战部、市各民主党派、工商联和台、侨、民族宗教等部门先后受到冲击，被迫停止活动和工作。

三、改革开放之后至党的十八大之前的杭州统一战线历史与文化

1976年10月，中共中央一举粉碎“四人帮”，结束了持续10年之久的“文化大革命”。杭州市委、市政府贯彻实事求是、有错必纠的方针，在全市全面落实党的各项统一战线政策，杭州市各民主党派、工商联成员积极协助各级中共党组织和政府有关部门，开展调查，反映情况，参与制定具体办法和措施，为落实民主党派及其成员的相关政策进行不懈努力。到20世纪80年代中后期，杭州市统一战线各项政策基本得到贯彻落实。广大民主党派成员、党外知识分子和各阶层的统战工作成员，更加紧密地团结在中国共产党周围，同心同德、团结一致，为克服因“文化大革命”造成的国民经济的暂时困难，为祖国“四化”建设和祖国统一大业发挥出更大的积极性和创造性。

（一）妥善处理历史遗留问题

妥善处理历史遗留问题，落实党的各项统战政策，是恢复和促进统一战线工作的重要内容。杭州市委根据党的十一届三中全会和全国统战工作会议精神，在全市全面落实党的统一战线政策。市各民主党派也积极协助中共各级党组织和政府有关部门，开展调查，反映情况，参与制定具体办法和措施，为落实各项统战政策做了大量工作。民主党派成员在1957年错划为“右派分子”的，经过复查全部得到改正，他们受株连的家属子女也得到妥善安排；为原工商业者落实政策，进行“三小”（小商、小贩、小手工业者）甄别工作，恢复他们的劳动者身份，工商联被占用的办公用房也得到妥善解决；纠正冤、假、错案，归还宗教房产和台、侨属私房，清退被查抄财物；重申宗教政策，恢复爱国宗教团体及其活动场所；落实原国民党起义、投诚军政人员的政策；落实民主党派的有关政策和办公用房等。至1980年底，“文化大革命”中的冤假错案基本得到平反，恢复受到打击、迫害或诬陷的统战干部、民主党派和无党派爱国人士名誉，清理、归还“文化大革命”中被查抄的财物、被挤占的私房和被克扣的工资。

（二）增进政治认同、支持各民主党派发挥智力优势

杭州市委统战部发挥人才荟萃与联系广泛的优势，支持和引导各民主党派、工商联通过咨询服务、人才培育、智力支边、招商引资等多种方式，为改革开放时期活跃经济进行了大量工作，取得了一定成效，受到社会各方面肯定。在增进政治认同方面，重视创办学校，建立社会主义建设人才队伍。1979年，市民建、工商联成员詹少文等4人集资10万元，筹办杭州第一所业余学校——杭州钱江业余学校，而后，市民革、民盟等民主党派也先后举办了民联、培英等5所业余学校。1981年至1985年，市民建、工商联举办工商专业讲座351次，听讲人数共17347人次。为加强民主党派成员的学习培训工作，1991年6月，成立杭州市社会主义学院。学院成立后，主要对民主党派中青年干部、各民主党派和无党派的骨干力量、民族、宗教、非公经济、台侨等各领域的代表人士进行培训和轮训，增进他们对党和政府的政治认同，凝聚人心和力量推进中国特色社会主义建设，实现中华民族伟大复兴。20多年来，杭州市社会主义学院已经成为党的统战工作的重要阵地，成为凝聚人心增进共识的重要基地。

（三）搭建文化交流合作平台

改革开放以来，市民革、民进、致公党都建立了书画社，利用书画艺术为精神文明建设和祖国统一大业服务。1981年3月，市民革建立杭州钱塘书画社，钱塘书画社坚持经常化、特色化，开展书画活动，活动丰富多彩，主题鲜明，内容丰富。该社注重做好祖国统一联谊工作，在香港、澳门回归之际，数次举办“迎回归书画展”；并与台湾书画界开展艺术交流，到台湾举办书画展，多次邀请台湾书画家到杭州举办书画展，每年接待台湾友人3 ~ 5批，以诗书画会友，共叙同胞之情。为配合杭州创文化名城，该社诗书画家多次向市委、市政府建言献策，并对杭州名胜古迹的诗词楹联等文化设施开展调研，参与万松书院、雷峰塔、鼓楼等楹联诗词征集工作，不少专家的诗词和书法作品在这些重建的古迹上镌刻悬挂。市民进和市致公党的书画组织建立后，也开展了大量卓有成效的工作和活动。1998年6月26日，浙江建华集团与浙江省作家协会经过协商决定在建华集团成立五周年之际联合成立“浙江诗人之家”。于是被称为“阳春白雪”的高雅诗歌，成为建华集团企业文化的重要组成部分。浙江诗歌的传承，奠定了诗歌在浙江文学中的独特地位，成为建设浙江文化强省的内涵之一，同时赋予新时期浙江诗人讴歌时代、融入生活、推动社会发展的使命。2000年成立浙江诗人作品陈列馆。这是全国首个诗歌作品文库，原中华人民共和国文化部部长、著名诗人贺敬之专程从北京来杭为陈列馆剪彩、揭牌。

（四）开展对台宣传和两岸交流

对台宣传工作始于20世纪50年代初，市对台工作办公室有重点地组织部分台属通过香港和国外亲友的渠道与在台亲友进行通信联系。“文化大革命”期间，对台宣传工作处于停顿状态，“文化大革命”结束后，对台工作得以恢复，对台宣传范围逐步扩大。主要包括发动广大台属寻找去台人员下落，鼓励建立通信联系，开展“写家姓、念亲人、谈家常、报平安、叙亲情”活动，宣传家乡变化情况和国家有关方针政策，并继续利用广播、空飘、海飘等方式送出家信260余封，以扩大宣传效果。1979年7月开始，杭州市邮政局开始收寄台湾邮件，使广大台属与在台亲友之间初步实现间接通信。1979年至1990年，杭州市通信人数近万人次，通信量数以万计。市政协、市委统战部、市台办、市侨办与有关部门配合，聘请有写作经验的老报人、政协委员、文史专员、民主党派成员、台胞亲属以及部分原国民党军政要员，组成写作班子，结合杭州历史、风土人情、名人逸事，写出不少对台宣传稿件，如《八一四空战目击记》《杭州岳王庙》等，及时报道杭州的建设成就。1985年9月，市台办协同市委宣传部和杭州电视台，用一个多月时间摄制杭州市第一部反映家乡风貌和国民党上层去台人员故居等情况的电视片——《最忆是杭州》，对争取祖国和平统一具有重大教育意义。杭州市各民主党派、工商联利用成员海外联系广泛的优势，为对外开放服务。他们在调查研究的基础上，动员成员全方位开展海外联谊工作，通过亲朋探访、信函往来，沟通大陆与海外的联系渠道，为海峡两岸交往做了大量工作。2009年首届两湖论坛召开，标志着杭州西湖与南投日月潭正式携手，两地展开了积极深入有效的交流，取得了一系列丰硕成果。

（五）助力非公经济发展

改革开放之后，市民建、市工商联、市侨联等积极参与兴办实体经济、招商引资，助力经济发展。市民建、市工商联及其经济实体与全国20多个省、市建立广泛联系，互通信息，形成购销网络。同时还协助区街创办集体企业47家，积极安排待业人员就业。市民建、市致公党、市工商联积极引进先进设备，开设合资公司。市各民主党派还致力于引进港资、台资和外资。市民建还创办《市场信息》杂志，为市场主体提供信息服务。进入21世纪之后，自2003年以来，杭州市委、市政府每年对全市100名非公经济人士颁发并授予“优秀社会主义事业建设者”金牌和“先进社会主义事业建设者”银牌及证书。2009年杭州市全面搭建政企沟通平台、融资服务平台、典型宣传平台、教育培训平台、交流合作平台、法律维权平台、智力支持平台等，全方位服务非公经济发展。

（六）推动民族宗教工作

杭州市少数民族主要居住在桐庐、临安、建德、淳安、富阳等县市的山区，以桐庐县为最多。扶持少数民族发展经济是民族工作的一项重要任务。桐庐县、建德县人民政府鼓励在少数民族人口相对集中的村发展多种经营，兴办小型工厂，并在贷款、税收政策上给予一些特殊优惠和照顾。1985年7月，建德县人民政府作出《关于扶持少数民族发展经济的若干规定》，要求有关部门对少数民族村和少数民族聚居的自然村在输送电力、修建公路、兴建水利、补助资金等方面，都要给予优先安排。对少数民族的教育扶持也是民族工作的重心之一。1985年10月，建德市钦堂乡的两所小学更名为民族小学，两校的畲族学生也达到学生总数的50%。回族穆心小学对回族学生免收学杂费，并与桐庐县莪山乡中心小学结为姊妹学校。桐庐县莪山乡畲族居民较多，当地3所中小学均为民族学校。在培养人才方面，杭州市还积极选送少数民族干部参加中央民族学员干训班学习。宗教方面也推进了一系列支持举措，至1985年底，杭州全市有宗教团体6个，各宗教团体在“爱国、爱教”原则下，根据各宗教的特点积极参与社会主义现代化建设，为祖国统一大业、世界和平事业做了许多工作。

四、党的十八大之后杭州统一战线历史与文化

党的十八大以来，杭州市委全面贯彻落实中央统战工作会议精神，深入贯彻落实习近平总书记关于做好新时代党的统一战线工作的重要思想，先后召开了市委统战工作会议、市委民族工作会议等一系列重要会议，出台了中共杭州市委关于认真贯彻落实《中国共产党统一战线工作条例（试行）》及省委实施细则精神的通知等一系列重要文件，作出了“抓好‘663’，画好同心圆”等一系列重大决策部署，加强领导、强化引领、服务大局、夯实基础、提升质效，统战事业开创新局面，各项工作取得新成效，统战系统展现新气象，为高水平推进共同富裕幸福杭州建设，加快打造世界一流的社会主义现代化国际大都市汇聚了磅礴伟力。

（一）加强党对统一战线工作的全面领导

一是健全和完善县级统战工作领导体制。全市13个区、县（市）统战部部长均由常委担任，并成立统一战线工作领导小组，全市大统战工作格局成效初显。制定市委统战工作领导小组工作规则，建立健全会议制度、请示报告、情况通报、督促检查等各项机制，加强对重大任务活动、重要文件起草和重点督查事项的组织领导。2018年全市190个乡镇（街道）全部成立统战工作领导小组，配备统战委员和统战干事。二是强化制度建设。制定《关于加强政党协商的实施意见》《关于加强和改进新形势下宗教工作的实施意见》等一系列政策文件。三是加强对党外代表人士的培养与选拔。2014年首次从市级民主党派机关选拔了3名党外干部到区政府部门和街道挂职，任期半年，挂职锻炼情况作为党外干部安排使用的重要依据。制定《杭州市党外干部队伍建设规划》，建立党外代表人士、党外干部、优秀年轻干部数据库，将党外人才纳入动态管理，着力规范发现、培养、使用、管理各个环节。制订并实施党外代表人士梯队建设计划、培训三年计划、挂职锻炼三年计划。

（二）不断提升多党合作制度效能

杭州市有民革、民盟、民建、民进、农工党、致公党、九三学社7个民主党派市委会，截至2022年底，共有民主党派成员13719人，地方组织15个（地市级委员会7个、区县级委员会8个），基层组织511个（基层委员会61个、总支委员会13个、支部437个）。杭州市各民主党派坚持以习近平新时代中国特色社会主义思想为指导，在中共杭州市委的坚强领导下，聚焦“五大建设”，认真履行政治协商、民主监督和参政议政职能，有效发挥多党合作制度效能。

各民主党派紧紧围绕中心服务大局，通过提案积极履行参政议政职能。民革杭州市委会2012年撰写《关于大力提升我市城市国际化水平的建议》，提案助推了《加快推进城市国际化行动纲要》出台。民盟杭州市委会2015年撰写《关于在杭州拱宸桥建立“抗日战争胜利暨杭州光复纪念碑”的建议》，得到市委、市政府、市政协的高度重视，2015年8月“侵华日军在拱宸桥缴械投降地”纪念碑在杭州市第二人民医院洋关旧址正式落成。民建杭州市委会紧紧围绕非公经济“两个健康”发展撰写提案建议。2018年撰写《关于抓住重要战略机遇期，支持民营企业创办高质量小微企业园的建议》，多项建议被相关职能部门吸收采纳，有力助推了民营小微企业园高质量发展。民建杭州市委会关于“智慧电梯”“智慧消防”“智慧农贸市场”“深化菜篮子建设”“深化米袋子工程”等系列民生提案连续被列为市长领办重点提案，所提建议内容均被相关部门充分采纳。民进2008年首次提出《关于在杭州设立新中国第一部宪法纪念馆的建议》提案，此后八年磨一剑，就此建议连续提案，终于2016年在杭州设立“五四宪法”历史资料陈列馆，成为宣传法治中国的重要阵地。2020年12月市人大常委会表决通过了民进杭州市委会《关于设立“杭州市民日”，擦亮“幸福标杆城市”金名片的建议》。农工党杭州市委会2020年《关于深化浙江县域“医共体”多元机制保障的建议》列为省政协十二届三次会议重点提案。致公党杭州市委会2021年《“碳达峰”背景下优化我市能源结构的几点建议》、2022年《坚持一体化保护推进融合式发展高水平建设新天堂大美“湿地水域”》、2022年《关于杭州自贸片区制度创新的若干思考》均获得市委主要领导的肯定性批示。九三学社紧紧围绕科技创新参政议政，先后撰写《全力建设创新型省份，努力打造高端科技人才队伍建设高地》《高水平推进城西科创大走廊发展，努力打造宜居宜业的全球创新策源地》《关于大力培育科技型中小企业，推进杭州创新驱动发展的调研报告》，均获得省市领导肯定性批示。杭州市工商联2017年《关于倡议设立“杭州城市国际日”让杭州增加国际化金名片》引起社会广泛关注和热议，推动了“杭州国际日”的立法进程。每年的9月5日，也就是G20杭州峰会的闭幕日，成为“杭州国际日”。

据不完全统计，近十年来各民主党派市委会先后100余次获中央层面荣誉，210余名党派成员获中央层面表彰。每年召开各类政党协商座谈会7次以上、市委主要领导出席3次以上。每年精选主题、精心组织开展专项民主监督，一大批意见建议转化为实际工作成果。先后形成重点调研课题成果100余项，各级各类提案、调研报告和社情民意信息等15000余篇，为党委政府科学决策提供了重要参考。开展“同心”系列社会服务品牌活动，在抗击疫情、助力共富、乡村振兴、对口帮扶等方面做出了重要贡献。

（三）推动民族和宗教工作有序发展

党的十八大以来，杭州市认真贯彻党的民族理论和民族政策，以铸牢中华民族共同体意识为主线，率先发布《杭州市民族乡村振兴示范建设指标体系》，深入实施“双百村结对行动”，助力“之江同心·石榴红家园”民族工作品牌建设，推进民族工作提质增效。杭州有流动少数民族人口41万人。全市有1个民族乡、19个民族村。莪山畲族乡成功创建为“中国畲族第一乡”。杭州市积极打造铸牢中华民族共同体意识城市之窗，推进民族工作高质量发展。

杭州市有佛教、道教、伊斯兰教、天主教、基督教五大宗教，迄今各级宗教团体已达41个，另有2个基督教性质的社会团体。全市有经登记开放的宗教活动场所841处，纳入登记编号的民间信仰活动场所831处。杭州市引导宗教界以社会主义核心价值观为引领，用中华优秀传统文化浸润各宗教，扎实推进宗教中国化的杭州实践，推动宗教工作在全省走在前、作表率。

（四）着力推动民营经济“两个健康”发展

党的十八大以来，杭州市认真贯彻落实中央关于民营经济“两个健康”发展重要精神，做深做实“联”字文章，坚持“系列化、平台化、品牌化”思路，弘扬民营企业家“四千”精神，团结带领广大民营经济人士，凝心聚力，创新发展，为服务民营经济高质量发展添薪助力。在民营经济人士中广泛开展理想信念教育实践活动，连续举办“凝心聚力建名城　振奋精神迎亚运”杭州民营企业家运动会。强化亲清构建，全面提升清廉民企建设水平，建好用好“亲清直通车·政企恳谈会”等平台，共评共建共享国内最优、国际一流营商环境。始终将新生代企业家作为杭州民营经济发展的“人才库”和民营经济代表人士的“后备库”，实施“新生代杭商成长计划”。迄今为止，由杭州市委统战部、杭州市工商联联合主办的“新生代企业家论坛”已连续成功举办8届，成为响亮的品牌活动。

（五）大力推动新的社会阶层人士组织化发展

党外知识分子和新的社会阶层人士统战工作扎实推进。持续深化党外知识分子思想政治引领，开展无党派人士认定登记工作，积极推动知联会组织向条件成熟的街道、小镇、园区覆盖。作为全国首批15个新的社会阶层人士统战工作实践创新试点城市之一，积极构建“一总四分（联盟）”的组织体系，创新培育“同心荟”平台，系统打造数智“同心荟”的数字平台，培育“同心共富”“同心善治”“同心公益”服务品牌，推动新的社会阶层人士统战工作不断向纵深发展。相关工作在中央统战部《统战工作》刊登推广，获全国统战工作实践创新成果奖。至2022年底，杭州全市共建有各级各类“同心荟”167个，其中，入选全国新的社会阶层人士统战工作实践创新基地建设重点项目7个、省级基地建设重点项目15个、市级基地建设重点项目33个、精品“同心荟”12个。2023年2月，作为第一支抵达土耳其地震灾区的中国社会救援力量，杭州市新的社会阶层人士志愿服务队与当地政府一起展开城市搜救工作，成为城市的一张亮丽名片。

（六）根据侨情新特点推动创新创业

习近平总书记强调，“加强和改进侨务工作，形成共同致力民族复兴的强大力量”[①]。实现中华民族伟大复兴，需要海内外中华儿女共同努力，把广大海外侨胞和归侨侨眷紧密团结起来，发挥他们在中华民族伟大复兴中的积极作用，是党和国家的一项重要工作。2016年，党中央批准《中国侨联改革方案》。2018年，党的十九届三中全会通过了《深化党和国家机构改革方案》，对侨务工作作出新部署，为把握新时代海外侨胞的地位、作用提供了根本遵循。

进入新时代，随着世情、国情的不断发展，侨情也发生了重大变化，通过留学、投资和技术移民等途径走向世界各地的杭州新移民数量不断增加，以新华侨华人、华裔新生代、社团新力量为主要标志的新侨大量涌现，尤其是新侨高层次人才已成为参与杭州经济、政治、文化、社会、生态建设不可替代的重要生力军。当前侨情主要呈现三大特征：一是“全球分布，地区集聚”的空间分布特点。广泛分布于六大洲的127个国家（地区），主要集聚于美国、加拿

① 习近平：《高举中国特色社会主义伟大旗帜　为全面建设社会主义现代化国家而团结奋斗——在中国共产党第二十次全国代表大会上的报告》，人民出版社2022年版，第40页。

大、澳大利亚和日本等国家。海外侨胞出国途径多样，以留学、亲属移民为主要方式。二是具有学历高、专业技术人员多的特点。学历程度普遍较高，具有大学本科及以上学历者占大多数。从业人员以工程技术人员、经济业务人员和卫生专业技术人员居多，行业分布主要集中在信息传输、计算机和软件业。三是归国留学人员数量剧增。高学历比重占据绝对的优势，国家的发展尤其是海外人才战略的实施吸引了更多的海外人才回国来杭州发展事业。

21世纪初期，大量海外华侨、留学生回杭州工作和创业，是杭州近现代史上第三次较大规模的华侨回国潮，杭州籍新华侨华人数量已超过15万人，归侨、侨眷、留学人员在杭眷属15万余人，侨资企业3000余家。杭州民营经济发达，创新生态良好，连续入选"外籍人才眼中最具吸引力的十大城市"，人才净流入率、海归人才净流入率、互联网人才净流入率均居全国第一。杭州成为越来越多海外留学人员工作和创业的首选之地，成为新侨乡。从2011年至2022年，杭州市连续12年举办"侨界精英创新创业峰会"，累计参与引进海外高层次人才600余人，牵线项目700多个，总投资额700余亿元。同时，发挥侨务外宣优势，向海外各界讲好杭州故事。"海外华文媒体杭州行"活动已经成为杭州外宣的重要品牌。历年来，先后邀请了60多个国家和地区的300余家海外华文媒体机构的知名媒体人士来杭州采访，为提高杭州在全世界的知名度美誉度发挥了积极作用。

作者简介

陈宇，中共杭州市委党校法学与社会学教研部教授，主要研究方向是马克思主义统战理论、杭州统战历史与文化等。